语言文字法律法规与规范知识

上海市语言文字水平测试中心 编

图书在版编目(CIP)数据

语言文字法律法规与规范知识 / 上海市语言文字水平测试中心编. —上海:立信会计出版社,2021.8(2021.12重印)
ISBN 978-7-5429-6877-7

Ⅰ.①语… Ⅱ.①上… Ⅲ.①汉语规范化-法规-汇编-中国②汉语规范化 Ⅳ.①D922.169②H102

中国版本图书馆 CIP 数据核字(2021)第 159377 号

责任编辑　　陈　旻

语言文字法律法规与规范知识
Yuyan Wenzi Falü Fagui yu Guifan Zhishi

出版发行	立信会计出版社			
地　　址	上海市中山西路 2230 号	邮政编码	200235	
电　　话	(021)64411389	传　　真	(021)64411325	
网　　址	www.lixinaph.com	电子邮箱	lixinaph2019@126.com	
网上书店	http://lixin.jd.com		http://lxkjcbs.tmall.com	
经　　销	各地新华书店			
印　　刷	上海天地海设计印刷有限公司			
开　　本	787 毫米×1092 毫米　　1/16			
印　　张	14			
字　　数	350 千字			
版　　次	2021 年 8 月第 1 版			
印　　次	2021 年 12 月第 2 次			
印　　数	3 101—5 200			
书　　号	ISBN 978-7-5429-6877-7/D			
定　　价	39.00 元			

如有印订差错,请与本社联系调换

发挥国家通用语言文字教育在铸牢中华民族共同体意识方面的作用。

目标任务：坚定不移推广普及国家通用语言文字，全面加强国家通用语言文字教育教学。促进中华优秀语言文化传承弘扬。推动语言文字规范标准体系和信息化建设。

——摘自教育部2021年工作要点

2020年中国语言文字事业发展状况

教育部语言文字应用管理司　周　为

2020年,是党和国家历史上极不平凡的一年,也是语言文字事业发展历史上一个特殊而重要的年份。在党中央、国务院的坚强领导下,教育部、国家语委联合国家语委各委员单位和相关部门,团结全国语言文字工作战线,以习近平新时代中国特色社会主义思想为指导,全面贯彻落实党的十九大和十九届二中、三中、四中、五中全会精神,扎实推进语言文字事业高质量发展,圆满完成"十三五"各项工作任务,努力开创中国特色语言文字事业新局面。

下面,用"一、二、三、四、五"来概要介绍2020年我国语言文字事业发展状况和进展。

一、一次举旗定向的大会

2020年10月13日,经国务院同意,中华人民共和国成立以来第四次、新时代第一次全国语言文字会议胜利召开。大会的召开体现了党和国家对语言文字工作的高度重视。中共中央政治局委员、国务院副总理孙春兰出席会议并讲话。会前,第一次以国办名义印发了全面加强语言文字工作的指导性文件。

会议进一步明确了语言文字工作的战略定位。会议指出,语言文字作为基础性、全局性、社会性事业,既是文化资源、经济资源,也是安全资源和战略资源,是关系党和国家工作全局的一件大事。语言文字是经济发展、社会进步的重要保障,是民族团结、国家统一的文化根基,也是国家主权、国家安全的重要支撑。

大会对当前和今后一个时期语言文字事业改革发展作出了全面部署。在指导思想方面,强调要坚持以人民为中心的发展思想,以推广普及和规范使用国家通用语言文字为工作重点。在基本原则方面,强调要准确把握我国的语言国情,遵循语言文字发展规律,牢固树立国家通用语言文字的主体地位。在主要任务方面,明确了要推进语言文字工作治理体系和治理能力现代化,确定了"聚焦重点、全面普及、巩固提高"的新时代推普工作方针。在工作体制机制方面,提出要统筹国家通用语言文字国内推广和中文国际传播、把语言文字工作纳入各级政府履行教育职责评价体系、推动国家通用语言文字法的修订等。

二、两个坚定不移的攻坚

第一,扎实推进推普助力脱贫攻坚

一是不断加大培训力度。组织50所高校国家语言文字推广基地和北京语协的2 800余名师生,对口52个贫困县的7 200多名教师开展在线辅导培训。委托并动员地方开展农村教师和少数民族教师、青壮年劳动力等普通话培训,受训人次超过124万。

二是持续优化学习资源。组织编写《普通话百词百句》口袋书,向52个贫困县免费赠送20万册。制作《幼儿普通话365句》动画学习资源。向86个贫困村免费寄送"智富盒子"设备和配套教材。在"语言扶贫"应用程序链接上线"职业教育专业教学资源库"等课程资源,累计用户近90万。

三是深入推进志愿服务。联合共青团中央开展"推普助力脱贫攻坚"全国大学生社会实践志愿服务活动,组织96支高校实践团队的1 200余名学生,深入未摘帽贫困县开展推普志愿服务。

第二,大力实施国家通用语言文字普及攻坚

一是科学组织全国普通话普及情况抽样调查。调查覆盖全国31个省份和新疆生产建设兵团245个县域,涵盖各民族、各行业。调查数据显示,全国范围内普通话普及率达80.72%,在全面建成小康社会目标实现之年,全面完成了语言文字事业"十三五"发展规划确定的目标。

二是创新开展国家语言文字推广基地建设。认定北京大学等首批60家国家语言文字推广基地,充分发挥学校、科研院所等在语言文字传承推广、教育培训和综合研究等方面的作用。

三是持续完善国家通用语言文字培训测试体系。修订《普通话水平测试实施纲要》,完成对境内527.89万人次的普通话水平测试。继续开展汉字应用水平测试,全年测试近4万人次。

三、三项至关重要的改革

一是加强对语言文字工作的组织领导。健全完善"党委领导、政府主导、语委统筹、部门支持、社会参与"管理体制,跟以往相比增加了"党委领导"这一新的要求,切实加强党对语言文字工作的全面领导。

二是调整国家语委委员单位和委员。调整国家语委委员单位,增补了委员单位、提高了委员级别。

三是建立省级语委语言文字工作报告制度。分为重大事项报告和年度报告,国家语委以适当形式向社会发布相关内容。全国语言文字会议后,各地调整省级语委,完善体制机制,增加编制经费,为事业发展提供了保障。

四、四个传承文化的工程

2020年,语言文字工作战线在中华经典传承、语言资源科学保护等方面积极探索实践,形成了"四个工程"品牌。今年5月31日,习近平总书记在中共中央政治局第三十次集体学习时强调,要以文载道、以文传声、以文化人。我们要按照习总书记讲话要求,融通中外,向人民群众和世界阐释和推介更多具有中国特色、体现中国精神、蕴藏中国智慧的优秀文化,充分地、更加鲜明地讲好中国故事,传播好中国声音,展示真实、立体、全面的中国。这四项工程从传播好中国声音、讲好中国故事方面也在做努力。

一是中华经典诵读工程卓有成效。联合中央广播电视总台举办第五季"中国诗词大会",举办第二届中华经典诵写讲大赛,实施经典诵读师资网络专项培训计划。

二是古文字与中华文明传承发展工程正式启动。认真贯彻落实习近平总书记致甲骨文发现和研究120周年贺信精神,组织召开贺信一周年座谈会。教育部、国家语委会同中央宣传部等协同部门联合印发《"古文字与中华文明传承发展工程"总体规划》,启动实施古文字工程。推动落实人才培养"强基"计划,创新古文字人才的培养模式。

三是中国语言资源保护工程成果显著。中国语言资源采录展示平台对外开放试运行,同时还表彰了"中国语言资源保护奖"先进集体和个人。

四是中华思想文化术语传播工程稳步推进。发布工程第一期建设成果《中华思想文化术语(合订本)》,完成术语的平台建设,并对外共享。出版了《一百词解读中国智慧》等系列图书。

五、五项融入大局的服务

一是服务疫情防控。二是服务社会语言需求。三是服务国家大型活动。四是服务港澳工作大局。五是服务中文国际地位的提升。

目　　录

一、法律
中华人民共和国宪法(节录) ········· 3
中华人民共和国国家通用语言文字法 ········· 3
中华人民共和国教育法(节录) ········· 6
《中华人民共和国刑事诉讼法》(2018)(节录) ········· 6
《中华人民共和国行政诉讼法》(2017)(节录) ········· 6
中华人民共和国民事诉讼法(2017)(节录) ········· 6
中华人民共和国居民身份证法(2011)(节录) ········· 7

二、法规
地名管理条例(节录) ········· 11
幼儿园管理条例(节录) ········· 12
中华人民共和国义务教育法实施细则(节录) ········· 12
扫除文盲工作条例(节录) ········· 12
广播电视管理条例(节录) ········· 13
中华人民共和国文物保护法实施条例(节录) ········· 13
上海市实施《中华人民共和国国家通用语言文字法》办法 ········· 13

三、规章
普通话水平测试管理规定 ········· 19
社会团体印章管理规定(节录) ········· 21
小学管理规程(节录) ········· 21
特殊教育学校暂行规程(节录) ········· 21
企业名称登记管理规定(节录) ········· 21
民办非企业单位印章管理规定(节录) ········· 22
《教师资格条例》实施办法(节录) ········· 22
播音员主持人持证上岗规定(节录) ········· 22

四、文件
国家中长期语言文字事业改革和发展规划纲要(2012—2020年) ········· 27
上海市语言文字工作委员会关于贯彻落实《国家中长期语言文字事业改革和发展规划纲要(2012—2020年)》的实施意见 ········· 36
教育部、国家语委关于印发《中华经典诵读工程实施方案》的通知 ········· 50

关于实施中华优秀传统文化传承发展工程的意见 ·················· 53

五、规范标准
　　汉语拼音正词法基本规则 ·· 63
　　标点符号用法 ·· 74
　　第一批异形词整理表 ··· 95
　　中国人名汉语拼音字母拼写规则 ·· 102
　　出版物上数字用法 ·· 105
　　中文书刊名称汉语拼音拼写法 ··· 111
　　普通话异读词审音表 ·· 114
　　党政机关公文处理工作条例 ·· 125
　　党政机关公文格式 ·· 131
　　通用规范汉字表 ·· 149

六、语言文字法律法规与规范知识自测题
　　一、语言文字法律法规自测题 ·· 175
　　二、语言文字规范知识自测题 ·· 182
　　三、语言文字法律法规与规范知识自测题参考答案 ················· 203

附录
　　1. 校对符号及其用法 ··· 209
　　2. 汉字应用水平测试等级及测试大纲 ·································· 211
　　3. 国家通用盲文方案 ··· 211
　　4. 国家通用手语常用词表 ··· 212
　　5. 通用规范汉字笔顺规范 ··· 212
　　6. 国际中文教育中文水平等级标准 ····································· 212

一、法　　律

中华人民共和国宪法(节录)

(1982年12月4日第五届全国人民代表大会第五次会议通过,2018年3月11日第十三届全国人民代表大会第一次会议通过的《中华人民共和国宪法修正案》修正)

第四条 各民族都有使用和发展自己的语言文字的自由,都有保持或者改革自己的风俗习惯的自由。

第十九条 国家推广全国通用的普通话。

第一百二十一条 民族自治地方的自治机关在执行职务的时候,依照本民族自治地方自治条例的规定,使用当地通用的一种或者几种语言文字。

第一百三十九条 各民族公民都有用本民族语言文字进行诉讼的权利。人民法院和人民检察院对于不通晓当地通用的语言文字的诉讼参与人,应当为他们翻译。

在少数民族聚居或者多民族共同居住的地区,应当用当地通用的语言进行审理;起诉书、判决书、布告和其他文书应当根据实际需要使用当地通用的一种或者几种文字。

中华人民共和国国家通用语言文字法

(2000年10月31日第九届全国人民代表大会
常务委员会第十八次会议通过)

目 录

第一章　总则
第二章　国家通用语言文字的使用
第三章　管理和监督
第四章　附则

第一章　总　则

第一条 为推动国家通用语言文字的规范化、标准化及其健康发展,使国家通用语言文字在社会生活中更好地发挥作用,促进各民族、各地区经济文化交流,根据宪法,制定本法。

第二条 本法所称的国家通用语言文字是普通话和规范汉字。

第三条 国家推广普通话,推行规范汉字。

第四条 公民有学习和使用国家通用语言文字的权利。

国家为公民学习和使用国家通用语言文字提供条件。

地方各级人民政府及其有关部门应当采取措施,推广普通话和推行规范汉字。

第五条 国家通用语言文字的使用应当有利于维护国家主权和民族尊严,有利于国家统一和民族团结,有利于社会主义物质文明建设和精神文明建设。

第六条 国家颁布国家通用语言文字的规范和标准,管理国家通用语言文字的社会应用,支持国家通用语言文字的教学和科学研究,促进国家通用语言文字的规范、丰富和发展。

第七条 国家奖励为国家通用语言文字事业做出突出贡献的组织和个人。

第八条 各民族都有使用和发展自己的语言文字的自由。

少数民族语言文字的使用依据宪法、民族区域自治法及其他法律的有关规定。

第二章 国家通用语言文字的使用

第九条 国家机关以普通话和规范汉字为公务用语用字。法律另有规定的除外。

第十条 学校及其他教育机构以普通话和规范汉字为基本的教育教学用语用字。法律另有规定的除外。

学校及其他教育机构通过汉语文课程教授普通话和规范汉字。使用的汉语文教材,应当符合国家通用语言文字的规范和标准。

第十一条 汉语文出版物应当符合国家通用语言文字的规范和标准。

汉语文出版物中需要使用外国语言文字的,应当用国家通用语言文字作必要的注释。

第十二条 广播电台、电视台以普通话为基本的播音用语。

需要使用外国语言为播音用语的,须经国务院广播电视部门批准。

第十三条 公共服务行业以规范汉字为基本的服务用字。因公共服务需要,招牌、广告、告示、标志牌等使用外国文字并同时使用中文的,应当使用规范汉字。

提倡公共服务行业以普通话为服务用语。

第十四条 下列情形,应当以国家通用语言文字为基本的用语用字:

(一)广播、电影、电视用语用字;

(二)公共场所的设施用字;

(三)招牌、广告用字;

(四)企业事业组织名称;

(五)在境内销售的商品的包装、说明。

第十五条 信息处理和信息技术产品中使用的国家通用语言文字应当符合国家的规范和标准。

第十六条 本章有关规定中,有下列情形的,可以使用方言:

(一)国家机关的工作人员执行公务时确需使用的;

(二)经国务院广播电视部门或省级广播电视部门批准的播音用语;

(三)戏曲、影视等艺术形式中需要使用的;

(四)出版、教学、研究中确需使用的。

第十七条 本章有关规定中,有下列情形的,可以保留或使用繁体字、异体字:

(一)文物古迹;

(二)姓氏中的异体字;

（三）书法、篆刻等艺术作品；
（四）题词和招牌的手书字；
（五）出版、教学、研究中需要使用的；
（六）经国务院有关部门批准的特殊情况。

第十八条　国家通用语言文字以《汉语拼音方案》作为拼写和注音工具。

《汉语拼音方案》是中国人名、地名和中文文献罗马字母拼写法的统一规范，并用于汉字不便或不能使用的领域。

初等教育应当进行汉语拼音教学。

第十九条　凡以普通话作为工作语言的岗位，其工作人员应当具备说普通话的能力。

以普通话作为工作语言的播音员、节目主持人和影视话剧演员、教师、国家机关工作人员的普通话水平，应当分别达到国家规定的等级标准；对尚未达到国家规定的普通话等级标准的，分别情况进行培训。

第二十条　对外汉语教学应当教授普通话和规范汉字。

第三章　管理和监督

第二十一条　国家通用语言文字工作由国务院语言文字工作部门负责规划指导、管理监督。

国务院有关部门管理本系统的国家通用语言文字的使用。

第二十二条　地方语言文字工作部门和其他有关部门，管理和监督本行政区域内的国家通用语言文字的使用。

第二十三条　县级以上各级人民政府工商行政管理部门依法对企业名称、商品名称以及广告的用语用字进行管理和监督。

第二十四条　国务院语言文字工作部门颁布普通话水平测试等级标准。

第二十五条　外国人名、地名等专有名词和科学技术术语译成国家通用语言文字，由国务院语言文字工作部门或者其他有关部门组织审定。

第二十六条　违反本法第二章有关规定，不按照国家通用语言文字的规范和标准使用语言文字的，公民可以提出批评和建议。

本法第十九条第二款规定的人员用语违反本法第二章有关规定的，有关单位应当对直接责任人员进行批评教育；拒不改正的，由有关单位作出处理。

城市公共场所的设施和招牌、广告用字违反本法第二章有关规定的，由有关行政管理部门责令改正；拒不改正的，予以警告，并督促其限期改正。

第二十七条　违反本法规定，干涉他人学习和使用国家通用语言文字的，由有关行政管理部门责令限期改正，并予以警告。

第四章　附　则

第二十八条　本法自 2001 年 1 月 1 日起施行。

中华人民共和国教育法（节录）

（2021年4月29日第十三届全国人民代表大会
常务委员会第二十八次会议通过）

第十二条 国家通用语言文字为学校及其他教育机构的基本教学语言文字，学校及其他教育机构应当使用国家通用的语言文字进行教学。民族自治地方以少数民族学生为主的学校及其他教育机构，从实际出发，使用国家通用语言文字和本民族或当地民族通用的语言文字实施汉语教育。国家采取措施，为少数民族学生为主的学校及其他教育机构实施双语教育提供条件和支持。

《中华人民共和国刑事诉讼法》(2018)（节录）

（2018年10月26日第十三届全国人民代表大会常务委员会第六次会议
《关于修改〈中华人民共和国刑事诉讼法〉的决定》第三次修正）

第九条 各民族公民都有用本民族语言文字进行诉讼的权利。人民法院、人民检察院和公安机关对于不通晓当地通用的语言文字的诉讼参与人，应当为他们翻译。

在少数民族聚居或者多民族杂居的地区，应当用当地通用的语言进行审讯，用当地通用的文字发布判决书、布告和其他文件。

《中华人民共和国行政诉讼法》(2017)（节录）

（2017年6月27日第十二届全国人民代表大会第二十八次会议通过修正）

第九条 各民族公民都有用本民族语言、文字进行行政诉讼的权利。

在少数民族聚居或者多民族共同居住的地区，人民法院应当用当地民族通用的语言、文字进行审理和发布法律文书。

人民法院应当对不通晓当地民族通用的语言、文字的诉讼参与人提供翻译。

中华人民共和国民事诉讼法(2017)（节录）

（2017年6月27日第十二届全国人民代表大会第二十八次会议第三次修正）

第十一条 各民族公民都有用本民族语言、文字进行民事诉讼的权利。

在少数民族聚居或者多民族共同居住的地区,人民法院应当用当地民族通用的语言、文字进行审理和发布法律文书。

人民法院应当对不通晓当地民族通用的语言、文字的诉讼参与人提供翻译。

中华人民共和国居民身份证法(2011)(节录)

(2011年10月29日第十一届全国人民代表大会
常务委员会第二十三次会议通过)

第四条 居民身份证使用规范汉字和符合国家标准的数字符号填写。

民族自治地方的自治机关根据本地区的实际情况,对居民身份证用汉字登记的内容,可以决定同时使用实行区域自治的民族的文字或者选用一种当地通用的文字。

二、法　　规

地名管理条例(节录)

国发〔1986〕11号
(1986年1月23日)

第一条 为了加强对地名的管理,适应社会主义现代化建设和国际交往的需要,制定本条例。

第二条 本条例所称地名,包括:自然地理实体名称,行政区划名称,居民地名称,各专业部门使用的具有地名意义的台、站、港、场等名称。

第三条 地名管理应当从我国地名的历史和现状出发,保持地名的相对稳定。必须命名和更名时,应当按照本条例规定的原则和审批权限报经批准。未经批准,任何单位和个人不得擅自决定。

第四条 地名的命名应遵循下列规定:

(一)有利于人民团结和社会主义现代化建设,尊重当地群众的愿望,与有关各方协商一致。

(二)一般不以人名作地名。禁止用国家领导人的名字作地名。

(三)全国范围内的县、市以上名称,一个县、市内的乡、镇名称,一个城镇内的街道名称,一个乡内的村庄名称,不应重名,并避免同音。

(四)各专业部门使用的具有地名意义的台、站、港、场等名称,一般应与当地地名统一。

(五)避免使用生僻字。

第五条 地名的更名应遵循下列规定:

(一)凡有损我国领土主权和民族尊严的,带有民族歧视性质和妨碍民族团结的,带有侮辱劳动人民性质和极端庸俗的,以及其他违背国家方针、政策的地名,必须更名。

(二)不符合本条例第四条第三、四、五款规定的地名,在征得有关方面和当地群众同意后,予以更名。

(三)一地多名、一名多写的,应当确定一个统一的名称和用字。

(四)不明显属于上述范围的、可改可不改的和当地群众不同意改的地名,不要更改。

第六条 地名命名、更名的审批权限和程序如下:

(一)行政区划名称的命名、更名,按照国务院《关于行政区划管理的规定》办理。

(二)国内外著名的或涉及两个省(自治区、直辖市)以上的山脉、河流、湖泊等自然地理实体名称,由省、自治区、直辖市人民政府提出意见,报国务院审批。

(三)边境地区涉及国界线走向和海上涉及岛屿归属界线以及载入边界条约和议定书中的自然地理实体名称和居民地名称,由省、自治区、直辖市人民政府提出意见,报国务院审批。

(四)在科学考察中,对国际公有领域新的地理实体命名,由主管部门提出意见,报国务院审批。

（五）各专业部门使用的具有地名意义的台、站、港、场等名称，在征得当地人民政府同意后，由专业主管部门审批。

（六）城镇街道名称，由直辖市、市、县人民政府审批。

（七）其他地名，由省、自治区、直辖市人民政府规定审批程序。

（八）地名的命名、更名工作，可以交地名机构或管理地名工作的单位承办，也可以交其他部门承办；其他部门承办的，应征求地名机构或管理地名工作单位的意见。

第七条　少数民族语地名的汉字译写，外国地名的汉字译写，应当做到规范化。译写规则，由中国地名委员会制定。

第八条　中国地名的罗马字母拼写，以国家公布的《汉语拼音方案》作为统一规范。拼写细则，由中国地名委员会制定。

幼儿园管理条例（节录）

（1989年8月20日国务院批准，1989年9月11日
国家教育委员会令第4号发布）

第十五条　幼儿园应当使用全国通用的普通话。招收少数民族为主的幼儿园，可以使用本民族通用的语言。

中华人民共和国义务教育法实施细则（节录）

（1992年2月19日国务院批准，1992年3月14日
国家教育委员会令第19号发布）

第二十四条　实施义务教育的学校在教育教学和各种活动中，应当推广使用全国通用的普通话。

师范院校的教育教学和各种活动应当使用普通话。

扫除文盲工作条例（节录）

国发〔1988〕8号
（1988年2月5日国务院发布，根据1993年8月1日
《国务院关于修改〈扫除文盲工作条例〉的决定》修正）

第六条　扫除文盲教学应当使用全国通用的普通话。在少数民族地区可以使用本民族

语言文字教学,也可以使用当地各民族通用的语言文字教学。

第七条 个人脱盲的标准是:农民识 1500 个汉字,企业和事业单位职工、城镇居民识 2000 个汉字;能够看懂浅显通俗的报刊、文章,能够记简单的账目,能够书写简单的应用文。

广播电视管理条例(节录)

(1997 年 8 月 11 日国务院令第 228 号发布)

第三十六条 广播电台、电视台应当使用规范的语言文字。广播电台、电视台应当推广全国通用的普通话。

中华人民共和国文物保护法实施条例(节录)

(2003 年 5 月 18 日国务院令第 377 号发布,
2017 年 3 月 1 日第三次修订)

第十条 文物保护单位的标志说明,应当包括文物保护单位的级别、名称、公布机关、公布日期、立标机关、立标日期等内容。民族自治地区的文物保护单位的标志说明,应当同时用规范汉字和当地通用的少数民族文字书写。

上海市实施《中华人民共和国国家通用语言文字法》办法

(2005 年 12 月 29 日上海市第十二届人民代表大会
常务委员会第二十五次会议通过)

第一条 为了推广普通话和推行规范汉字,加强国家通用语言文字使用管理,发挥国家通用语言文字在社会生活中的作用,根据《中华人民共和国国家通用语言文字法》和其他有关法律、行政法规,结合本市实际,制定本办法。

第二条 本市行政区域内国家通用语言文字的使用及其管理和监督,适用本办法。

第三条 本市促进国家通用语言文字的规范、丰富和发展,建设与经济、社会、文化发展相适应的语言文字应用环境。

本市鼓励国家机关、企业、事业单位、社会团体、其他社会组织和公民参与国家通用语言文字的规范化、标准化建设。

第四条 市和区、县人民政府应当加强对国家通用语言文字工作的领导,将推广普通话、推行规范汉字纳入城市管理和精神文明建设的内容。

市和区、县人民政府应当对国家通用语言文字工作所需人员和经费予以保证。

第五条 市和区、县人民政府的语言文字工作委员会负责本行政区域内国家通用语言文字使用的管理和监督,其办事机构设在同级教育行政管理部门。

市和区、县语言文字工作委员会的主要职责是:

(一)编制、组织实施本行政区域内国家通用语言文字工作规划;

(二)协调、指导、监督各部门、各行业的语言文字工作;

(三)组织语言文字规范化宣传教育活动;

(四)指导普通话和规范汉字应用的培训和水平测试;

(五)推进国家通用语言文字应用研究;

(六)法律、法规规定的其他职责。

乡、镇人民政府和街道办事处应当根据区、县人民政府的要求和部署,负责做好本区域内国家通用语言文字的相关工作。

第六条 本市对在国家通用语言文字推广、研究、管理工作中做出突出成绩的组织和个人予以表彰。

第七条 本市依法保障公民学习和使用国家通用语言文字的权利,任何组织和个人不得限制。

第八条 下列情形,应当以普通话为基本用语:

(一)国家机关的公务活动用语;

(二)学校及其他教育机构的教育教学和集体活动用语;

(三)广播电台、电视台的播音、主持和采访用语,电影、电视剧用语,汉语文音像制品、有声电子出版物用语;

(四)本市召开或者举办的各类会议、展览、大型活动的工作用语。

本市应当采取措施,推动公共服务行业以普通话为服务用语。

第九条 依照本办法第八条规定以普通话为基本用语的,遇有下列情形,可以使用方言:

(一)国家机关工作人员执行公务和出版、教学、研究中确需使用方言的,以及戏曲、影视等艺术形式需要使用方言的;

(二)广播电台、电视台的播音、主持,经市广播电视行政管理部门批准使用方言的。

第十条 下列人员的普通话水平应当分别达到以下等级标准:

(一)国家机关工作人员为三级甲等以上;

(二)教师为二级乙等以上,学校及其他教育机构中除教师以外的其他管理人员为三级甲等以上;

(三)普通高等学校、中等职业学校的学生为二级乙等以上;

(四)广播电台、电视台的播音员、节目主持人以及影视话剧演员为一级乙等以上。

对尚未达到前款规定的普通话等级标准的人员,应当分别情况进行培训。

本市应当采取措施,提高公共服务行业工作人员的普通话水平,直接面向公众服务的工作人员的普通话水平达到三级甲等以上,其中广播员、解说员、话务员等特殊岗位人员的普通话水平达到二级乙等以上。

第十一条 下列情形,应当以规范汉字为基本用字:

(一) 国家机关的公务用字;

(二) 学校及其他教育机构的教育教学用字;

(三) 本市出版的汉语文出版物用字;

(四) 影视屏幕用字;

(五) 法人和其他组织的名称、招牌用字;

(六) 广告、公共场所的设施用字;

(七) 公共服务行业的服务用字;

(八) 本市设计、制作,在境内使用的中文信息技术产品的用字和在本市注册的网站的网页用字;

(九) 在本市销售的商品的包装、说明用字;

(十) 本市召开或者举办的各类会议、展览、大型活动的用字。

第十二条 繁体字、异体字的保留或者使用,应当符合《中华人民共和国国家通用语言文字法》的有关规定。

题词和招牌中的手书字,提倡使用规范汉字。

法人和其他组织的名称牌中含有手书繁体字、异体字的,应当在适当的位置配放规范汉字书写的名称牌。

第十三条 国家机关工作人员、教师、普通高等学校学生、编辑记者、中文字幕制作人员、校对人员以及誊印、牌匾、广告制作业文案工作人员等的汉字应用水平,应当分别达到国家规定的要求。

第十四条 汉语文出版物、国家机关公文应当符合国家关于普通话、规范汉字、汉语拼音、标点符号、数字用法等的规范和标准。

国家机关公文、教科书不得使用不符合现代汉语词汇和语法规范的网络语汇。

新闻报道除需要外,不得使用不符合现代汉语词汇和语法规范的网络语汇。

第十五条 汉语文出版物、国家机关公文中需要使用外国语言文字的,应当用国家通用语言文字作必要的注释。

公共服务行业以规范汉字为基本的服务用字。招牌、告示、标志牌等需要使用外国文字的,应当用规范汉字标注。

第十六条 市和区、县人民政府的有关部门在同级语言文字工作委员会的协调和指导下,按照各自职责,管理和监督国家通用语言文字的使用:

(一) 人事行政管理部门负责组织开展对国家机关工作人员普通话和汉字应用水平的教育与培训;

(二) 教育行政管理部门负责对学校及其他教育机构的语言文字使用进行管理和监督,将语言文字规范化纳入教育督导、检查、评估的内容;

(三) 文广影视、新闻出版、信息产业等行政管理部门负责对广播、电视、报刊、网络等媒体,以及中文信息技术产品中的语言文字使用进行管理和监督;

(四) 工商行政管理部门负责对企业名称、商品名称以及广告中的语言文字使用进行管理和监督;

(五) 民政行政管理部门负责对社会团体、民办非企业单位名称中的语言文字使用进行管理和监督；

（六）市政、市容环卫、绿化、地名、公安等行政管理部门负责对本市公共场所的设施等的语言文字使用进行管理和监督；

（七）劳动和社会保障行政管理部门负责将普通话和汉字应用水平纳入有关职业技能训练与鉴定的基本内容；

（八）质量技术监督行政管理部门负责对产品标志、说明等的语言文字使用进行管理和监督，制定有关技术标准应当体现语言文字规范化的要求；

（九）商业、金融、旅游、体育、卫生、铁路、民航、城市交通、邮政、电信等行政管理部门或者行业主管部门负责对公共服务行业的语言文字使用进行管理和监督。

第十七条 市和区、县语言文字工作委员会应当对本行政区域内有关单位的语言文字工作进行评估，评估结果可以向社会公示。

各级语言文字工作委员会应当建立监测工作网络，对各类媒体、公共场所用语用字进行监测，监测结果应当向社会公示。

第十八条 本市设立的普通话和汉字应用水平测试专门机构，具体负责实施全市普通话和汉字应用水平测试工作。

第十九条 本市有关单位和人员，未按照本办法规定使用国家通用语言文字的，由其所在单位或者上级主管部门予以批评教育，责令改正；拒不改正的，由其所在单位或者上级主管部门作出处理。

公共场所的招牌、设施等的用字违反本办法关于国家通用语言文字使用的规定的，由城市管理行政执法部门责令改正；拒不改正的，予以警告，并督促其限期改正。

企业名称、商品名称以及广告用字违反本办法关于国家通用语言文字使用的规定的，由工商行政管理部门依法处理。

违反其他法律、法规有关使用国家通用语言文字规定的，依照其规定予以处理。

第二十条 本市有关部门的工作人员滥用职权或者不履行法定职责的，由其所在单位或者上级主管部门依法给予行政处分。

第二十一条 违反本办法有关规定，不按照国家有关规范和标准使用国家通用语言文字的，公民可以提出批评和建议。

违反本办法有关规定，语言文字使用不规范且拒不改正的单位，语言文字工作委员会可以在媒体上予以公示。

第二十二条 本办法自 2006 年 3 月 1 日起施行。

三、规　　章

普通话水平测试管理规定

(2003年5月21日国家教育部令第16号发布)

第一条 为加强普通话水平测试管理,促其规范、健康发展,根据《中华人民共和国国家通用语言文字法》,制定本规定。

第二条 普通话水平测试(以下简称测试)是对应试人运用普通话的规范程度的口语考试。开展测试是促进普通话普及和应用水平提高的基本措施之一。

第三条 国家语言文字工作部门颁布测试等级标准、测试大纲、测试规程和测试工作评估办法。

第四条 国家语言文字工作部门对测试工作进行宏观管理,制定测试的政策、规划,对测试工作进行组织协调、指导监督和检查评估。

第五条 国家测试机构在国家语言文字工作部门的领导下组织实施测试,对测试业务工作进行指导,对测试质量进行监督和检查,开展测试科学研究和业务培训。

第六条 省、自治区、直辖市语言文字工作部门(以下简称省级语言文字工作部门)对本辖区测试工作进行宏观管理,制定测试工作规划、计划,对测试工作进行组织协调、指导监督和检查评估。

第七条 省级语言文字工作部门可根据需要设立地方测试机构。

省、自治区、直辖市测试机构(以下简称省级测试机构)接受省级语言文字工作部门及其办事机构的行政管理和国家测试机构的业务指导,对本地区测试业务工作进行指导,组织实施测试,对测试质量进行监督和检查,开展测试科学研究和业务培训。

省级以下测试机构的职责由省级语言文字工作部门确定。各级测试机构的设立须经同级编制部门批准。

第八条 测试工作原则上实行属地管理。国家部委直属单位的测试工作,原则上由所在地区省级语言文字工作部门组织实施。

第九条 在测试机构的组织下,测试由测试员依照测试规程执行。测试员应遵守测试工作各项规定和纪律,保证测试质量,并接受国家和省级测试机构的业务培训。

第十条 测试员分省级测试员和国家级测试员。测试员须取得相应的测试员证书。

申请省级测试员证书者,应具有大专以上学历,熟悉推广普通话工作方针政策和普通语言学理论,熟悉方言与普通话的一般对应规律,熟练掌握《汉语拼音方案》和常用国际音标,有较强的听辨音能力,普通话水平达到一级。

申请国家级测试员证书者,一般应具有中级以上专业技术职务和两年以上省级测试员资历,具有一定的测试科研能力和较强的普通话教学能力。

第十一条 申请省级测试员证书者,通过省级测试机构的培训考核后,由省级语言文字工作部门颁发省级测试员证书;经省级语言文字工作部门推荐的申请国家级测试员证书者,通过国家测试机构的培训考核后,由国家语言文字工作部门颁发国家级测试员证书。

第十二条 测试机构根据工作需要聘任测试员并颁发有一定期限的聘书。

第十三条 在同级语言文字工作办事机构指导下,各级测试机构定期考查测试员的业务能力和工作表现,并给予奖惩。

第十四条 省级语言文字工作部门根据工作需要聘任测试视导员并颁发有一定期限的聘书。

测试视导员一般应具有语言学或相关专业的高级专业技术职务,熟悉普通语言学理论,有相关的学术研究成果,有较丰富的普通话教学经验和测试经验。

测试视导员在省级语言文字工作部门领导下,检查、监督测试质量,参与和指导测试管理和测试业务工作。

第十五条 应接受测试的人员为:

1. 教师和申请教师资格的人员;
2. 广播电台、电视台的播音员、节目主持人;
3. 影视话剧演员;
4. 国家机关工作人员;
5. 师范类专业、播音与主持艺术专业、影视话剧表演专业以及其他与口语表达密切相关专业的学生;
6. 行业主管部门规定的其他应该接受测试的人员。

第十六条 应接受测试的人员的普通话达标等级,由国家行业主管部门规定。

第十七条 社会其他人员可自愿申请接受测试。

第十八条 在高等学校注册的港澳台学生和外国留学生可随所在校学生接受测试。测试机构对其他港澳台人士和外籍人士开展测试工作,须经国家语言文字工作部门授权。

第十九条 测试成绩由执行测试的测试机构认定。

第二十条 测试等级证书由国家语言文字工作部门统一印制,由省级语言文字工作办事机构编号并加盖印章后颁发。

第二十一条 普通话水平测试等级证书全国通用。等级证书遗失,可向原发证单位申请补发。伪造或变造的普通话水平测试等级证书无效。

第二十二条 应试人再次申请接受测试同前次接受测试的间隔应不少于3个月。

第二十三条 应试人对测试程序和测试结果有异议,可向执行测试的测试机构或上级测试机构提出申诉。

第二十四条 测试工作人员违反测试规定的,视情节予以批评教育、暂停测试工作、解除聘任或宣布测试员证书作废等处理,情节严重的提请其所在单位给予行政处分。

第二十五条 应试人违反测试规定的,取消其测试成绩,情节严重的提请其所在单位给予行政处分。

第二十六条 测试收费标准须经当地价格部门核准。

第二十七条 各级测试机构须严格执行收费标准,遵守国家财务制度,并接受当地有关部门的监督和审计。

第二十八条 本《规定》自2003年6月15日起施行。

社会团体印章管理规定(节录)

(1993年10月18日民政部、公安部第1号令发布)

二、印章的名称、文字、字体和质料
(二)民族自治地方社会团体的印章,应当并列刊汉文和当地通用的民族文字。
(三)有国际交往的社会团体印章,需标有英文名称的,应当并列刊汉文和英文。
(四)印章印文中的汉字,使用宋体字并应用国务院公布实行的简化字。

小学管理规程(节录)

(1996年3月9日国家教育委员会令第26号发布)

第七条 小学的基本教学语言文字为汉语言文字。学校应推广使用普通话和规范字。
招收少数民族学生为主的学校,可使用本民族或当地民族通用的语言文字进行教学,并应根据实际情况在适当年级开设汉语文课程。

特殊教育学校暂行规程(节录)

(1998年12月2日教育部令第1号发布)

第六条 特殊教育学校的基本教学语言文字为汉语言文字。学校应当推广使用全国通用的普通话和规范字以及国家推行的盲文、手语。
招收少数民族学生为主的学校,可使用本民族或当地民族通用语言文字和盲文、手语进行教学,并应根据实际情况在适当年级开设汉语文课程,开设汉语文课程应当使用普通话和规范汉字。

企业名称登记管理规定(节录)

(2020年12月28日,经中华人民共和国国务院令第734号第二次修订)

第五条 企业名称应当使用规范汉字。民族自治地方的企业名称可以同时使用本民族自治地方通用的民族文字。
第九条 企业名称应当由行政区划、字号、行业、组织形式依次组成,法律、行政法规和本办法另有规定的除外。

民办非企业单位印章管理规定(节录)

(2000年1月19日民政部、公安部第20号令发布)

二、印章的名称、文字、文体

印章所刊的单位名称,应为民办非企业单位的法定名称;民族自治地方的民办非企业单位的印章应当并列刊汉文和当地通用的民族文字;有国际交往的民办非企业单位印章,需要刻制外文名称的,将核准登记注册的中文名称译成相应的外国文字,并列刊汉文和外文。

印章印文中的汉字,应当使用国务院公布的简化字,字体为宋体。

《教师资格条例》实施办法(节录)

(2000年9月23日教育部令第10号发布)

第八条 申请认定教师资格者的教育教学能力应当符合下列要求:

(一)具备承担教育教学工作所必须的基本素质和能力。具体测试办法和标准由省级教育行政部门制定。

(二)普通话水平应当达到国家语言文字工作委员会颁布的《普通话水平测试等级标准》二级乙等以上标准。

少数方言复杂地区的普通话水平应当达到三级甲等以上标准;使用汉语和当地民族语言教学的少数民族自治地区的普通话水平,由省级人民政府教育行政部门规定标准。

第十二条 申请认定教师资格者应当在规定时间向教师资格认定机构或者依法接受委托的高等学校提交下列基本材料:

(五)普通话水平测试等级证书原件和复印件。

第十四条 普通话水平测试由教育行政部门和语言文字工作机构共同组织实施,对合格者颁发由国务院教育行政部门统一印制的《普通话水平测试等级证书》。

播音员主持人持证上岗规定(节录)

(2001年12月31日国家广播电影电视总局令第10号发布)

第二章 资格的取得

第六条 基本条件:

(二)熟悉国家有关广播电视宣传及管理的政策、法规、规定,并能用以指导业务实践。

(四)嗓音良好,具备较好的语言表达能力。

(六)普通话水平达到国家《普通话水平测试实施办法》规定的标准。

第七条 资格取得程序:

(一)申请人提出书面申请并提交以下书面材料:

4. 普通话等级证书及其他有关证明。

四、文件

国家中长期语言文字事业改革和发展规划纲要

(2012—2020 年)

序　言

语言文字是人类最重要的交际工具和信息载体,是文化的基础要素和鲜明标志,是促进历史发展和社会进步的重要力量。语言文字事业具有基础性、全局性、社会性和全民性特点,是国家文化建设和社会发展的重要组成部分,事关历史文化传承和经济社会发展,事关国家统一和民族团结,事关国民素质提高和人的全面发展,在国家发展战略中具有重要地位和作用。全面建成小康社会,构建中华民族共有精神家园,提高国家文化软实力,加快推进教育现代化,都对语言文字事业提出了新的要求。必须树立和增强高度的文化自觉和文化自信,努力推进语言文字事业全面发展,为全面建成小康社会、实现中华民族伟大复兴贡献力量。

第一章　指导思想

高举中国特色社会主义伟大旗帜,以邓小平理论、"三个代表"重要思想、科学发展观为指导,全面贯彻《国家通用语言文字法》,尊重语言文字发展规律,主动适应国家经济社会发展新要求,围绕中心、服务大局,拓宽视野、改革创新,大力推广和规范使用国家通用语言文字,科学保护各民族语言文字,加强语言文字基础建设和管理服务,增强国家语言实力,提高国民语言能力,构建和谐语言生活,服务教育现代化,服务社会主义文化强国建设,推进语言文字事业全面发展。

大力推广国家通用语言文字。推广和普及国家通用语言文字是贯彻落实国家法律法规的基本要求,是维护国家主权统一、促进经济社会发展、增强中华民族凝聚力和文化软实力的重要内容。要健全完善语言文字法律制度规范,加强宏观政策指导。要增加法治意识,提高依法行政能力,加大培训测试及评估力度,采取切实有效措施,推进国家通用语言文字在全国范围内基本普及。

规范使用国家通用语言文字。要加强语言文字规范标准建设,强化国家通用语言文字规范意识,提升国民语言文字应用能力,提高全社会语言文字规范化水平,增强国家文化软实力。

科学保护各民族语言文字。尊重各民族使用和发展自己的语言文字的自由。树立各民族语言文字都是国家宝贵文化资源的观念,有针对性地采取符合实际的保护措施,充分发挥语言文字在传承和弘扬中华优秀文化中的重要作用,构建中华民族共有精神家园。

构建和谐语言生活。语言文字工作要创新理念和体制机制,要自觉融入国家改革发展大局,服务经济社会发展和人民群众需要,主动结合教育、文化、传媒、信息、商务等领域的建设和发展,坚持监督检查和服务社会并举。科学规划各种语言文字的定位和功能,妥善处理语言生活中的新情况新问题,推进语言文字事业全面、协调、可持续发展,促进和谐社会建设。

第二章 目标和任务

一、总体目标

到2020年,普通话在全国范围内基本普及,汉字社会应用的规范化程度进一步提高,汉语拼音更好地发挥作用。语言文字规范标准基本满足社会需求,信息化水平进一步提高。语言文字社会管理服务能力全面提升,社会管理服务体系基本建成。各民族语言文字的科学保护得到加强。语言文字传承和弘扬中华优秀文化的作用进一步发挥。国家语言实力显著增强,国民语言能力明显提高,社会语言生活和谐发展。

二、主要任务

（一）大力推广和普及国家通用语言文字

加大《国家通用语言文字法》的宣传教育力度。将《国家通用语言文字法》列入普法教育内容,增强教师、机关工作人员和新闻出版、广播影视、公共服务行业从业人员的国家通用语言文字规范意识和法制意识,树立全体国民的国家通用语言文字意识。

提高国家通用语言文字普及程度。到2015年,普通话在城市基本普及,在农村以教师、学生和青壮年劳动力为重点基本普及,汉字社会应用基本规范;到2020年,国家通用语言文字在全社会基本普及,全国范围内语言交际障碍基本消除。

加快民族地区国家通用语言文字的推广和普及。加大宣传培训力度,积极稳妥推进双语教育。到2020年,少数民族双语教师达到国家通用语言文字教学要求,完成义务教育的少数民族学生能够熟练掌握国家通用语言文字。

加大《汉语拼音方案》的推行力度。加强学校汉语拼音教学。充分利用汉语拼音作为拼写和注音的工具,进一步发挥其在汉字不便或不能使用领域,以及信息处理、国际交往、国际汉语教育和海外华文教育中的作用。

（二）推进语言文字规范化标准化信息化建设

加强语言文字规范化工作。树立科学的语言文字规范观,进一步完善语言文字规范标准体系。妥善处理语言文字规范与发展的关系,深入研究语言文字规范标准制定和施行的规律,积极做好语言文字规范标准的宣传、普及和应用的社会服务工作。

推进语言文字标准化建设。加强国家语言文字标准的统筹管理,健全语言文字标准的层级和体系。加快制订、完善国家通用语言文字和少数民族语言文字基础标准、应用能力标准、评测认证标准、通用手语和通用盲文标准、外国语言文字使用规范,重点建设教育、信息处理、广播影视、新闻出版、辞书编纂和公共服务等领域的标准。及时开展标准的复审、修订等工作。

提升语言文字信息化水平。加强面向中文信息处理的语言文字基础工程建设,开展以语言文字处理为核心的关键技术联合攻关,形成一批具有自主知识产权的核心技术,提高中文信息处理水平。建设语言文字数据库、资源库和学习平台。

（三）加强语言文字社会应用监督检查和服务

强化语言文字社会应用的监督检查。加强对学校、机关、新闻出版、广播影视、公共服务行业和公共场所语言文字使用情况的监督检查。加强对教材、图书(特别是辞书)、影视剧等文化产品和信息技术产品语言文字使用的监督检查。加强外国语言文字使用管理,推进外语中文译写规范工作。

加强社会语言生活监测和引导。引导网络、手机等新媒体规范使用语言文字。打造社会语言生活监测平台,跟踪研究语言生活中出现的新现象和新问题,纠正语言文字使用不规范的现象,引导社会语言生活健康发展,形成规范使用语言文字的社会氛围。

做好语言文字社会咨询服务工作。建设语言文字应用咨询服务平台,利用现代信息技术等多种手段,为社会提供语言文字政策法规、规范标准和语言文字使用等的咨询服务。

(四)提高国民语言文字应用能力

提高国民语言文字应用能力。建立和完善国家通用语言文字应用能力测评体系,提高全社会对语言文字学习的重视程度,促进国民语言文字应用能力的提升。

受过初等教育的国民普遍具备普通话、规范汉字和汉语拼音的应用能力;具有中等及以上教育程度的国民,其国家通用语言文字水平达到相应要求,具有较好的使用普通话和规范汉字表达、沟通的能力。全社会语言规范意识进一步增强,公民在公共场合自觉使用普通话和规范汉字,语言文字社会应用的规范化水平进一步提高。

(五)科学保护各民族语言文字

正确处理各种语言文字关系。依法妥善处理好国家通用语言文字与汉语方言、繁体字、少数民族语言文字的关系及学习使用问题,努力营造守法、健康、和谐的社会语言文字环境。

增强全社会的语言资源观念和语言保护意识。积极开展树立语言资源观念和科学保护意识的各项公益性活动。

加强各民族语言文字的科学研究和资源开发利用。加强语言资源数字化建设,推动语言资源共享,充分挖掘、合理利用语言资源的文化价值和经济价值。建立和完善语言资源库,探索方言使用和保护的科学途径,用现代技术手段记录保存少数民族濒危语言。

(六)弘扬传播中华优秀文化

充分发挥语言文字传承弘扬中华优秀文化的载体作用。积极开展中华经典诵写讲等活动,加强中华优秀文化传统教育和革命传统教育,提升国民的文化素养和道德素养。

拓展深化与港澳台地区的交流。建立民间语言文字协商机制,促进语言文字学术交流和语言文化交流,为港澳台同胞学习使用普通话提供服务。

推进国际汉语教育。加强国际汉语教育教师培训、教材建设和教学研究,继续推动汉语相关水平测试向海外拓展,增强中华文化国际影响力。继续发挥普通话、规范汉字和《汉语拼音方案》在国际汉语教育和海外华文教育中的主导作用。

提升中文国际地位。促进中文成为有关国际组织的正式工作语言、国际会议的会议语言,提升中文在国际学术界的影响力。扩大、深化与世界各国和地区的语言文化交流与合作。

(七)加强语言文字法制建设

研究修订《国家通用语言文字法》,争取在2020年前完成《国家通用语言文字法》的修订工作。及时跟踪、研究语言文字领域的新情况、新问题,根据实际需要和研究成果,研究制定配套的法规、规章。加强语言文字执法工作,增强公民依法使用语言文字的意识,使有关法律规定落到实处。

第三章 重点工作

一、推广普及

（一）语言文字规范化建设

继续实施语言文字规范化示范校项目。完善国家级和省级语言文字规范化示范校项目标准，将示范校创建作为教育质量监测、高校教学评估、各级示范性学校评审等工作的重要内容。

继续推进城市语言文字工作评估。坚持"重在建设，重在过程，重在实效"的原则，调整完善评估指标体系，对尚未达标的城市加强指导、检查、督促。二类城市在2015年、三类城市在2020年完成达标验收。建立城市评估复检制度，促进已达标城市保持并不断提高规范化水平。推动将语言文字规范化工作纳入文明城市创建、各级政府及领导干部工作实绩考核范围。

开展区域语言文字规范化达标工作。以城市为中心、辐射带动农村地区，促进区域语言文字规范化水平整体提升。由省级语言文字工作部门根据实际制订区域语言文字规范化工作推进方案，开展试点，分步实施。

推进重点行业系统语言文字规范化工作。推动学校、机关、新闻出版、广播影视和公共服务行业的语言文字规范化工作，适时开展行业规范化示范单位创建评估工作。推动军队系统语言文字规范化建设和普通话培训测试工作。

（二）国家通用语言文字培训

教师、校长（园长）普通话培训。新进教师普通话水平应符合教师资格所规定的普通话等级要求。全体教师都要参加普通话水平测试。对普通话水平未达标的中小学、幼儿园教师和校长（园长）进行普通话培训，使其达到规定标准。开展国家级和省级中华经典诵读教育骨干教师培训。

相关行业从业人员培训。把国家通用语言文字培训列为学校、机关、新闻出版、广播影视和公共服务行业从业人员培训内容，加大培训力度。开展多层次语言文字应用能力培训，满足不同职业、不同岗位业务培训要求。

进城务工人员普通话培训。推动用人单位、劳动就业服务部门和进城务工人员输出、输入地相关部门对务工人员进行普通话培训，提高其就业能力。

二、基础建设

（三）语言文字规范标准建设

加强语言文字规范标准统筹管理。建立规范化、标准化工作长效机制，构建和完善与《国家通用语言文字法》实施相配套的语言文字规范标准体系，加强语言文字技术标准、管理标准和工作标准建设，健全规范标准层级。

加强语言文字规范标准制订和修订工作。重点制订和完善汉字字形及属性、普通话语音、地名、科技术语、外国人名地名译写等国家通用语言文字规范标准及评测认证标准；研究制订公共服务领域外文译写规范标准和国际汉语教育中的语言文字规范标准；主导中国语言文字国际标准的制订。加强语言文字规范标准特别是国际标准研制人才的培养。

(四)语言数据库和语料库建设

建设古今汉字全息数据库。收集整理中国古今汉字,包括国外应用汉字,理清汉字发展演变的历史,推动中国文字的历史传承、现实应用及国际传播。

建设中国百年语言文字规范标准数据库。收集整理中国百年来的语言文字规范标准,建设语言文字规范标准数据库。

建设国家语言资源动态流通语料库。继续建设面向语言资源监测的平面媒体、有声媒体、网络媒体和教育教材等国家语言资源动态流通语料库。完善现代汉语语料库。

(五)语言国情调查

开展语言国情调查。调查特定地区的语言文字使用情况,为地方经济社会发展提供政策支持;调查机关、新闻出版、广播影视、公共服务行业及其从业人员的语言使用情况,为制定相关行业语言文字政策和满足语言使用需求提供服务;调查手语、盲文等特殊语言文字使用情况,为制订完善手语、盲文规范标准,提高特殊教育质量提供服务;调查网络、手机等新媒体语言和外语词、字母词等的使用情况,加强对虚拟空间语言使用的研究,制定相关政策。

开展语言普查。建立定期语言普查制度,开展普通话、汉字、汉语拼音等使用情况普查;汉语方言的种类、分布区域、使用人群和使用变化状况普查;少数民族语言及其方言的种类、分布区域、使用人群和使用变化状况普查;跨境语言的分布和使用情况普查;外国语言文字在境内的使用情况普查。争取在国家人口普查及其他相关调查中增列语言文字使用状况内容。

建立中国语言数据库。绘制多媒体语言地图,发布中国语言国情报告。促进语言普查数据的开发、利用和社会共享。

三、督查服务

(六)语言文字社会应用监督检查和服务

完善社会语言生活监测平台。监测研究语言使用实态和语言生活热点,分析语言生活中的新现象,预测语言发展趋势,定期发布语言生活状况报告,并进行基于数据分析的语言战略研究。

打造汉语汉字学习平台。整合汉语汉字规范标准及信息资源,提供资源共享、技术开放的现代化助教助学模式,服务于中小学教学、公民学习和国际汉语教育。

建设语言文字规范标准督查平台和测查认证系统。对传媒、出版物(重点是教材、工具书)、公共场所、信息技术产品以及汉字输入系统中的语言文字使用状况,进行规范标准符合性的测查认证和监督管理。

建设国家语言文字咨询服务平台和语言文字应用服务系统。面向社会开展语言文字政策法规、规范标准、应用业务等的免费咨询服务。加强对网络语言、新词新语等的规范引导。组织开展外语中文译名的监测、规范、审定和发布工作。

(七)国家语言应急服务和语言援助服务

建立国家语言应急服务和援助机制。根据国家战略需求,制定应对国际事务和突发事件的关键语言政策,建设国家多语言能力人才资源库。促进制订外语语种学习和使用规划。推动社会建立应急和特定领域专业语言人才的招募储备机制,提供突发条件下的语言应急服务。及时为国家有关部门就我国海域、疆域等相关地名和天体命名提供语言文字方面的支持和服务。发挥语言社团作用,建立语言志愿者人才库,广泛吸纳双语、多语人才,为社会提供语言援助。

（八）手语盲文规范和推广

加快手语、盲文规范标准研制。加强国家通用手语和盲文规范化、标准化、信息化建设，修订通用盲文国家标准，研制通用手语国家标准，研制手语、盲文水平等级标准和手语翻译员等级标准。根据需求，研究制定少数民族手语、盲文。加强手语、盲文推广运用。结合特殊教育学校课程改革，推广使用国家通用手语、盲文。培育和发展手语、盲文社会服务机构，为听力、视力残疾人提供国家通用手语、盲文翻译和语音阅读、提示等服务。加强手语、盲文基础研究。重视手语、盲文高层次人才培养和研究机构建设，充分发挥国家手语和盲文研究中心作用。

四、能力提升

（九）构建语言文字应用能力测评体系

推进和完善普通话水平测试、汉字应用水平测试和汉语能力测试。加快推进普通话培训测试的信息化建设和资源建设，推进计算机辅助普通话水平测试。适时修订《普通话水平测试大纲》。编写系列普通话学习教材，研制和推行中小学生普通话水平测试标准。修订和完善《汉字应用水平测试大纲》，完善测试系统，加大汉字应用水平测试推进力度。总结试点经验，修订和完善《汉语能力标准》和《汉语应用能力测试大纲》，推进汉语能力测试。

（十）提升学生语言文字应用能力

提升幼儿普通话水平。幼儿园要创设自由、宽松的普通话交流环境，引导幼儿学会倾听并能清楚地用普通话表达，培养阅读兴趣，养成良好阅读习惯。

加强学生语言文字应用能力培养。中小学校要依据语文课程标准组织教学，加强识字与写字、口语交际、阅读、写作等方面的教学，加强中小学规范汉字书写教育，注重语言文字的综合运用，全面提高中小学生听说读写能力。中等职业学校和高等学校要科学设置语言文字相关课程，以提高语文鉴赏能力、文字书写能力和语言表达与交际能力为重点，全面提升学生的语文素养及语言文字综合运用能力。

建立并完善学生语言文字应用能力评价标准。分级分类制订高校学生和中小学生语言文字应用能力评价标准和测评办法，将口语表达、汉字书写纳入语文教学和评价范围。

（十一）提升国民语言文字应用能力

提高教师的语言文字应用能力。在教师资格标准中明确国家通用语言文字应用能力要求。将语言文字纳入教师培养和培训的重要内容，全面提高教师的语言文字应用能力。

提高相关职业人群的语言文字应用能力。健全学校、机关、新闻出版、广播影视和公共服务行业等相关行业从业人员的语言文字应用能力职业标准。

提倡国民发展多语能力。在发挥国家通用语言文字主导作用的前提下，根据需要，合理规划，为提升国民多种语言文字应用能力创造条件。

五、科学保护

（十二）各民族语言文字科学记录和保存

建设中国语言资源有声数据库。科学设计，统一规划，调查收集普通话、汉语方言、少数民族语言的有声语料，整理保存和深入开发利用，科学保存中国各民族语言实态。

（十三）少数民族语言文字信息化建设

研制少数民族语言文字规范标准。加快制订社会应用和信息化急需的少数民族语言文字基础规范标准。做好少数民族语言的术语规范化工作。

建设少数民族语言文字数据库。收集梳理少数民族语言文字的发展历史和文化信息，建设少数民族语言文化资源库和传统通用少数民族语言的大规模语料库。

（十四）少数民族濒危语言抢救和保护

支持国家民委完成20种少数民族濒危语言的调查工作，出版《中国少数民族语言文字保护丛书》。

六、文化传承

（十五）中华经典诵写讲行动

推进学校开展中华经典诵写讲行动。各级各类学校要加强经典诵读和规范汉字书写教育，广泛深入开展中华经典诵读、书写、讲解的社团活动和校外活动。组织诵写讲下基层活动，对师生进行诵写讲辅导。加强诵写讲的研究，包括诵写讲与语文教育、养成教育、青少年成长、人文情感培养等方面关系和作用的研究。探索以中华经典诵读、书写教育为基础的诵写讲教育教学方法。

建设中华经典诵写讲行动社会参与平台。继续举办中华经典诵读、规范汉字书写赛事等系列活动。举办传统节日诵读活动。通过对传统节日经典诗文、民间习俗的梳理、筛选，挖掘传统节日的文化内涵，运用多种形式予以呈现，增强传统节日的吸引力和影响力。

建设中华经典诵写讲资源库。遴选体现中华民族优秀文化传统和革命传统、符合社会主义核心价值体系的经典诗文及反映传统节日、各民族文化的优秀篇章，建设中华经典诵写讲资源库，以诵读、书写、讲解等形式予以记录、保存和展示、传播，促进优秀传统文化和革命文化传承体系建设。

（十六）港澳台地区及海外合作交流

服务港澳同胞普通话学习和培训测试。根据港澳同胞学习普通话的需求，对港澳同胞普通话水平测试、港澳地区教师普通话培训、内地和港澳地区学生暑期普通话交流项目提供支持和服务。合作开展普通话培训测试的科学研究。

推动海峡两岸语言文字业务交流。积极推动两岸合作编纂中华语文工具书工作，完善"中华语文知识库"网站建设，推动两岸语言文字智库、合作开展普通话培训测试等项目的实施，举办两岸语言文字学术研讨会及语言文化交流论坛，继续开展术语和专有名词等的研究规范工作，推动异读词审音、汉语文本简繁转换系统研发、字词对应数据库研制等方面的合作。实施两岸青少年语言文化交流项目。

鼓励海外侨胞来华学习汉语。举办海外华人华侨子弟"母语寻根"夏令营活动，实施海外华文教师普通话培训工程。

加大普通话培训测试的海外推广力度。深化与境外相关机构在普通话培训测试、汉语口语水平测试等方面的合作，进一步拓展在境外的培训测试范围。推进国家通用语言文字培训测试与国际汉语教育、海外华文教育的有效对接。

第四章　创新与保障

一、创新理念思路

更新工作理念。适应时代发展，积极培育和树立语言文字的新理念。语言文字是国家的战略性文化资源,是建设创新型国家、建设人力资源强国、推进中国特色新型工业化、信息化、城镇化和农业现代化的基础性资源;推进语言文字事业科学发展,是实现教育现代化的必备条件,是推动社会主义文化大发展大繁荣、推进社会主义文化强国建设的重要内容,是维护国家主权、尊严和核心利益的战略需要,是促进国家统一、民族团结、经济发展、社会进步、提升我国国际地位和国际影响力的迫切要求。

转变工作思路。语言文字工作要拓宽视野看作用,融入发展促发展,积极融入国家发展大局,积极争取各级政府和社会各界的支持,主动与包括教育工作在内的经济社会发展等各项工作有机结合,努力探索新的事业发展增长点和工作着力点,在提供支撑和服务的过程中实现自身价值,推进自身的发展。

完善工作内容。语言文字工作要自觉履行"大力推广和规范使用国家通用语言文字,科学保护各民族语言文字"的基本职责,努力实现工作内容的拓展,进一步增强服务意识、提升服务能力、创新服务方式,做好语言文字社会咨询服务工作,坚持监督检查与社会服务并重;要注重语言文字工作法制化、规范化、标准化、信息化建设,注重推广普及国家通用语言文字质量水平的提高,加大投入力度,在农村、边远、民族地区扎实推广普及国家通用语言文字,注重发挥语言文字在传承弘扬中华优秀文化中的重要作用。

二、创新工作机制

建立和完善全国语言文字工作"政府主导、语委统筹、部门支持、社会参与"的管理体制。进一步明确各级政府对语言文字工作的主导责任,切实加强对语言文字工作的领导和支持。各级教育行政部门(语言文字工作部门)要切实履行统筹职能,充分发挥语委成员单位的作用,积极争取相关部门和社会组织的支持,建立和完善分工协作、齐抓共管、协调有效的工作机制,从体制和机制上确保语言文字工作的有序开展。

建立健全语委议事机制。建立健全语委全体会议、语委咨询委员会、外语中文译写规范部际联席会议及专家委员会,以及各专业机构、专项工作组等制度或组织。充分依靠各成员单位和相关部门,充分发挥专家群体的才智和作用。建立健全语言文字及相关领域学术团体和社会组织,积极支持其开展或参加语言文字方面的宣传教育、学术研究、业务培训、合作交流、维权自律等活动。

三、创新管理服务

依法加强监督检查。将国家通用语言文字规范要求纳入地方各级政府行政执法督查范围,建立综合执法机制,完善和细化执法程序和标准,切实依法加强监督检查。充分尊重和依靠人大监督、司法监督、群众监督、舆论监督等,健全语言文字法律法规的监督执行机制。

建立长效协调督查机制。将语言文字工作要求纳入各级政府及教育行政部门(语言文字工作部门)年度工作总结和相关干部考核范围。在有关部门的配合下,将语言文字规范要求纳入精神文明建设、普法宣传教育、机关行文规范、教育督导、新闻出版编校质量、广播影视制作播出质量、工商行政监管和城市市容管理等范围,并建立相应机制或制度。

创新监督检查方式。加强和改进行政督查的方式和手段,提高依法行政的水平和实效。探索并建立运用法律、行政、教育、科技、自律等综合手段实施督查的新体系。建设基于数字网络技术的、覆盖广泛、查询便捷的社会语言文字规范应用监督检查与服务网络平台,实行科学有效的监督检查。

创新服务方式。通过协作机制或联席会议制度等方式,为经济、民政、国土、民族、外交、国防等部门提供语言文字业务服务,促进经济社会发展,维护国家主权统一和核心利益。通过与学校、学术团体、社会组织等单位的合作,为相关行业提供语言文字方面的专业培训、职业培训和评估测试等服务。通过网络服务平台、各种媒体和相关社会活动,宣传国家语言文字法律法规、政策制度,推广普及国家通用语言文字,提供语言文字咨询服务和应急援助。推进语言文字工作系统政务信息化建设。结合文化产业发展,注重开发语言资源,支持发展语言产业,为社会提供多样化语言文字服务。

四、扩大对外开放

进一步扩大语言文字工作的对外开放程度。通过多种途径加强语言文字的对外交流和传播,扩大中华语言文字的国际影响力,拓展中华文化传播的广度和深度。

建立健全与相关涉外机构、对外传播机构的协作关系和协作机制,通过孔子学院教学、海外中国文化中心活动、高校来华留学生教育、对外汉语培训、对外传播媒体和新媒体的宣传报道,以及节目交流、民间外交、青年交流活动等各种方式和途径,积极主动地对外传播包括语言文字在内的中华文化,为展示当代中国和平发展的国家形象和增进世界人民对中国的理解信任发挥积极作用。

五、强化人才保障

创新管理队伍培训方式。建立培训制度,通过举办"中央普通话进修班",实施中青年骨干海外研修计划、语言文字管理干部岗位培训和专题研修、测试员提高培训等项目,对语言文字专兼职管理队伍开展上岗培训和定期轮训,建设高水平、专业化的管理队伍和测试员队伍。以现有资源为基础,建立国家级培训基地。

加大专家队伍培养力度。通过科研资助、出国研修、重点培养等方式遴选培养一批优秀的语言文字专家,改善工作条件,完善用人机制,进一步发挥专家学者在学术理论和政策研究、规范标准研制和咨询服务中的作用。

健全奖励制度。对在国家语言文字事业发展中做出突出贡献的组织和个人,按国家有关规定予以表彰奖励。

六、提高科研水平

发挥科学研究的支撑作用。围绕国家经济、政治、文化、社会、生态文明建设和语言文字方针政策、规范标准,以及社会语言生活中的重大问题和热点问题,开展战略性、前瞻性、对策性研究,为语言文字事业改革发展提供有力支撑和智力支持。

加强科研管理和机构建设。积极整合相关研究力量,充分发挥高等学校、科研院所和学术团体的作用,重点建设好国家语委科研基地。建立和完善科研管理制度,提升科研管理的信息化水平,重视研究成果的共享和社会应用。

加强应用语言学学科建设。注重培养、扶持学科带头人和领军人物,支持其开展学术、业务研究与创新。提升学科地位和学术影响力。促进语言学研究方法和研究手段的现代化。鼓励跨学科、跨领域开展研究,鼓励协同创新。

七、加大宣传力度

创新宣传方式。将《国家通用语言文字法》的学习宣传纳入普法规划和普法教育内容。继续开展全国推广普通话宣传周活动,创新活动内容、载体和方式,推动农村、边远、民族地区提高普通话普及程度。编写有关语言国情、语言文字政策法规和规范标准等系列普及丛书。

构建宣传体系。加强语言文字网站、报纸、期刊和出版物等宣传阵地建设，充分利用新闻媒体，创新宣传手段，加强舆论引导，注重对社会关注的语言文字热点问题的宣传解释，营造有利于国家通用语言文字推广和规范使用的社会环境。

八、保障经费投入

建立健全语言文字事业经费投入机制。加大对语言文字事业发展的经费投入力度。推动各级财政加大对本规划纲要确定的重点建设项目的经费投入，增加农村、边远、民族地区推广普及国家通用语言文字的经费投入。制定相关政策，鼓励地区间建立对口支援和互利合作关系。设立语言文字事业发展基金，支持多渠道筹措经费，鼓励企业、团体、个人捐赠。

本规划纲要的实施主体是各级人民政府及教育行政部门（语言文字工作部门），协同单位是语委成员单位和有关业务主管部门。各地要加强领导，明确责任和分工，把落实本规划纲要提上重要议事日程，制定实施方案和配套政策措施，分阶段、有步骤地组织实施。地方各级教育行政部门（语言文字工作部门）要切实履行统筹协调职能，在党委和政府的统一领导下，统筹安排，精心组织，协调好语委成员单位和相关部门，具体负责组织实施工作，全力推进本规划纲要的落实。

上海市语言文字工作委员会关于贯彻落实《国家中长期语言文字事业改革和发展规划纲要（2012—2020年）》的实施意见

沪语委〔2013〕4号

《国家中长期语言文字事业改革和发展规划纲要（2012—2020年）》（以下简称《规划纲要》）已经发布。为了推动上海市语言文字事业全面、协调、可持续发展，更好地服务本市经济、社会、文化和现代化国际大都市建设，全面贯彻实施《规划纲要》，制定本实施意见。

一、充分认识贯彻实施《规划纲要》的重大意义

《规划纲要》的颁布实施是贯彻党的十八大精神的重要举措，是推进社会主义文化强国建设的重要行动，是指导当前和今后一个时期语言文字工作的重要纲领。

《规划纲要》指出，语言文字是国家的战略性文化资源，是建设创新型国家、建设人力资源强国、推进中国特色新型工业化、信息化、城镇化和农业现代化的基础性资源，语言文字事业要立足国家安全和政治、经济、社会发展总体战略，为国家军事、外交、国防等提供支持与服务。《规划纲要》提出，到2020年，普通话在全国范围内基本普及，汉字社会应用的规范化程度进一步提高，汉语拼音的作用更好地发挥；国家语言实力显著增强，国民语言能力明显

提高,社会语言生活和谐发展。《规划纲要》明确,语言文字事业要"服务教育现代化、服务社会主义文化强国建设",要注重国家通用语言文字普及范围和普及质量并重,要拓宽语言文字工作的领域,要在理念思路、工作机制、管理服务等方面大力创新。《规划纲要》对未来一个时期的国家语言文字事业提出了全新的目标任务和理念思路,指明了发展方向,作出了全面部署,对语言文字事业的科学发展具有十分重要的意义。

上海市语言文字工作委员会及有关部门应当准确把握上海语言文字工作面临的新形势、新任务,进一步增强主动性、责任感和紧迫感,统一思想、求真务实、注重实效,深刻领会《规划纲要》的精神实质,全面落实《规划纲要》提出的各项重要任务和政策措施。

二、总体要求

全面贯彻实施《规划纲要》,大力推广和规范使用国家通用语言文字,科学保护上海语言资源,努力提升语言管理能力、语言服务能力以及市民的语言应用能力,构建和谐语言生活,优化城市语言环境,科学规划、全面提高、主动服务、改革创新,为上海建设社会主义现代化国际大都市提供基础性支撑。

(一) 科学规划

科学规划是上海语言文字事业持续发展的必要前提。自觉遵循语言文字客观规律,牢固树立科学、辩证的语言观。全面关注现代化国际大都市语言生活中的各种语言文字,坚持国家通用语言文字的主导地位,坚持语言文字主体性和多样性的辩证统一、语言规范和语言发展的辩证统一、语言生活独特性和包容性的辩证统一,科学规划好不同语言的地位和功能,使多样的语言文字各安其位、各尽其责、和谐共存。

(二) 全面提高

全面提高是上海语言文字事业持续发展的核心要求。要在国家通用语言文字基本普及的基础上,进一步提高普通话、规范汉字和汉语拼音社会使用的规范化水平;要适应国际化的需求,努力提高公共场所外文使用的规范化水平;要适应社会的结构转型,切实提高语言管理能力;要适应多样化的语言需求,努力提高语言服务能力;要坚持以人为本,全面提高市民的语言应用能力。

(三) 主动服务

主动服务是上海语言文字事业持续发展的有效途径。主动服务、自觉融入上海城市发展的整体战略,充分发挥语言文字事业在优化城市人文环境、塑造城市形象、提升城市文化品位、增强城市国际影响力等方面的价值与作用,在各级政府和社会各界的支持下,主动与教育、文化、科技等各项建设事业有机结合,努力探索新的事业发展增长点和工作着力点,在为上海创新驱动、转型发展提供支撑和服务的过程中实现自身价值,推进自身的发展。

(四) 改革创新

改革创新是上海语言文字事业持续发展的不竭动力。进一步解放思想,锐意改革,不断开创上海语言文字事业的新局面。全面推动观念创新、制度创新、手段创新,以新观念看待新问题,以新思维研究新问题,以新手段解决新问题,探索构建国家战略、上海特色和时代特征有机结合的语言文字事业发展新模式。

三、工作目标和进度

（一）总体工作目标

到2020年，国家通用语言文字的主导地位全面确立并不断巩固，普通话普及率和使用水平大幅提高，规范汉字全面普及，汉语拼音广泛应用于社会生活各个领域。社会语言文字应用规范化水平显著提高，国家通用语言文字及汉语拼音的社会使用基本符合规范标准，公共场所外文译写不规范现象有效遏制。语言管理和语言服务能力全面提升，依法管理体制更加健全，不断增长和日益多元的语言文字需求得到更好满足，语言文字应用研究和社会服务体系趋于完善。语言资源得到科学保护，语言文字传承和弘扬中华优秀文化的作用进一步发挥。广大市民的语言应用能力普遍提高，语言文字使用中的国家意识、法制意识、现代意识全面树立并不断增强。国家通用语言、方言、外语在不同领域各自发挥作用，不同语言分工合理、良性互动的格局基本形成，社会语言生活总体和谐。

（二）总体进度要求

完成布局(1年)。2013年是《规划纲要》实施的开局之年，全市各区县、各系统、各高校语委要把认真学习领会、积极宣传《规划纲要》精神和制订各自的落实方案作为首要任务，全面推进《规划纲要》实施。市语委将按轻重缓急制定七大主要任务的具体实施方案，研究出台相关政策措施。

初见成效(5年)。2017年，《规划纲要》实施要取得实质性进展，基本实现本实施意见确定的主要目标：普通话全面普及，中青年市民普通话水平显著提高；国家通用语言文字的使用基本规范，基本消除公共场所外文译写不规范的现象；语言文字管理制度体系和社会服务体系初步建立；语言资源保护在多方面获得成果；传承和弘扬中华优秀文化的活动形成常规；市民语言文字应用的国家意识、法制意识、现代意识和能力水平不断提高；国家通用语言、方言、外语在不同领域各自发挥作用，协调发展。

实现目标(8年)。2020年，全面完成本实施意见提出的各项目标任务，全面落实《规划纲要》，形成和谐的社会语言生活，促进上海语言文字事业的科学发展。

四、落实七大主要任务

《规划纲要》确定了"大力推广和普及国家通用语言文字""推进语言文字规范化标准化信息化建设""提高国民语言文字应用能力"等七大主要任务，上海在进一步分解、细化的同时，以实施相关工程和项目为抓手，推进各项任务的落实。

（一）大力推广和普及国家通用语言文字

"大力推广和普及国家通用语言文字"是《规划纲要》规定的核心任务，上海要在"普通话初步普及、汉字的社会应用基本规范"的基础上，继续加强国家通用语言文字的推广、普及工作。

1. 全面贯彻落实《中华人民共和国国家通用语言文字法》

全面贯彻落实《国家通用语言文字法》，继续依法推广普通话、推行规范汉字，扩大汉语拼音的使用范围。

2. 努力扩大国家通用语言文字普及范围

加强农村地区的普通话推广工作,主动为外来务工人员学习普通话提供服务,进一步提高普通话在全市范围的普及水平。

3. 努力提高国家通用语言文字普及质量

加强语言文字规范化社会宣传,有计划地对公务员、教师、媒体从业人员、公共服务行业从业人员等重点人群开展国家通用语言文字专项培训。

工程1:国家通用语言文字学习培训工程

项目1-1:语言文字学习培训基础建设项目

——项目内容:培训组建语言文字政策法规和规范标准、普通话和规范汉字讲师团;探讨建立讲师团进机关、下社区、走基层的走教制度。研制国家通用语言文字学习培训教材;搭建多层次、多类型的国家通用语言文字学习平台。制定重点人群国家通用语言文字学习培训计划。

——责任部门:市语委办

项目1-2:教师语言文字学习培训项目

——项目内容:将语言文字政策法规和规范标准、普通话和规范汉字使用能力纳入中小学教师在职培训内容,增设专门课程,给予专门学分。提高各级各类教师的普通话水平和汉字应用水平。

——责任部门:市教委、市语委办、各区县政府

项目1-3:公务员语言文字学习培训项目

——项目内容:实施机关公务员语言文字培训计划,分批举办文秘、内勤、核稿、校对岗位公务员语言文字规范专题培训班,通过"干部在线"网等对机关公务员开展相关的语言文字政策法规和规范标准基础知识培训。将语言文字规范、普通话演讲等纳入各级领导干部任职培训内容。

——责任部门:市人力资源和社会保障局、市级机关工委

项目1-4:媒体从业人员语言文字学习培训项目

——项目内容:定期举办编审、编辑、记者、校对、播音、主持等人员语言文字规范专题培训班,完善相关培训监督制度,将接受培训与考核达标情况纳入对从业人员的日常管理。继续举办面向编辑、记者的"咬文嚼字讲习班"。

——责任部门:市新闻出版局、市文广影视局

项目1-5:公共服务行业人员语言文字学习培训项目

——项目内容:有计划地开展对交通、旅游、商贸、金融、文化、体育、医疗卫生、邮政、电信等主要公共服务行业从业人员的普通话和规范汉字培训。逐步开展对广告标牌制作业从业人员的汉字规范专题培训。

——责任部门:市建设交通委、市交通港口局、市旅游局、市商务委、市金融党工委、市文广影视局、市民政局、市体育局、市卫生和计划生育委、市邮政公司、市电信公司;市工商局

项目1-6:进城务工人员普通话培训项目

——项目内容:推动街镇社区、用人单位、劳动就业服务部门对进城务工人员进行普通话培训,提高其就业能力。

——责任部门:市教委、各区县政府、各镇政府

工程 2：语言文字规范化社会宣传工程

项目 2-1：语言文字法制宣传项目

——项目内容：将《中华人民共和国国家通用语言文字法》《上海市实施〈中华人民共和国国家通用语言文字法〉办法》等语言文字法律法规纳入普法教育内容,定期开展专项法制宣传和教育活动,提高全社会语言文字使用中的法制意识。

——责任部门：市语委办、市司法局、市高级人民法院、市检察院、市教委

项目 2-2：全国推广普通话宣传周项目

——项目内容：继续开展每年一度的全国推广普通话宣传周活动,定期开展语言文字规范化集中宣传。围绕"推普周",广泛开展语言文字类竞赛、征文、论坛、讲座等群众性宣传教育活动,引导市民积极参与语言文字规范化建设。

——责任部门：市语委办、市语委各成员单位、各区县政府

项目 2-3：语言文字规范化媒体宣传项目

——项目内容：充分利用平面、广电、网络各类媒体,全面宣传国家语言文字方针政策,推广语言文字国家意识、规范意识、法律意识和现代意识。建立政府与媒体的良性互动机制,主动公开语言文字类政务信息,积极引导语言文字相关问题的舆论导向。

——责任部门：市委宣传部、市新闻出版局、市文广影视局、市政府新闻办、上海广播电视台、解放报业集团、文新报业集团、市语委办

(二)推进语言文字规范化标准化信息化建设

"推进语言文字规范化标准化信息化建设"是促进语言文字在经济、社会发展中更好地发挥作用的重要举措,是改革开放以后国家确立的新时期语言文字工作的重要任务,上海要通过达标评估进一步促进语言文字规范化,通过制定和实施规范标准进一步促进语言文字标准化,充分利用现代信息技术手段加强语言文字基础工程建设,不断提升语言文字信息化水平。

1. 促进语言文字规范化

分层级开展对街镇、区县的达标评估,促进区域语言文字规范化;逐步开展对行业系统的达标评估,创建评定语言文字规范化示范单位,促进领域语言文字规范化;发挥教育的基础和阵地作用,继续开展对各级各类学校语言文字规范化的达标评估。

2. 推进语言文字标准化

推进语言文字类上海地方标准制定工作;加强关于国家和上海语言文字规范标准的社会宣传,努力提高社会知晓率,增强社会贯彻执行规范标准的自觉性;逐步开展对党政机关、新闻媒体、学校及其他教育机构执行规范标准情况的监督检查。

3. 提高语言文字信息化水平

进一步加强语言文字类网站建设,努力推进语言文字工作政务信息化,加强语言文字信息化基础工程建设。

工程 3：语言文字规范化达标评估工程

项目 3-1：区域语言文字规范化达标评估项目

——项目内容：以区县为单位,按照全市统一的标准,对各街道、乡镇的语言文字工作进行"合格级"和"优秀级"达标评估,督促各街道、乡镇切实提高包括城镇和农村地区在内的整

个辖区的语言文字规范化水平。对各区县语言文字工作进行达标后复检,使各区县在所辖各街道、乡镇普遍达标的基础上实现区域性整体达标;完成对各区县区域性整体达标情况的评估认定。

——责任部门:市人大教科文卫委、市政协教科文卫体委、市语委办;各区县政府

项目3-2:领域语言文字规范化达标评估项目

——项目内容:切实加强党政机关、广播影视、新闻出版,以及交通、旅游、商贸、金融、文化、体育、医疗卫生、民政、邮政、电信等主要公共服务行业的语言文字规范化工作,每3年评估认定一批领域语言文字规范化示范单位。以区县为单位开展行业语言文字工作达标评估。

——责任部门:市人大教科文卫委、市政协教科文卫体委、市语委办;市建设交通委、市交通港口局、市旅游局、市商务委、市金融党工委、市国资委、市农委、市公安局、市文广影视局、市新闻出版局、市民政局、市体育局、市卫生和计划生育委、市邮政公司、市电信公司、上海海运集团;上海警备区政治部、市高级人民法院、市检察院;各区县政府

项目3-3:高校语言文字工作达标评估项目

——项目内容:继续开展、全面完成高校语言文字工作达标评估。2015年完成本科学校评估,2016年完成专科、高职学校评估。

——责任部门:市语委办、市教委;各高校

项目3-4:语言文字规范化示范校项目

——项目内容:以区县为单位,创建评定区县级语言文字规范化示范校。以区县级语言文字规范化示范校为基础,按照教育部、国家语委要求,创建评定国家级、省市级语言文字规范化示范校。

——责任部门:各区县政府;市语委办、市教委

工程4:语言文字标准化、信息化工程

项目4-1:公共服务领域外文译写规范国家标准制定项目

——项目内容:积极参与国家语言文字规范标准的调研和制定工作,牵头组织全国专家研制英、俄、日、韩等语种公共服务领域外文译写规范国家标准。

——责任部门:市语委办

项目4-2:语言文字类上海地方标准研制项目

——项目内容:推进上海地方标准制定工作,根据经济社会发展要求,结合上海特殊需求,研制《中小学校语言文字工作标准》等地方标准。

——责任部门:市质量技术监督局、市语委办

项目4-3:语言文字规范标准宣传普及项目

——项目内容:建设语言文字规范标准公共数据库,全面收集整理国家、上海已经颁布的语言文字规范标准,以及相关的国际标准,以利社会使用。加大宣传力度,全面普及国家、上海语言文字规范标准。

——责任部门:市语委办、市新闻出版局

项目4-4:语言文字标准化示范单位创建项目

——项目内容:以建立和实施语言文字标准体系为主要内容,在学校、机关等单位开展语言文字标准化示范单位创建工作,提高语言文字规范化和标准化管理水平。

——责任部门:市质量技监局、市语委办

项目 4-5:语言文字工作政务信息化建设项目

——项目内容:进一步建设好"上海语言文字网",区县、高校语言文字网站、网页,定期开展专项评比、表彰活动。积极推进全市语言文字工作政务信息化,建设运行政务系统,推进信息化办公。继续支援西藏藏语言文字工作委员会(编译局),进一步建设好"西藏藏语言文字网"(汉文版、藏文版)。

——责任部门:市语委办、市经济信息化委,各区县政府、各高校;市教委

项目 4-6:语言文字事业基础工程建设项目

——项目内容:建设国内外语言文字政策法规数据库、语言文字专家库、多语种外语服务志愿者人才库等本市语言文字事业基础数据库,为事业发展夯实基础。建设上海语言资源有声数据库、上海语言文化信息数据库、上海语言地理信息数据库、公共服务领域外文译写语料库,为事业发展提供基础数据。支持、帮助有关高校或研究机构建设相关语料库,为本市语言文字学科发展奠定基础。支援新疆民语委建设好公共服务领域维文规范语料库。

——责任部门:市语委办、市科委、市经济信息化委

(三)加强语言文字社会应用监督检查和服务

"加强语言文字社会应用监督检查和服务"是政府管理社会语言生活的重要职能,是《规划纲要》对未来语言文字事业发展提出的新要求,上海要坚持"管理"与"服务"并重,在进一步强化语言文字社会应用检查监测、监督管理的同时,做好语言文字咨询服务工作,努力构建现代化国际大都市的和谐语言生活。

1. 加强社会语言文字应用日常监测

加强对机关、学校、媒体及公共场所国家通用语言文字和外国语言文字日常使用的监督监测,不断完善"及时纠错"的工作机制,切实提高语言文字应用管理的有效性。

2. 加强对社会语言生活及语言文字变化发展情况的监督监测

妥善处理好语言文字规范与发展的关系,对字母词、外来语、网络语言、新词新语、社会流行语等语言现象加强监测与研究。妥善处理好国家通用语言文字、外国语言文字、上海方言等不同语言文字之间的关系,加强语言文字舆情监测,促进社会语言生活的健康、和谐。

3. 构筑语言文字公共服务体系

构建语言文字宣传、咨询、信息、学术、认证等公共服务的平台和网络,以各类语料库、语言知识库、语言信息库等为基础,向社会提供语言文字咨询服务。

4. 加强语言文字科学研究,提升管理和服务能力

加强语言文字应用研究和政策研究,积极应对社会语言文字应用和语言生活中的新情况、新问题,推进语言文字领域的科学决策,努力提升语言文字管理和服务能力。

工程 5:社会语言文字应用监测工程

项目 5-1:机关公务用语用字监测项目

——项目内容:指导、督促各级各类党政机关自觉贯彻执行国家语言文字规范标准,建立对市级机关公文和门户网站语言文字规范化情况的年度抽检制度,及时反馈抽检结果。开展对各市级机关门户网站英文版英文使用情况的监测。

——责任部门:市政府办公厅、市级机关工委、市政府外办

项目 5-2:新闻媒体用语用字监测项目

——项目内容:继续实施报纸、期刊、图书编校质量年度抽检制度,广播电视、影视屏幕语言文字应用日常监听监看制度,及时反馈监测结果。

——责任部门:市委宣传部、市新闻出版局、市文广影视局、市政府新闻办、上海广播电视台、解放报业集团、文新报业集团

项目 5-3:教科书语言文字应用监测项目

——项目内容:建立教科书语言文字应用标准符合性年度抽检制度,抽样检查本市出版的教科书、电子教材等贯彻执行国家语言文字规范标准的情况。

——责任部门:市语委办、市教委

项目 5-4:公共场所语言文字应用监测项目

——项目内容:以区县为单位,进一步完善公共场所语言文字应用监测制度,加强监测员队伍建设,规范监测工作程序,完善监测工作机制。依托"上海语言文字网",进一步加强公共场所语言文字使用规范情况网络投诉平台建设。

——责任部门:市语委办、市城管执法局、各区县政府;市教委

项目 5-5:公共场所外文译写规范监测项目

——项目内容:组建以大学生为主体的公共场所外文译写规范监测志愿者队伍,建设志愿者培训研究基地,不断完善志愿者队伍的招募、管理与培训机制。组织志愿者定期、不定期对公共场所外文译写规范情况进行监测检查与纠错。

——责任部门:市语委办、团市委、市政府外办、市教委

工程 6:社会语言生活服务工程

项目 6-1:语言文字规范标准咨询服务项目

——项目内容:推动语言文字规范标准数据库社会共享,通过合适的渠道与方式为社会群众在语言文字日常使用中遇到疑难问题时提供咨询服务。

——责任部门:市语委办

项目 6-2:公共服务领域英文译写咨询服务项目

——项目内容:为社会各行业在贯彻执行英文译写规范标准的过程中遇到疑难问题时提供咨询服务,根据需求开展公共场所英文译写规范性审核认定。

——责任部门:市语委办

项目 6-3:社区语言服务项目

——项目内容:探讨社区提供多语种语言学习服务的有效途径。鼓励、支持各街镇、居(村)委在推进社区教育、市民终身教育的过程中主动为居民提供语言服务,整合社区资源,以适当的方式为有需要的社区居民提供普通话、上海话、外语、汉语拼音、朗诵、书法、文言文阅读等语言学习和使用的交流平台,为社区内的外来务工人员提供相关服务。继续支持有关社会机构开展上海话和上海童谣比赛等语言文化活动,引导社会在具备并不断提高普通话能力的前提下,重视上海话能力的保持与发展。

——责任部门:各区县政府、各乡镇政府;市教委

项目 6-4:提升城市外语服务能力项目

——项目内容:加强关于城市公共标志系统外文使用需求的研究,为本市有关部门加强外语标志的规划与管理,增强外语标志设置的连续性、有效性提供决策咨询。加强提升城市

多语种外语服务能力的研究,以及城市外语语种规划研究,提出对上海国际化发展具有战略意义的核心语种,为本市有关部门推进市民外语学习、开展多语种外语教学、储备多语种外语人才提供决策咨询。

——责任部门:市语委办、市政府外办

项目 6-5:国家通用盲文、手语推广项目

——项目内容:宣传普及国家通用盲文、手语的规范标准;推动党政机关、学校、新闻媒体和公共服务行业为聋人和盲人使用国家通用手语和盲文提供便利。

——责任部门:市语委办

工程 7:语言文字科研工程

项目 7-1:语言文字政策研究项目

——项目内容:加强国家语言文字政策研究中心建设,依托中心开展语言文字决策咨询研究、语言文字法律法规研究、语言文字舆情监测研究,为国家和上海制定语言战略与语言政策提供决策咨询;继续编辑发行《语言文字政策研究》;完成教育部、国家语委下达的政策研究类课题、项目及相关工作任务。

——责任部门:市语委办、市科委、市发展改革委、市民族宗教委、市政府法制办

项目 7-2:外语战略研究项目

——项目内容:加强中国外语战略研究中心建设,依托中心开展世界各国语言战略与政策平行比较研究,建设世界各国语言政策、外语战略数据库;开展涉及国家安全、经济发展的外语语种规划研究,为提升国家、上海外语处理能力提供基础支撑;开展外语使用状况及国民外语能力调查研究,为提升国民外语能力提供决策咨询;继续编辑发行《外语战略动态》;加强"应用语言学"等学科建设和人才培养。

——责任部门:市语委办、市教委、市科委、市发展改革委、市政府外办

项目 7-3:语言文字应用研究项目

——项目内容:围绕国家和上海经济、政治、文化、社会建设和语言文字方针政策、规范标准,以及社会语言生活中的重大问题和热点问题,开展战略性、前瞻性、对策性调查研究,为语言文字事业的改革发展提供有力支撑和智力支持。定期开展包括普通话、规范汉字、汉语拼音、上海方言、外语使用情况的上海"语情"普查。制定颁布上海市语委科研工作规划及语言文字应用研究课题指南,切实加强立项评审、中期检查、结项审定各环节规范化管理。

——责任部门:市语委办、市科委、中科院上海分院

(四)提高国民语言文字应用能力

"提高国民语言文字应用能力"是我国经济、社会发展的新需求,是语言文字事业未来发展的新任务,上海要努力提高全体市民适应现代化国际性大都市语言生活需求的,以国家通用语言文字能力为核心的,包括外语、母语(或母方言)、移民目的地语在内的多种语言文字能力。

1. 提高上海市民的国家通用语言文字使用能力

努力构建由学校语文教育、开放大学语文类课程、社区学校语文类课程共同组成的市民语言学习的终身教育体系,搭建多样化的市民语言学习平台;充分发挥语文教学在提高学生语言文字应用能力中的主渠道作用,针对学生职业发展需求,科学设置语文类课程,全面加

强普通话应用能力、规范汉字使用能力、汉字书写能力、汉语拼音能力、多类型语料听知阅读和检索分析能力、口头表达和书面写作能力的教育培训。

2. 提高上海市民的多种语言文字能力

努力提高市民以国家通用语言文字能力为核心，包括外语、母语或母方言、移民目的地语等在内的多种语言能力。推动各级各类学校、社会有关机构以及开放大学、社区学校等，为有需要的市民提供相关语言学习服务。同时，加强宣传教育，努力培育广大市民贯彻语言文字法律法规，在公共交际场合自觉使用国家通用语言文字的法制意识，以及在不同场合选择使用合适的语言文字的现代语言意识。

3. 提高上海市民的语言信息技术使用能力

努力提高市民运用现代信息技术处理语言文字、检索以语言文字为载体的各类信息、阅读理解现代信息技术条件下新型语料文本的综合能力。

工程8：市民语言文字应用能力提升工程

项目8-1：《市民语言应用能力指导纲要》项目

——项目内容：全面分析研判上海经济、社会发展对市民语言能力的需求，明确不同职业、不同年龄阶段的市民应具备的语言应用能力，提出以国家通用语言文字能力为核心的，包括外国语言能力和上海方言（上海市民的母方言或移民目的地语）能力的综合性语言应用能力指标要求。

——责任部门：市语委办

项目8-2：中小学听说读写多类型语文课程体系建设项目

——项目内容：进一步完善关于口语交际、演讲口才、汉字书写、经典阅读等能力训练的相关课程体系，指导、督促各中小学校在基础型语文课程教学的基础上，通过拓展型课程教学以及校园文化活动、社会实践等途径，加强对学生听说读写等各方面能力的教学与训练，引导学生积累语料、培养语感、掌握听说读写各种策略。支持各中小学校结合各自实际，研发校本教材、推出校本课程。

——责任部门：市教委

项目8-3：高校和职业学校语文类课程体系建设项目

——项目内容：指导、督促各高等学校和职业学校科学设置语言文字类课程，以语文鉴赏能力、汉字书写能力、口语表达能力、应用文写作能力为重点，全面提升学生的语文素养及语言文字的综合运用能力。指导、督促各高等学校进一步将语言文字规范化教育纳入通识教育和高等教育课程体系。

——责任部门：市教委

项目8-4：市民语言能力测评体系建设项目

——项目内容：继续推进普通话、汉字和汉语综合应用能力测试。逐步拓展普通话水平测试的范围与对象，推动交通、旅游、卫生、文化、体育、金融、商贸、邮政、电信等公共服务行业主管部门切实加强对从业人员的普通话培训与测试。不断扩大汉字应用水平测试的试点范围。面向职业人群，逐步推进包含听说读写等综合能力的汉语能力考试。支持有关社会机构继续开展朗诵水平等级考试、职业汉语能力考试，根据社会需求适时推出口才等级考试等多样化的测试项目，努力构建立体化的市民语言文字能力测评体系。

——责任部门：市语委办

项目8-5：市民阅读习惯和能力培育项目

——项目内容：继续大力推进全民阅读活动，引导广大市民多读书、读好书，在阅读中提高语言文字应用能力和综合文化素养。编制关于语言知识、语言学习与能力训练、语言文化等内容的优秀图书目录，推荐给全民阅读活动。

——责任部门：市文明办、市新闻出版局、市总工会、市妇联、市作家协会；市语委办

（五）科学保护上海语言资源

"科学保护各民族语言文字"是党中央对当前语言文字事业提出的迫切要求，是"语言资源观"的重要体现，是保持文化多样性的重要举措，上海要依法妥善处理好国家通用语言文字与汉语方言、繁体字、少数民族语言文字的关系及学习使用问题，积极探索方言保护和传承的科学途径。

工程9：上海语言资源科学保护工程

项目9-1：上海语言资源调查监测项目

——项目内容：根据教育部、国家语委关于全国语情普查的工作要求，开展全市范围的语言普查，全面把握普通话、规范汉字、汉语拼音、上海话、带有上海地方特色的普通话、繁体字、少数民族语言、英语、英语以外其他主要语种外语以及盲文、手语等特殊语言文字的使用状况。促进语言普查数据的开发、利用和社会共享。

——责任部门：市语委办

项目9-2：上海语言资源有声数据库建设项目

——项目内容：加强对上海语言资源的调查研究，用现代声像技术手段记录、保存上海语言资源变化发展情况。研制发布上海语言地图，为方言研究与方言文化研究提供基础语料，向社会提供相关服务。

——责任部门：市语委办

项目9-3：上海语言文化资源展示平台建设项目

——项目内容：充分挖掘、合理利用语言资源的经济价值和文化价值，建设上海语言文化展示平台。充分调动有关区县和社会各界的积极性，利用网络和现有文博场馆资源，全面展示上海语言资源信息和语言文化信息。

——责任部门：市语委办、市文广影视局、市经济信息化委；各区县政府

（六）弘扬传播中华优秀文化

"弘扬传播中华优秀文化"是新时期语言文字工作的重要内容，上海要充分发挥语言文字传承弘扬中华优秀文化的载体作用，加强中华优秀文化传统教育和革命传统教育，提升市民的文化素养和道德素养，全面、深入地推进"中华经典诵、写、讲行动"，加强与港澳台地区及海外的合作交流。

1. 广泛开展语言文化活动

充分发挥语言文字传承弘扬中华优秀文化的载体作用，广泛开展各类语言文化活动。全面推进"中华经典诵、写、讲行动"，支持有关区县继续举办"汉字节"活动，通过有关机构坚持举办语言创意比赛等活动，提升市民的语文素养和文化修养，加强中华优秀文化传统教育和革命传统教育。

2. 利用上海区位优势提升汉语的国际影响力

针对上海外国常住人口多、外国留学生多、入境外国人员多、华侨华裔多的特点,推进面向在沪外籍人士和华侨华裔的汉语教育,鼓励社会有关机构提供各类汉语短期强化培训、专项培训。鼓励高校根据不同人群学习汉语的特点和需要,加快开发各类国际汉语教材。充分利用上海国际化程度高、国际影响力大的区位优势,提升汉语的国际威望。

3. 拓展与港澳台地区及海外的语言文化交流

促进两岸四地语言文字学术和文化交流,支持本市与港澳台有关机构继续联合实施"沪港澳台四地青少年朗诵比赛"等项目。积极举办面向港澳台学生的普通话修学夏令营。

工程 10:中华经典诵、写、讲工程

项目 10-1:学校"中华经典诵、写、讲行动"项目

——项目内容:将"中华经典诵、写、讲行动"有机融入学校的教育教学、校园文化建设中。依托语文课主渠道,强化中华经典诵读、书写、讲解的要求,倡导诵中华经典、做有德之人,提升学生人文素养及语言文字运用能力;建立市级经典诵写讲名师工作室,开展经典诵写讲师资培训工作;鼓励学校根据自身实际研发一批"经典诵、写、讲"校本教材。

——责任部门:市文明办、市语委办、市教委

项目 10-2:中华经典诵、写、讲多样化社会活动平台建设项目

——项目内容:结合上海市终身教育体系建设,将中华经典诵写讲纳入市民终身教育的内容,研发相关教材,在社区学院(学校)开设相关课程;建设中华经典阅读、朗诵(吟诵)、讲解、评析、书写资源库,并通过上海终身学习网、上海教育资源网、老年人学习网等网络平台实现社会共享。定期组织上海市民经典诵写讲大赛;在机关和行业系统中组织开展传统节日经典诵读等活动,不断扩大社会参与面和影响力。

——责任部门:市语委办、市教委、市书法家协会、市作家协会

项目 10-3:中华经典诵、写、讲理论研究项目

——项目内容:组织开展关于中华经典诵写讲的功能、价值及其行动体系构建等的基础理论研究,丰富、完善相关理论体系,为"中华经典诵、写、讲行动"提供理论指导。加强关于经典诵写讲教育教学的途径与方法的研究,充分发挥中华经典的育人功能和文化传承功能。加强关于中华经典诵写讲长效机制的研究,推动经典诵写讲活动深入、持续开展。

——责任部门:市语委办、市书法家协会、市作家协会

工程 11:语言文字海外交流工程

项目 11-1:实用汉语能力培训测试项目

——项目内容:推出并实施面向在沪母语非汉语人群的"实用汉语能力"培训与测试,建设网络培训系统,为在沪外籍人士及华侨华裔等提供学习汉语、检测汉语能力水平的新平台。

——责任部门:市语委办

项目 11-2:华侨华裔子女汉语培训项目

——项目内容:定期举办在沪华侨华裔子女汉语培训班,有针对性地研发专门教材、开

发专门课程。积极承办国家语委举办的海外华人华侨子弟"母语寻根"夏令营活动。

——责任部门:市政府侨办、市语委办

项目 11-3:两岸四地青少年语言交流项目

——项目内容:继续组织开展每年一度的"上海、台北、香港、澳门青少年朗诵比赛",促进两岸四地青少年语言文化交流。

——责任部门:市政府侨办、市语委办、市教委

(七)加强语言文字法制建设

"加强语言文字法制建设"是新时期加强语言文字工作的制度基础,上海要坚持依法行政,全面加强包括立法、执法、司法等方面的语言文字法制建设,以及相关的制度建设,切实将语言文字工作纳入法治轨道,完善语言文字工作的长效机制。

1. 加强语言文字立法实践

根据本市经济、社会发展与建设现代化国际大都市需求,制定颁布与国家、上海语言文字法律法规相配套的一系列法规、规章,努力构建适应管理需求、较为完备的语言文字法律法规体系。

2. 加强语言文字执法工作

积极推进语言文字法律法规的贯彻落实,进一步明确政府各部门依法管理本行业语言文字应用的职责,明确执法主体和执法程序,将语言文字规范纳入日常管理;建立并完善语言文字综合执法、联合执法工作机制,切实加强社会语言文字应用的依法管理。

3. 加强语言文字依法管理制度建设

继续深入开展对区县、行业及有关部门贯彻落实语言文字法律法规的专项督政督导、执法调研和执法检查;进一步将语言文字规范要求纳入精神文明创建、新闻出版编校质量检查、广播电视质量监测、工商行政执法和普法教育宣传等内容,建立执法监督的长效机制。

工程 12:语言文字法制建设工程

项目 12-1:语言文字立法实践项目

——项目内容:积极参加国家语委关于修订《中华人民共和国国家通用语言文字法》的法制调研工作;适时修订《上海市实施〈中华人民共和国国家通用语言文字法〉办法》;制定市政府规章《上海市公共场所外文使用管理规定》;做好国家语委关于《信息技术产品语言文字使用管理规定》的立法调研工作。

——责任部门:市人大教科文卫委、市语委办、市教委、市政府法制办

项目 12-2:语言文字执法检查项目

——项目内容:分期分批开展对语言文字法律法规规定的各责任部门及各区县政府贯彻落实语言文字法律法规的执法检查;定期开展由教育、工商、质监、城管、公安、地名、文化等行政执法部门共同参与的语言文字联合执法;完善城市管理综合执法中语言文字执法的程序和机制,继续开展对执法人员的语言文字法制培训。

——责任部门:市人大教科文卫委、市政府法制办;市教委、市工商局、市质量技监局、市城管执法局、市公安局、市文广影视局、市地名办、市语委办

项目 12-3：语言文字依法管理制度建设项目

——项目内容：将语言文字规范化纳入各级各类精神文明创建活动；将语言文字规范化纳入教育现代化督政督导内容；将语言文字工作要求纳入各级政府及教育行政部门年度工作计划和相关干部考核范围。

——责任部门：市文明办、市教委、市语委办；各区县政府

五、创新和保障

（一）强化创新，适应发展

准确把握语言文字事业的科学定位，认真领会语言文字工作在内容方法上的新观念、新思路。组织全体干部和工作人员不断学习，提高思想水平，认识新时代的新要求，应对新挑战。在理念思路、工作机制、管理服务方面，按照《规划纲要》要求，结合上海实际，注重创新，开创语言文字工作的新局面。

（二）明确责任，加强协调

着力加强区县语委机构建设。指导、推动区县教育行政部门全面贯彻落实《上海市实施〈中华人民共和国国家通用语言文字法〉办法》的相关规定，切实将语委办事机构纳入内设机构，配备专职人员，提供基础保障，加强统一管理，使区县语委办事机构更好地发挥在全区（县）语言文字事业发展中的统筹组织功能。

进一步加强行业系统、高等学校及街镇语言文字工作机构建设。推动《上海市实施〈中华人民共和国国家通用语言文字法〉办法》规定的市政府有关组成部门，以及各高等学校、各乡镇政府和各街道办事处，落实语言文字责任部门和责任人，加强管理与考核，并为其开展工作提供基础条件，保证各语言文字工作机构正常运转、充分履职。

完善工作网络。进一步在全市形成覆盖各地区和各领域的"语委统筹、部门协同""纵向到底、横向到边"的语言文字工作网络。

（三）培养人才，提升能力

加强语言文字管理队伍建设。完善培训制度，通过多种途径，对区县、系统和高校的语言文字专兼职管理人员进行上岗培训和定期轮训，全面提升本市语言文字管理队伍的语言学理论水平、语言文字政策水平和工作实践水平。

加强语言文字专业队伍建设。加强对本市相关职业急需的应用语言学人才培养，推动有关高校扩大应用语言学学科招生规模、建立应用语言学人才培养基地，努力培育一支适应语言文字事业发展需求的业务骨干队伍。加强对语言文字政策研究、标准制定等人才的培养。完善队伍建设基础设施，依托有关高校或科研机构，建立市级语言文字培训基地。

（四）保障经费，持续发展

建立健全语言文字事业经费投入机制。加大对语言文字事业发展的经费投入力度。推动各级财政加大对本实施意见确定的重点建设项目的经费投入，支持多渠道筹措经费，鼓励企业、团体、个人捐赠，为上海语言文字事业发展提供保障。

教育部、国家语委关于印发《中华经典诵读工程实施方案》的通知

教语用〔2018〕3号

各省、自治区、直辖市教育厅（教委）、语委，各计划单列市教育局、语委，新疆生产建设兵团教育局、语委，部属各高等学校、部省合建各高等学校，部内各司局、各直属单位：

为深入贯彻习近平新时代中国特色社会主义思想和党的十九大精神，落实中共中央办公厅、国务院办公厅印发的《关于实施中华优秀传统文化传承发展工程的意见》，学习贯彻全国教育大会精神，切实发挥语言文字在传承发展中华优秀传统文化、革命文化和社会主义先进文化中的重要作用，教育部、国家语委研究制定了《中华经典诵读工程实施方案》。现印发给你们，请认真贯彻执行。

教育部、国家语委
2018年9月25日

中华经典诵读工程实施方案

为深入贯彻习近平新时代中国特色社会主义思想和党的十九大精神，落实中共中央办公厅、国务院办公厅印发的《关于实施中华优秀传统文化传承发展工程的意见》，教育部、国家语委组织实施中华经典诵读工程，通过开展经典诵读、书写、讲解等文化实践活动，挖掘与诠释中华经典文化的内涵及现实意义，引领社会大众特别是广大青少年更好地熟悉诗词歌赋、亲近中华经典，更加广泛深入地领悟中华思想理念、传承中华传统美德、弘扬中华人文精神，特制定本实施方案。

一、总体要求

（一）指导思想

"普通话诵经典，规范字书中华"。中华经典诵读工程以立德树人、培育社会主义核心价值观为根本任务，以传承弘扬中华优秀传统文化、革命文化和社会主义先进文化为核心内容，以诵读、书写、讲解等文化实践活动为主要形式，以课程教材、资源平台及人才培养建设为基础支撑，以广大青少年、教师、家长和中华文化爱好者为基本对象，充分发挥语言文字在传承发展中华优秀文化中的重要作用，为青少年的美好人生打下鲜明中国底色，为增强人民群众的文化自信提供有力支撑。

（二）工作目标

到2025年，使社会大众尤其是青少年更加热爱中华经典，语文素养和语言文字应用能力显著提升，具有较强的国家通用语言文字规范意识和自觉传承弘扬中华优秀传统文化的意识，普遍具有高度的语言自信和文化自信，国家通用语言文字普及率进一步提升；学校和社会中华经典诵读活动广泛开展，成为品牌，形成长效机制；贯穿大中小幼的中华经典教

体系基本完善,中华优秀传统文化蕴含的思想观念、人文精神、道德规范得到进一步挖掘诠释,展现出永久魅力和时代风采,中华经典教育、诵读、书写、讲解资源基本满足全社会的学习需求;中华优秀语言文化的国际传播更加广泛,全球中文学习者大幅增加,以语言通促进民心通,助力"一带一路"建设,用中国声音讲好中国故事、传播中国思想理念,为增强国家文化软实力打下坚实语言基础,建成与综合国力相适应的语言文化强国。

二、基本原则

（一）坚持中央统筹与地方落实并重

在国家统筹基础上,充分发挥地方教育（语言文字）部门的主管作用,切实把中华经典诵读工程的实施摆上重要日程,协调有关行业主管部门、语委成员单位,充分调动各方面积极性,共同实施好工程的各项任务。

（二）坚持基础建设与创新发展并重

加强中华传统经典诵读教材、读本等基础资源建设,便于社会大众尤其是青少年知道"读什么""怎么读",学习领悟中华经典精髓;重视对中华经典的研究阐发,推动中华优秀传统文化、革命文化和社会主义先进文化创造性转化、创新性发展,不断丰富中华经典的内容和传播方式。

（三）坚持学校教育与社会参与并重

坚持以学校为主阵地,以课堂教学和学校活动为主渠道,为学生从小打下中国文化底色;注重发挥学校的辐射带动作用,发挥朗诵、书法、诗词等文化名家以及播音员主持人等的示范引领作用,激发社会大众学习中华经典的热情和参与经典诵读活动的积极性。

（四）坚持活动引领与机制建设并重

开展诵读、书写、讲解、诗词创作等实践活动,在全社会营造"亲近经典、承续传统"的良好氛围;通过课程教材建设、基地平台支撑等长效机制,保证中华经典诵读教育实践活动长期开展,使之成为每一个中国人不可或缺的生活方式。

（五）坚持传承普及与传播交流并重

要使社会大众特别是青少年更好地熟悉诗词歌赋,传承中华人文精神、普及中华传统美德,又要加强与海外的交流合作,通过人文交流机制、语言年、孔子学院、大型国际会议等平台,宣传中国思想理念,为世界和平与人类发展贡献中国智慧。

三、重点任务

（一）实践活动引领

1. 举办全国性大型活动

举办中华经典诵写讲大赛,通过赛事和诵读、书写、演讲、写作、诗词歌赋创作等展示活动营造氛围,激发社会大众尤其是学校师生参与诵读活动的积极性与热情。结合"全民阅读"以及"少年传承中华传统美德"系列教育活动、全国高校"礼敬中华优秀传统文化"系列活动等,广泛开展中华经典诵读。继续支持举办"中国诗词大会"等品牌节目,并扶持开发相关原创语言文化类品牌节目。

2. 建设校园诵读品牌

引导支持各级各类学校举办或定期开展推广普通话宣传周、阅读节、汉字文化节、诗歌节、读书会等形式多样的语言文化活动,建设"中华诵""经典伴我成长""最美诵读"等一批校园诵读品牌,并形成长效机制。以经典诵读、书写、研读、诗词创作、汉字艺术交流等为主题,与综合实践活动相结合,举办中华经典诵写讲夏令营活动。

3. 组织"送经典下基层"活动

鼓励和组织诵读、书法、诗词等名家进校园活动,推动经典诵读文化实践活动入社区、下基层、进部队。实施经典诵读教育志愿者计划。组织高校、媒体、文化社团等与周边社区和边远、民族地区县乡"结对子",将优质师资、展览、文化作品、经典学习资源等送到基层。

4. 开展中国节庆日诵读活动

以中国传统节日和新中国重大节庆日、纪念日等为契机,指导、推动、组织举办中华经典诵读活动,创新活动形式,突出思想内涵,强化教育功能,丰实文化厚度,进一步增强中国节庆日的影响力和吸引力。

(二)平台基地支撑

5. 打造多媒体传播平台

充分发挥现代信息技术优势,创新"互联网+语言文化",开拓经典诵读新媒体传播渠道,活化经典、活态传播。打造集中华经典研究、展示、学习、培训、评价、交流等多功能于一体的多媒体传播平台。支持各级电台、电视台、主流平面媒体开设中华经典诵读专题节目、栏目,鼓励开发朗诵配音、诗词创作、成语游戏、汉字学习等公众号、客户端、小程序等多媒体资源,寓学于乐、寓读于乐。

6. 建设中华经典诵写讲基地

在全社会遴选建设中华经典诵写讲基地,依托基地开展丰富多彩的诵读、书写、讲解、演讲、吟诵、创作、展示等活动,加强中华经典的研究阐释、教育传承及创新传播,集中展示、宣传、传播中华优秀语言文化。鼓励支持学校和社会各界建立完善各种经典诵写讲社团和组织,充分利用好地方图书馆、书店、自媒体等学习场所和工具,弘扬中华优秀语言文化,营造全社会诵读经典的文化氛围。

(三)基础资源保障

7. 加强诵写讲师资队伍建设

实施中小学和幼儿园教师经典诵写讲教育培训计划,丰富培训形式,并着力向农村、边远和民族地区倾斜。各级教育(语言文字)部门应根据需要组织中小学及幼儿园在岗教师参加经典诵写讲教育专项培训;中小学语文、历史、道德与法治(或思想政治)、综合实践活动等课程教师应参加脱产或在线培训。实施名师英才成长计划,培养造就一批学生和社会喜爱的语言文化代表人物。

8. 构建经典诵读课程和教材体系

在中小学语文等学科中丰富、充实有关中华经典诵读内容,支持各地开发中华经典地方课程、校本课程,开展诵写讲特色项目研究、实践。指导编写不同学段的中华经典分级诵读本,建设"中小学语文示范诵读库"。支持高校面向全体学生开设大学语文、中华优秀传统文化等必修和选修课程,编写中华经典大学教材。举办中华经典诵读优秀读本展示活动。

9. 建设中华经典优质学习资源

发挥知名专家学者的影响力,建设"中华经典资源库"并加强宣传推广。编写中华经典读本盲文版和手语版,帮助残障人士学习中华经典。建设少数民族语言文字和汉语方言经典资源,科学保护传承各民族语言文化。研究制定基于普通话语音系统的《中华通韵》,编撰

《中华韵典》。做好甲骨文、汉字溯源及简化字来源整理研究,支持编写语言文化大众读本,普及汉字知识,传承汉字文化。推进中华经典音乐化、视听化作品开发创作,支持开展吟诵研究和研讨交流。

（四）合作交流传播

10. 加强港澳台地区语言文化交流合作

深化内地与港澳、大陆与台湾地区语言文化交流合作,组织内地高校师生赴港澳台地区开展"中华经典诵读展演交流",港澳台地区学生到内地（大陆）开展语言文化交流活动。支持港澳台地区学生参加中华经典诵写讲大赛、中国诗词大会等全国性活动。支持香港、澳门开展中小学教师普通话和中华经典诵写讲研修活动。

11. 加强中华优秀语言文化海外传播

支持开展海外中文教师中华经典诵写讲研修活动,选译中华思想文化术语,编写中国经典诗词名家选释与翻译丛书、中华经典诗词中外语言对照学习读本等海外传播精品内容。用好联合国中文日、语言年、世界读书日、双边教育文化交流、中外人文交流机制、孔子学院等平台,开展中华经典诵写讲巡演、巡展等活动。

四、组织实施

（一）加强组织领导

地方教育（语言文字）部门要将中华经典诵读工程作为传承发展中华优秀传统文化、提升文化自信的重要工作和贯彻落实全国教育大会的重要举措,加强统筹规划,结合本地区实际情况制定具体措施,确保工程各项活动广泛开展。

（二）发挥专家力量

建立由资深学者、文化名家、诵读名人、书法名家等各界人士构成的核心专家团队,在工程实施过程中积极参与项目策划落实、促进活动传播推广。

（三）整合社会资源

充分调动社会各方面力量,发挥机关的引领作用、学校的基础作用、媒体的示范作用、社区的普及作用,广泛动员和吸引企业等社会组织积极参与,形成合力,多方联动,共同促进。

（四）保障必要经费

中华经典诵读工程作为中华优秀传统文化传承发展工程的重点项目、国家级工程,要加大中央财政经费支持力度,各地政府和相关部门应保障本地经典诵读工程实施的必要经费,同时积极引导和鼓励社会各方力量参与工程建设实施,献智献力,共同推动各项任务落到实处。

关于实施中华优秀传统文化传承发展工程的意见

文化是民族的血脉,是人民的精神家园。文化自信是更基本、更深层、更持久的力量。中华文化独一无二的理念、智慧、气度、神韵,增添了中国人民和中华民族内心深处的自信和自豪。为建设社会主义文化强国,增强国家文化软实力,实现中华民族伟大复兴的中国梦,现就实施中华优秀传统文化传承发展工程提出如下意见。

一、重要意义和总体要求

1. 重要意义

中华文化源远流长、灿烂辉煌。在5000多年文明发展中孕育的中华优秀传统文化,积淀着中华民族最深沉的精神追求,代表着中华民族独特的精神标识,是中华民族生生不息、发展壮大的丰厚滋养,是中国特色社会主义植根的文化沃土,是当代中国发展的突出优势,对延续和发展中华文明、促进人类文明进步,发挥着重要作用。

中国共产党在领导人民进行革命、建设、改革伟大实践中,自觉肩负起传承发展中华优秀传统文化的历史责任,是中华优秀传统文化的忠实继承者、弘扬者和建设者。党的十八大以来,在以习近平同志为核心的党中央领导下,各级党委和政府更加自觉、更加主动推动中华优秀传统文化的传承与发展,开展了一系列富有创新、富有成效的工作,有力增强了中华优秀传统文化的凝聚力、影响力、创造力。同时要看到,随着我国经济社会深刻变革、对外开放日益扩大、互联网技术和新媒体快速发展,各种思想文化交流交融交锋更加频繁,迫切需要深化对中华优秀传统文化重要性的认识,进一步增强文化自觉和文化自信;迫切需要深入挖掘中华优秀传统文化价值内涵,进一步激发中华优秀传统文化的生机与活力;迫切需要加强政策支持,着力构建中华优秀传统文化传承发展体系。实施中华优秀传统文化传承发展工程,是建设社会主义文化强国的重大战略任务,对于传承中华文脉、全面提升人民群众文化素养、维护国家文化安全、增强国家文化软实力、推进国家治理体系和治理能力现代化,具有重要意义。

2. 指导思想

高举中国特色社会主义伟大旗帜,全面贯彻党的十八大和十八届三中、四中、五中、六中全会精神,坚持以马克思列宁主义、毛泽东思想、邓小平理论、"三个代表"重要思想、科学发展观为指导,深入贯彻习近平总书记系列重要讲话精神和治国理政新理念新思想新战略,紧紧围绕实现中华民族伟大复兴的中国梦,深入贯彻新发展理念,坚持以人民为中心的工作导向,坚持以社会主义核心价值观为引领,坚持创造性转化、创新性发展,坚守中华文化立场、传承中华文化基因,不忘本来、吸收外来、面向未来,汲取中国智慧、弘扬中国精神、传播中国价值,不断增强中华优秀传统文化的生命力和影响力,创造中华文化新辉煌。

3. 基本原则

——牢牢把握社会主义先进文化前进方向。坚持中国特色社会主义文化发展道路,立足于巩固马克思主义在意识形态领域的指导地位、巩固全党全国人民团结奋斗的共同思想基础,弘扬社会主义核心价值观,培育民族精神和时代精神,解决现实问题、助推社会发展。

——坚持以人民为中心的工作导向。坚持为了人民、依靠人民、共建共享,注重文化熏陶和实践养成,把跨越时空的思想理念、价值标准、审美风范转化为人们的精神追求和行为习惯,不断增强人民群众的文化参与感、获得感和认同感,形成向上向善的社会风尚。

——坚持创造性转化和创新性发展。坚持辩证唯物主义和历史唯物主义,秉持客观、科学、礼敬的态度,取其精华、去其糟粕,扬弃继承、转化创新,不复古泥古,不简单否定,不断赋予新的时代内涵和现代表达形式,不断补充、拓展、完善,使中华民族最基本的文化基因与当代文化相适应、与现代社会相协调。

——坚持交流互鉴、开放包容。以我为主、为我所用,取长补短、择善而从,既不简单拿来,也不盲目排外,吸收借鉴国外优秀文明成果,积极参与世界文化的对话交流,不断丰富和发展中华文化。

——坚持统筹协调、形成合力。加强党的领导,充分发挥政府主导作用和市场积极作用,鼓励和引导社会力量广泛参与,推动形成有利于传承发展中华优秀传统文化的体制机制和社会环境。

4. 总体目标

到2025年,中华优秀传统文化传承发展体系基本形成,研究阐发、教育普及、保护传承、创新发展、传播交流等方面协同推进并取得重要成果,具有中国特色、中国风格、中国气派的文化产品更加丰富,文化自觉和文化自信显著增强,国家文化软实力的根基更为坚实,中华文化的国际影响力明显提升。

二、主要内容

5. 核心思想理念

中华民族和中国人民在修齐治平、尊时守位、知常达变、开物成务、建功立业过程中培育和形成的基本思想理念,如革故鼎新、与时俱进的思想,脚踏实地、实事求是的思想,惠民利民、安民富民的思想,道法自然、天人合一的思想等,可以为人们认识和改造世界提供有益启迪,可以为治国理政提供有益借鉴。传承发展中华优秀传统文化,就要大力弘扬讲仁爱、重民本、守诚信、崇正义、尚和合、求大同等核心思想理念。

6. 中华传统美德

中华优秀传统文化蕴含着丰富的道德理念和规范,如天下兴亡、匹夫有责的担当意识,精忠报国、振兴中华的爱国情怀,崇德向善、见贤思齐的社会风尚,孝悌忠信、礼义廉耻的荣辱观念,体现着评判是非曲直的价值标准,潜移默化地影响着中国人的行为方式。传承发展中华优秀传统文化,就要大力弘扬自强不息、敬业乐群、扶危济困、见义勇为、孝老爱亲等中华传统美德。

7. 中华人文精神

中华优秀传统文化积淀着多样、珍贵的精神财富,如求同存异、和而不同的处世方法,文以载道、以文化人的教化思想,形神兼备、情景交融的美学追求,俭约自守、中和泰和的生活理念等,是中国人民思想观念、风俗习惯、生活方式、情感样式的集中表达,滋养了独特丰富的文学艺术、科学技术、人文学术,至今仍然具有深刻影响。传承发展中华优秀传统文化,就要大力弘扬有利于促进社会和谐、鼓励人们向上向善的思想文化内容。

三、重点任务

8. 深入阐发文化精髓

加强中华文化研究阐释工作,深入研究阐释中华文化的历史渊源、发展脉络、基本走向,深刻阐明中华优秀传统文化是发展当代中国马克思主义的丰厚滋养,深刻阐明传承发展中华优秀传统文化是建设中国特色社会主义事业的实践之需,深刻阐明丰富多彩的多民族文化是中华文化的基本构成,深刻阐明中华文明是在与其他文明不断交流互鉴中丰富发展的,着力构建有中国底蕴、中国特色的思想体系、学术体系和话语体系。加强党史国史及相关档案编修,做好地方史志编纂工作,巩固中华文明探源成果,正确反映中华民族文明史,推出一批研究成果。实施中华文化资源普查工程,构建准确权威、开放共享的中华文化资源公共数据平台。建立国家文物登录制度。建设国家文献战略储备库、革命文物资源目录和大数据库。实施国家古籍保护工程,完善国家珍贵古籍名录和全国古籍重点保护单位评定制度,加强中华文化典籍整理编纂出版工作。完善非物质文化遗产、馆藏革命文物普查建档制度。

9. 贯穿国民教育始终

围绕立德树人根本任务,遵循学生认知规律和教育教学规律,按照一体化、分学段、有序推进的原则,把中华优秀传统文化全方位融入思想道德教育、文化知识教育、艺术体育教育、社会实践教育各环节,贯穿于启蒙教育、基础教育、职业教育、高等教育、继续教育各领域。以幼儿、小学、中学教材为重点,构建中华文化课程和教材体系。编写中华文化幼儿读物,开展"少年传承中华传统美德"系列教育活动,创作系列绘本、童谣、儿歌、动画等。修订中小学道德与法治、语文、历史等课程教材。推动高校开设中华优秀传统文化必修课,在哲学社会科学及相关学科专业和课程中增加中华优秀传统文化的内容。加强中华优秀传统文化相关学科建设,重视保护和发展具有重要文化价值和传承意义的"绝学"、冷门学科。推进职业院校民族文化传承与创新示范专业点建设。丰富拓展校园文化,推进戏曲、书法、高雅艺术、传统体育等进校园,实施中华经典诵读工程,开设中华文化公开课,抓好传统文化教育成果展示活动。研究制定国民语言教育大纲,开展好国民语言教育。加强面向全体教师的中华文化教育培训,全面提升师资队伍水平。

10. 保护传承文化遗产

坚持保护为主、抢救第一、合理利用、加强管理的方针,做好文物保护工作,抢救保护濒危文物,实施馆藏文物修复计划,加强新型城镇化和新农村建设中的文物保护。加强历史文化名城名镇名村、历史文化街区、名人故居保护和城市特色风貌管理,实施中国传统村落保护工程,做好传统民居、历史建筑、革命文化纪念地、农业遗产、工业遗产保护工作。规划建设一批国家文化公园,成为中华文化重要标识。推进地名文化遗产保护。实施非物质文化遗产传承发展工程,进一步完善非物质文化遗产保护制度。实施传统工艺振兴计划。大力推广和规范使用国家通用语言文字,保护传承方言文化。开展少数民族特色文化保护工作,加强少数民族语言文字和经典文献的保护和传播,做好少数民族经典文献和汉族经典文献互译出版工作。实施中华民族音乐传承出版工程、中国民间文学大系出版工程。推动民族传统体育项目的整理研究和保护传承。

11. 滋养文艺创作

善于从中华文化资源宝库中提炼题材、获取灵感、汲取养分,把中华优秀传统文化的有益思想、艺术价值与时代特点和要求相结合,运用丰富多样的艺术形式进行当代表达,推出一大批底蕴深厚、涵育人心的优秀文艺作品。科学编制重大革命和历史题材、现实题材、爱国主义题材、青少年题材等专项创作规划,提高创作生产组织化程度,彰显中华文化的精神内涵和审美风范。加强对中华诗词、音乐舞蹈、书法绘画、曲艺杂技和历史文化纪录片、动画片、出版物等的扶持。实施戏曲振兴工程,做好戏曲"像音像"工作,挖掘整理优秀传统剧目,推进数字化保存和传播。实施网络文艺创作传播计划,推动网络文学、网络音乐、网络剧、微电影等传承发展中华优秀传统文化。实施中国经典民间故事动漫创作工程、中华文化电视传播工程,组织创作生产一批传承中华文化基因、具有大众亲和力的动画片、纪录片和节目栏目。大力加强文艺评论,改革完善文艺评奖,建立有中国特色的文艺研究评论体系,倡导中华美学精神,推动美学、美德、美文相结合。

12. 融入生产生活

注重实践与养成、需求与供给、形式与内容相结合,把中华优秀传统文化内涵更好更多地融入生产生活各方面。深入挖掘城市历史文化价值,提炼精选一批凸显文化特色的经典性元素和标志性符号,纳入城镇化建设、城市规划设计,合理应用于城市雕塑、广场园林等公共空间,避免千篇一律、千城一面。挖掘整理传统建筑文化,鼓励建筑设计继承创新,推进城市修补、生态修复工作,延续城市文脉。加强"美丽乡村"文化建设,发掘和保护一批处处有历史、步步有文化的小镇和村庄。用中华优秀传统文化的精髓涵养企业精神,培育现代企业文化。实施中华老字号保护发展工程,支持一批文化特色浓、品牌信誉高、有市场竞争力的中华老字号做精做强。深入开展"我们的节日"主题活动,实施中国传统节日振兴工程,丰富春节、元宵、清明、端午、七夕、中秋、重阳等传统节日文化内涵,形成新的节日习俗。加强对传统历法、节气、生肖和饮食、医药等的研究阐释、活态利用,使其有益的文化价值深度嵌入百姓生活。实施中华节庆礼仪服装服饰计划,设计制作展现中华民族独特文化魅力的系列服装服饰。大力发展文化旅游,充分利用历史文化资源优势,规划设计推出一批专题研学旅游线路,引导游客在文化旅游中感知中华文化。推动休闲生活与传统文化融合发展,培育符合现代人需求的传统休闲文化。发展传统体育,抢救濒危传统体育项目,把传统体育项目纳入全民健身工程。

13. 加大宣传教育力度

综合运用报纸、书刊、电台、电视台、互联网站等各类载体,融通多媒体资源,统筹宣传、文化、文物等各方力量,创新表达方式,大力彰显中华文化魅力。实施中华文化新媒体传播工程。充分发挥图书馆、文化馆、博物馆、群艺馆、美术馆等公共文化机构在传承发展中华优秀传统文化中的作用。编纂出版系列文化经典。加强革命文物工作,实施革命文物保护利用工程,做好革命遗址、遗迹、烈士纪念设施的保护和利用。推动红色旅游持续健康发展。深入开展"爱我中华"主题教育活动,充分利用重大历史事件和中华历史名人纪念活动、国家公祭仪式、烈士纪念日,充分利用各类爱国主义教育基地、历史遗迹等,展示爱国主义深刻内涵,培育爱国主义精神。加强国民礼仪教育。加大对国家重要礼仪的普及教育与宣传力度,在国家重大节庆活动中体现仪式感、庄重感、荣誉感,彰显中华传统礼仪文化的时代价值,树立文明古国、礼仪之邦的良好形象。研究提出承接传统习俗、符合现代文明要求的社会礼仪、服装服饰、文明用语规范,建立健全各类公共场所和网络公共空间的礼仪、礼节、礼貌规范,推动形成良好的言行举止和礼让宽容的社会风尚。把优秀传统文化思想理念体现在社会规范中,与制定市民公约、乡规民约、学生守则、行业规章、团体章程相结合。弘扬孝敬文化、慈善文化、诚信文化等,开展节俭养德全民行动和学雷锋志愿服务。广泛开展文明家庭创建活动,挖掘和整理家训、家书文化,用优良的家风家教培育青少年。挖掘和保护乡土文化资源,建设新乡贤文化,培育和扶持乡村文化骨干,提升乡土文化内涵,形成良性乡村文化生态,让子孙后代记得住乡愁。加强港澳台中华文化普及和交流,积极举办以中华文化为主题的青少年夏令营、冬令营以及诵读和书写中华经典等交流活动,鼓励港澳台艺术家参与国家在海外举办的感知中国、中国文化年(节)、欢乐春节等品牌活动,增强国家认同、民族认同、文化认同。

14. 推动中外文化交流互鉴

加强对外文化交流合作,创新人文交流方式,丰富文化交流内容,不断提高文化交流水平。充分运用海外中国文化中心、孔子学院，文化节展、文物展览、博览会、书展、电影节、体育活动、旅游推介和各类品牌活动，助推中华优秀传统文化的国际传播。支持中华医药、中华烹饪、中华武术、中华典籍、中国文物、中国园林、中国节日等中华传统文化代表性项目走出去。积极宣传推介戏曲、民乐、书法、国画等我国优秀传统文化艺术，让国外民众在审美过程中获得愉悦、感受魅力。加强"一带一路"沿线国家文化交流合作。鼓励发展对外文化贸易，让更多体现中华文化特色、具有较强竞争力的文化产品走向国际市场。探索中华文化国际传播与交流新模式，综合运用大众传播、群体传播、人际传播等方式，构建全方位、多层次、宽领域的中华文化传播格局。推进国际汉学交流和中外智库合作，加强中国出版物国际推广与传播，扶持汉学家和海外出版机构翻译出版中国图书，通过华侨华人、文化体育名人、各方面出境人员，依托我国驻外机构、中资企业、与我友好合作机构和世界各地的中餐馆等，讲好中国故事、传播好中国声音、阐释好中国特色、展示好中国形象。

四、组织实施和保障措施

15. 加强组织领导

各级党委和政府要从坚定文化自信、坚持和发展中国特色社会主义、实现中华民族伟大复兴的高度，切实把中华优秀传统文化传承发展工作摆上重要日程，加强宏观指导，提高组织化程度，纳入经济社会发展总体规划，纳入考核评价体系，纳入各级党校、行政学院教学的重要内容。各级党委宣传部门要发挥综合协调作用，整合各类资源，调动各方力量，推动形成党委统一领导、党政群协同推进、有关部门各负其责、全社会共同参与的中华优秀传统文化传承发展工作新格局。各有关部门和群团组织要按照责任分工，制定实施方案，完善工作机制，把各项任务落到实处。

16. 加强政策保障

加强中华优秀传统文化传承发展相关扶持政策的制定与实施，注重政策措施的系统性协同性操作性。加大中央和地方各级财政支持力度，同时统筹整合现有相关资金，支持中华优秀传统文化传承发展重点项目。制定和完善惠及中华优秀传统文化传承发展工程项目的金融支持政策。加大对国家重要文化和自然遗产、国家级非物质文化遗产等珍贵遗产资源保护利用设施建设的支持力度。建立中华优秀传统文化传承发展相关领域和部门合作共建机制。制定文物保护和非物质文化遗产保护专项规划。制定和完善历史文化名城名镇名村和历史文化街区保护的相关政策。完善相关奖励、补贴政策，落实税收优惠政策，引导和鼓励企业、社会组织及个人捐赠或共建相关文化项目。建立健全中华优秀传统文化传承发展重大项目首席专家制度，培养造就一批人民喜爱、有国际影响的中华文化代表人物。完善中华优秀传统文化传承发展的激励表彰制度，对为中华优秀传统文化传承发展和传播交流作出贡献、建立功勋、享有声誉的杰出海内外人士按规定授予功勋荣誉或进行表彰奖励。有关部门要研究出台入学、住房保障等方面的倾斜政策和措施，用以倡导和鼓励自强不息、敬业乐群、扶正扬善、扶危济困、见义勇为、孝老爱亲等传统美德。

17. 加强文化法治环境建设

修订文物保护法。制定文化产业促进法、公共图书馆法等相关法律，对中华优秀传统文化传承发展有关工作作出制度性安排。在教育、科技、卫生、体育、城乡建设、互联网、交通、旅游、语言文字等领域相关法律法规的制定修订中，增加中华优秀传统文化传承发展内容。加大涉及保护传承弘扬中华优秀传统文化法律法规施行力度，加强对法律法规实施情况的监督检查。充分发挥各行政主管部门在传承发展中华优秀传统文化中的重要作用,建立完善联动机制,严厉打击违法经营行为。加强法治宣传教育,增强全社会依法传承发展中华优秀传统文化的自觉意识,形成礼敬守护和传承发展中华优秀传统文化的良好法治环境。各地要根据本地传统文化传承保护的现状,制定完善地方性法规和政府规章。

18. 充分调动全社会积极性创造性

传承发展中华优秀传统文化是全体中华儿女的共同责任。坚持全党动手、全社会参与,把中华优秀传统文化传承发展的各项任务落实到农村、企业、社区、机关、学校等城乡基层。各类文化单位机构、各级文化阵地平台,都要担负起守护、传播和弘扬中华优秀传统文化的职责。各类企业和社会组织要积极参与文化资源的开发、保护与利用,生产丰富多样、社会价值和市场价值相统一、人民喜闻乐见的优质文化产品,扩大中高端文化产品和服务的供给。充分尊重工人、农民、知识分子的主体地位,发挥领导干部的带头作用,发挥公众人物的示范作用,发挥青少年的生力军作用,发挥先进模范的表率作用,发挥非公有制经济组织和社会组织从业人员的积极作用,发挥文化志愿者、文化辅导员、文艺骨干、文化经营者的重要作用,形成人人传承发展中华优秀传统文化的生动局面。[①]

[①] 《关于实施中华优秀传统文化传承发展工程的意见》(以下简称《意见》)是中共中央办公厅、国务院办公厅为建设社会主义文化强国,增强国家文化软实力,实现中华民族伟大复兴的中国梦印发的文件。《意见》对如何实施中华优秀传统文化传承发展工程做出了具体要求,是指导性文件。文件于2017年1月25日发布并实施。

五、规范标准

汉语拼音正词法基本规则

(GB/T 16159—2012)

1. 范围

本标准规定了用《汉语拼音方案》拼写现代汉语的规则。内容包括分词连写规则、人名地名拼写规则、大写规则、标调规则、移行规则、标点符号使用规则等。为了适应特殊的需要,同时规定了一些变通规则。

本标准适用于文化教育、编辑出版、中文信息处理及其他方面的汉语拼音拼写。

2. 规范性引用文件

下列文件对于本标准的应用是必不可少的。凡是注日期的引用文件,仅注日期的版本适用于本文件。凡是不注日期的引用文件,其最新版本(包括所有的修改单)适用于本文件。

GB/T 15834 标点符号用法

GB/T 28039 中国人名汉语拼音字母拼写规则

《汉语拼音方案》(1958年2月11日第一届全国人民代表大会第五次会议批准)

《中国地名汉语拼音字母拼写规则(汉语地名部分)》(1984年12月25日中国地名委员会、中国文字改革委员会、国家测绘局发布)

3. 术语和定义

下列术语和定义适用于本文件。

3.1 词 word

语言里最小的,可以独立运用的单位。

3.2 汉语拼音方案 scheme for Chinese phonetic alphabet

给汉字注音和拼写普通话语音的方案,1958年2月11日第一届全国人民代表大会第五次会议批准。方案采用拉丁字母,并用附加符号表示声调,是帮助学习汉字和推广普通话的工具。

3.3 汉语拼音正词法 the Chinese phonetic alphabet orthography

汉语拼音的拼写规范及其书写格式的准则。

4. 制定原则

4.1 本标准是在《汉语拼音方案》确定的音节拼写规则的基础上进一步规定的词的拼写规则。

4.2 以词为拼写单位,并适当考虑语音、语义等因素,并兼顾词的拼写长度。

4.3 按语法词类分节规定分词连写规则。

5. 总则

5.1 拼写普通话基本上以词为书写单位。例如：

rén(人)　　　　　　　　　　pǎo(跑)
hǎo(好)　　　　　　　　　　nǐ(你)
sān(三)　　　　　　　　　　ge(个)
hěn(很)　　　　　　　　　　bǎ(把)
hé(和)　　　　　　　　　　 de(的)
ā(啊)　　　　　　　　　　　pēng(砰)
fúróng(芙蓉)　　　　　　　 qiǎokèlì(巧克力)
māma(妈妈)　　　　　　　　péngyou(朋友)
yuèdú(阅读)　　　　　　　　wǎnhuì(晚会)
zhòngshì(重视)　　　　　　 dìzhèn(地震)
niánqīng(年轻)　　　　　　 qiānmíng(签名)
shìwēi(示威)　　　　　　　 niǔzhuǎn(扭转)
chuánzhī(船只)　　　　　　 dànshì(但是)
fēicháng(非常)　　　　　　 dīngdōng(叮咚)
āiyā(哎呀)　　　　　　　　 diànshìjī(电视机)
túshūguǎn(图书馆)

5.2 表示一个整体概念的双音节和三音节结构，连写。例如：

quánguó(全国)　　　　　　　zǒulái(走来)
dǎnxiǎo(胆小)　　　　　　　huánbǎo(环保)
gōngguān(公关)　　　　　　 chángyòngcí(常用词)
àiniǎozhōu(爱鸟周)　　　　 yǎnzhōngdīng(眼中钉)
èzuòjù(恶作剧)　　　　　　 pòtiānhuāng(破天荒)
yīdāoqiē(一刀切)　　　　　 duìbuqǐ(对不起)
chīdexiāo(吃得消)

5.3 四音节及四音节以上表示一个整体概念的名称，按词或语节(词语内部由语音停顿而划分成的片段)分写，不能按词或语节划分的，全都连写。例如：

wúfèng gāngguǎn(无缝钢管)
huánjìng bǎohù guīhuà(环境保护规划)
jīngtǐguǎn gōnglǜ fàngdàqì(晶体管功率放大器)
Zhōnghuá Rénmín Gònghéguó(中华人民共和国)
Zhōngguó Shèhuì Kēxuéyuàn(中国社会科学院)
yánjiūshēngyuàn(研究生院)　　hóngshízìhuì(红十字会)
yúxīngcǎosù(鱼腥草素)　　　　gāoměngsuānjiǎ(高锰酸钾)
gǔshēngwùxuéjiā(古生物学家)

5.4 单音节词重叠，连写；双音节词重叠，分写。例如：

rénrén(人人)　　　　　　　　niánnián(年年)

kànkan(看看)
dàdà(大大)
gègè(个个)
yánjiū yánjiū(研究研究)
xuěbái xuěbái(雪白雪白)

shuōshuo(说说)
hónghóng de(红红的)
tiáotiáo(条条)
shāngliang shāngliang(商量商量)
tōnghóng tōnghóng(通红通红)

重叠并列即 AABB 式结构,连写。例如:

láiláiwǎngwǎng(来来往往)
qīngqīngchǔchǔ(清清楚楚)
fāngfāngmiànmiàn(方方面面)

shuōshuōxiàoxiào(说说笑笑)
wānwānqūqū(弯弯曲曲)
qiānqiānwànwàn(千千万万)

5.5 单音节前附成分(副、总、非、反、超、老、阿、可、无、半等)或单音节后附成分(子、儿、头、性、者、员、家、手、化、们等)与其他词语,连写。例如:

fùbùzhǎng(副部长)
fùzǒnggōngchéngshī(副总工程师)
fēiyèwù rényuán(非业务人员)
chāoshēngbō(超声波)
āyí(阿姨)
wútiáojiàn(无条件)
zhuōzi(桌子)
quántou(拳头)
shǒugōngyèzhě(手工业者)
yìshùjiā(艺术家)
xiàndàihuà(现代化)

zǒnggōngchéngshī(总工程师)
fēijīnshǔ(非金属)
fǎndàndào dǎodàn(反弹道导弹)
lǎohǔ(老虎)
kěnì fǎnyìng(可逆反应)
bàndǎotǐ(半导体)
jīnr(今儿)
kēxuéxìng(科学性)
chéngwùyuán(乘务员)
tuōlājīshǒu(拖拉机手)
háizimen(孩子们)

5.6 为了便于阅读和理解,某些并列的词、语素之间或某些缩略语当中可用连接号。例如:

bā-jiǔ tiān(八九天)
rén-jī duìhuà(人机对话)
lù-hǎi-kōngjūn(陆海空军)
Cháng-Sānjiǎo(长三角〔长江三角洲〕)
Zhè-Gàn Xiàn(浙赣线)

shíqī-bā suì(十七八岁)
zhōng-xiǎoxué(中小学)
biànzhèng-wéiwù zhǔyì(辩证唯物主义)
Hù-Níng-Háng Dìqū(沪宁杭地区)
Jīng-Zàng Gāosù Gōnglù(京藏高速公路)

6. 基本规则

6.1 分词连写规则

6.1.1 名词

6.1.1.1 名词与后面的方位词,分写。例如:

shān shàng(山上)
mén wài(门外)
hé li(河里)
huǒchē shàngmian(火车上面)
Yǒngdìng Hé shàng(永定河上)

shù xià(树下)
mén wàimian(门外面)
hé lǐmian(河里面)
xuéxiào pángbiān(学校旁边)
Huáng Hé yǐnán(黄河以南)

6.1.1.2 名词与后面的方位词已经成词的,连写。例如:

tiānshang(天上) dìxia(地下)
kōngzhōng(空中) hǎiwài(海外)

6.1.2 动词

6.1.2.1 动词与后面的动态助词"着""了""过",连写。例如：

kànzhe(看着) tǎolùn bìng tōngguòle(讨论并通过了)
jìnxíngguo(进行过)

6.1.2.2 句末的"了"兼做语气助词,分写。例如：

Zhè běn shū wǒ kàn le.(这本书我看了。)

6.1.2.3 动词与所带的宾语,分写。例如：

kàn xìn(看信) chī yú(吃鱼)
kāi wánxiào(开玩笑) jiāoliú jīngyàn(交流经验)

动宾式合成词中间插入其他成分的,分写。例如：

jūle yī gè gōng(鞠了一个躬) lǐguo sān cì fà(理过三次发)

6.1.2.4 动词(或形容词)与后面的补语,两者都是单音节的,连写;其余情况,分写。例如：

gǎohuài(搞坏) dǎsǐ(打死)
shútòu(熟透) jiànchéng(建成[楼房])
huàwéi(化为[蒸气]) dàngzuò(当做[笑话])
zǒu jìnlái(走进来) zhěnglǐ hǎo(整理好)
jiànshè chéng(建设成[公园]) gǎixiě wéi(改写为[剧本])

6.1.3 形容词

6.1.3.1 单音节形容词与用来表示形容词生动形式的前附成分或后附成分,连写。例如：

mēngmēngliàng(蒙蒙亮) liàngtángtáng(亮堂堂)
hēigulōngdōng(黑咕隆咚)

6.1.3.2 形容词和后面的"些""一些""点儿""一点儿",分写。例如：

dà xiē(大些) dà yīxiē(大一些)
kuài diǎnr(快点儿) kuài yīdiǎnr(快一点儿)

6.1.4 代词

6.1.4.1 人称代词、疑问代词与其他词语,分写。例如：

Wǒ ài Zhōngguó.(我爱中国。) Tāmen huílái le.(他们回来了。)
Shuí shuō de?(谁说的?) Qù nǎlǐ？(去哪里?)

6.1.4.2 指示代词"这""那",疑问代词"哪"与后面的名词或量词,分写。例如：

zhè rén(这人) nà cì huìyì(那次会议)
zhè zhī chuán(这只船) nǎ zhāng bàozhǐ(哪张报纸)

指示代词"这""那",疑问代词"哪"与后面的"点儿""般""边""时""会儿",连写。例如：

zhèdiǎnr(这点儿) zhèbān(这般)
zhèbiān(这边) nàshí(那时)
nàhuìr(那会儿)

6.1.4.3 "各""每""某""本""该""我""你"等与后面的名词或量词,分写。例如：

gè guó(各国) gè rén(各人)

gè xuékē(各学科)　　　měi nián(每年)
měi cì(每次)　　　　　mǒu rén(某人)
mǒu gōngchǎng(某工厂)　běn shì(本市)
běn bùmén(本部门)　　　gāi kān(该刊)
gāi gōngsī(该公司)　　　wǒ xiào(我校)
nǐ dānwèi(你单位)

6.1.5 数词和量词

6.1.5.1 汉字数字用汉语拼音拼写,阿拉伯数字则仍保留阿拉伯数字写法。例如:

èr líng líng bā nián(二〇〇八年)　　èr fēn zhī yī(二分之一)
wǔ yòu sì fēn zhī sān(五又四分之三)　sān diǎn yī sì yī liù(三点一四一六)
líng diǎn liù yī bā(零点六一八)　　　635 fēn jī(635分机)

6.1.5.2 十一到九十九之间的整数,连写。例如:

shíyī(十一)　　　shíwǔ(十五)
sānshísān(三十三)　jiǔshíjiǔ(九十九)

6.1.5.3 "百""千""万""亿"与前面的个位数,连写;"万""亿"与前面的十位以上的数,分写,当前面的数词为"十"时,也可连写。例如:

shí yì líng qīwàn èrqiān sānbǎi wǔshíliù/ shíyì líng qīwàn èrqiān sānbǎi wǔshíliù(十亿零七万二千三百五十六)
liùshísān yì qīqiān èrbǎi liùshíbā wàn sìqiān líng jiǔshíwǔ(六十三亿七千二百六十八万四千零九十五)

6.1.5.4 数词与前面表示序数的"第"中间,加连接号。例如:

dì-yī(第一)　　　　dì-shísān(第十三)
dì-èrshíbā(第二十八)　dì-sānbǎi wǔshíliù(第三百五十六)

数词(限于"一"至"十")与前面表示序数的"初",连写。例如:

chūyī(初一)　　　chūshí(初十)

6.1.5.5 代表月日的数词,中间加连接号。例如:

wǔ-sì(五四)　　　yī'èr-jiǔ(一二·九)

6.1.5.6 数词和量词,分写。例如:

liǎng gè rén(两个人)　　　yī dà wǎn fàn(一大碗饭)
liǎng jiān bàn wūzi(两间半屋子)　kàn liǎng biàn(看两遍)

数词、量词与表示约数的"多""来""几",分写。例如:

yībǎi duō gè(一百多个)　　shí lái wàn rén(十来万人)
jǐ jiā rén(几家人)　　　　jǐ tiān gōngfu(几天工夫)

"十几""几十"连写。例如:

shíjǐ gè rén(十几个人)　　jǐshí gēn gāngguǎn(几十根钢管)

两个邻近的数字或表位数的单位并列表示约数,中间加连接号。例如:

sān-wǔ tiān(三五天)　　qī-bā gè(七八个)
yì-wàn nián(亿万年)　　qiān-bǎi cì(千百次)

复合量词内各并列成分连写。例如:

réncì(人次)
dūngōnglǐ(吨公里)
qiānwǎxiǎoshí(千瓦小时)
qiānkèmǐměimiǎo(千克·米/秒)

6.1.6 副词

副词与后面的词语，分写。例如：

hěn hǎo(很好)
gèng měi(更美)
bù lái(不来)
gānggāng zǒu(刚刚走)
shífēn gǎndòng(十分感动)
dōu lái(都来)
zuì dà(最大)
bù hěn hǎo(不很好)
fēicháng kuài(非常快)

6.1.7 介词

介词与后面的其他词语，分写。例如：

zài qiánmiàn zǒu(在前面走)
wèi rénmín fúwù(为人民服务)
bèi xuǎnwéi dàibiǎo(被选为代表)
guānyú zhège wèntí(关于这个问题)
xiàng dōngbian qù(向东边去)
cóng zuótiān qǐ(从昨天起)
shēng yú 1940 nián(生于1940年)
cháozhe xiàbian kàn(朝着下边看)

6.1.8 连词

连词与其他词语，分写。例如：

gōngrén hé nóngmín(工人和农民)
guāngróng ér jiānjù(光荣而艰巨)
Nǐ lái háishì bù lái?(你来还是不来？)
Rúguǒ xià dàyǔ, bǐsài jiù tuīchí.(如果下大雨，比赛就推迟。)
tóngyì bìng yōnghù(同意并拥护)
bùdàn kuài érqiě hǎo(不但快而且好)

6.1.9 助词

6.1.9.1 结构助词"的""地""得""之""所"等与其他词语，分写。其中，"的""地""得"前面的词是单音节的，也可连写。例如：

dàdì de nǚ'ér(大地的女儿)
Zhè shì wǒ de shū. /Zhè shì wǒde shū.(这是我的书。)
Wǒmen guòzhe xìngfú de shēnghuó.(我们过着幸福的生活。)
Shāngdiàn li bǎimǎnle chī de, chuān de, yòng de. /Shāngdiàn li bǎimǎnle chīde, chuānde, yòngde.(商店里摆满了吃的、穿的、用的。)
mài qīngcài luóbo de(卖青菜萝卜的)
Tā zài dàjiē shang mànman de zǒu.(他在大街上慢慢地走。)
Tǎnbái de gàosu nǐ ba.(坦白地告诉你吧。)
Tā yī bù yī gè jiǎoyìnr de gōngzuòzhe.(他一步一个脚印儿地工作着。)
dǎsǎo de gānjìng(打扫得干净)
xiě de bù hǎo/ xiěde bù hǎo(写得不好)
hóng de hěn/ hóngde hěn(红得很)
lěng de fādǒu/ lěngde fādǒu(冷得发抖)
shàonián zhī jiā(少年之家)
zuì fādá de guójiā zhī yī(最发达的国家之一)

jù wǒ suǒ zhī(据我所知)

bèi yīngxióng de shìjì suǒ gǎndòng(被英雄的事迹所感动)

6.1.9.2 语气助词与其他词语，分写。例如：

Nǐ zhīdào ma?（你知道吗?）

Zěnme hái bù lái a?（怎么还不来啊?）

Kuài qù ba!（快去吧!）

Tā yīdìng huì lái de.（他一定会来的。）

Huǒchē dào le.（火车到了。）

Tā xīnli míngbai, zhǐshì bù shuō bàle.（他心里明白，只是不说罢了。）

6.1.9.3 动态助词

动态助词主要有"着""了""过"。见 6.1.2.1 的规定。

6.1.10 叹词

叹词通常独立于句法结构之外，与其他词语分写。例如：

Ā! Zhēn měi!（啊! 真美!）

Ǹg, nǐ shuō shénme?（嗯，你说什么?）

Hng, zǒuzhe qiáo ba!（哼，走着瞧吧!）

Tīng míngbai le ma? Wèi!（听明白了吗? 喂!）

Āiyā, wǒ zěnme bù zhīdào ne!（哎呀，我怎么不知道呢!）

6.1.11 拟声词

拟声词与其他词语，分写。例如：

"hōnglōng" yī shēng（"轰隆"一声）

chánchán liúshuǐ（潺潺流水）

módāo huòhuò（磨刀霍霍）

jījīzhāzhā jiào gè bù tíng（叽叽喳喳叫个不停）

Dà gōngjī wōwō tí.（大公鸡喔喔啼。）

"Dū——", qìdí xiǎng le.（"嘟——"，汽笛响了。）

Xiǎoxī huāhuā de liútǎng.（小溪哗哗地流淌。）

6.1.12 成语和其他熟语

6.1.12.1 成语通常作为一个语言单位使用，以四字文言语句为主。结构上可以分为两个双音节的，中间加连接号。例如：

fēngpíng-làngjìng(风平浪静)　　àizēng-fēnmíng(爱憎分明)

shuǐdào-qúchéng(水到渠成)　　yángyáng-dàguān(洋洋大观)

píngfēn-qiūsè(平分秋色)　　guāngmíng-lěiluò(光明磊落)

diānsān-dǎosì(颠三倒四)

结构上不能分为两个双音节的，全部连写。例如：

céngchū bùqióng(层出不穷)　　bùyìlèhū(不亦乐乎)

zǒng'éryánzhī(总而言之)　　àimònéngzhù(爱莫能助)

yīyīdàishuǐ(一衣带水)

6.1.12.2 非四字成语和其他熟语内部按词分写。例如：

bēi hēiguō(背黑锅)　　　　　　　yī bíkǒng chū qìr(一鼻孔出气儿)
bā gānzi dǎ bù zháo(八竿子打不着)
zhǐ xǔ zhōuguān fàng huǒ, bù xǔ bǎixìng diǎn dēng(只许州官放火,不许百姓点灯)
xiǎocōng bàn dòufu——yīqīng-èrbái(小葱拌豆腐——一青二白)

6.2 人名地名拼写规则

6.2.1 人名拼写

6.2.1.1 汉语人名中的姓和名分写,姓在前,名在后。复姓连写。双姓中间加连接号。姓和名的首字母分别大写,双姓两个字首字母都大写。笔名、别名等,按姓名写法处理。例如:

Lǐ Huá(李华)　　　　　　　　　Wáng Jiànguó(王建国)
Dōngfāng Shuò(东方朔)　　　　　Zhūgě Kǒngmíng(诸葛孔明)
Zhāng-Wáng Shūfāng(张王淑芳)　 Lǔ Xùn(鲁迅)
Méi Lánfāng(梅兰芳)　　　　　　Zhāng Sān(张三)
Wáng Mázi(王麻子)

6.2.1.2 人名与职务、称呼等,分写;职务、称呼等首字母小写。例如:

Wáng bùzhǎng(王部长)　　　　　Tián zhǔrèn(田主任)
Wú kuàijì(吴会计)　　　　　　　Lǐ xiānsheng(李先生)
Zhào tóngzhì(赵同志)　　　　　　Liú lǎoshī(刘老师)
Dīng xiōng(丁兄)　　　　　　　 Zhāng mā(张妈)
Zhāng jūn(张君)　　　　　　　　Wú lǎo(吴老)
Wáng shì(王氏)　　　　　　　　Sūn mǒu(孙某)
Guóqiáng tóngzhì(国强同志)　　　Huìfāng āyí(惠芳阿姨)

6.2.1.3 "老""小""大""阿"等与后面的姓、名、排行,分写,分写部分的首字母分别大写。例如:

Xiǎo Liú(小刘)　　　　　　　　Lǎo Qián(老钱)
Lǎo Zhāngtóur(老张头儿)　　　　 Dà Lǐ(大李)
Ā Sān(阿三)

6.2.1.4 已经专名化的称呼,连写,开头大写。例如:

Kǒngzǐ(孔子)　　　　　　　　　Bāogōng(包公)
Xīshī(西施)　　　　　　　　　　Mèngchángjūn(孟尝君)

6.2.2 地名拼写

6.2.2.1 汉语地名中的专名和通名,分写,每一分写部分的首字母大写。例如:

Běijīng Shì(北京市)　　　　　　　Héběi Shěng(河北省)
Yālù Jiāng(鸭绿江)　　　　　　　Tài Shān(泰山)
Dòngtíng Hú(洞庭湖)　　　　　　Táiwān Hǎixiá(台湾海峡)

6.2.2.2 专名与通名的附加成分,如是单音节的,与其相关部分连写。例如:

Xīliáo Hé(西辽河)　　　　　　　 Jǐngshān Hòujiē(景山后街)
Cháoyángménnèi Nánxiǎojiē(朝阳门内南小街)
Dōngsì shítiáo(东四十条)

6.2.2.3 已专名化的地名不再区分专名和通名,各音节连写。例如:

Hēilóngjiāng(黑龙江[省])　　　　　　Wángcūn(王村[镇])

Jiǔxiānqiáo(酒仙桥[医院])

不需区分专名和通名的地名,各音节连写。例如:

Zhōukǒudiàn(周口店)　　　　　　Sāntányìnyuè(三潭印月)

6.2.3 非汉语人名、地名的汉字名称,用汉语拼音拼写。例如:

Wūlánfū(乌兰夫,Ulanhu)

Jièchuān Lóngzhījiè(芥川龙之介,Akutagawa Ryunosuke)

Āpèi Āwàngjìnměi(阿沛-阿旺晋美,Ngapoi Ngawang Jigme)

Mǎkèsī(马克思,Marx)

Wūlǔmùqí(乌鲁木齐,Ürümqi)

Lúndūn(伦敦,London)

Dōngjīng(东京,Tokyo)

6.2.4 人名、地名拼写的详细规则,遵循 GB/T 28039《中国人名汉语拼音字母拼写规则》《中国地名汉语拼音字母拼写规则(汉语地名部分)》。

6.3 大写规则

6.3.1 句子开头的字母大写。例如:

Chūntiān lái le.(春天来了。)

Wǒ ài wǒ de jiāxiāng.(我爱我的家乡。)

诗歌每行开头的字母大写。例如:

《Yǒude Rén》(《有的人》)

Zāng Kèjiā(臧克家)

Yǒude rén huózhe,(有的人活着,)

Tā yǐjīng sǐ le;(他已经死了;)

Yǒude rén sǐ le,(有的人死了,)

Tā hái huózhe.(他还活着。)

6.3.2 专有名词的首字母大写。例如:

Běijīng(北京)　　　　　　　　　　　Chángchéng(长城)

Qīngmíng(清明)　　　　　　　　　　Jǐngpōzú(景颇族)

Fēilǜbīn(菲律宾)

由几个词组成的专有名词,每个词的首字母大写。例如:

Guójì Shūdiàn(国际书店)　　　　　Hépíng Bīnguǎn(和平宾馆)

Guāngmíng Rìbào(光明日报)

Guójiā Yǔyán Wénzì Gōngzuò Wěiyuánhuì(国家语言文字工作委员会)

在某些场合,专有名词的所有字母可全部大写。例如:

XIÀNDÀI HÀNYǓ CÍDIǍN(现代汉语词典)　　BĚIJĪNG(北京)

LǏ HUÁ(李华)　　　　　　　　　　　DŌNGFĀNG SHUÒ(东方朔)

6.3.3 专有名词成分与普通名词成分连写在一起,是专有名词或视为专有名词的,首字母大写。例如:

Míngshǐ(明史)　　　　　　　　　　Hànyǔ(汉语)

Yuèyǔ(粤语)　　　　　　　　　Guǎngdōnghuà(广东话)
Fójiào(佛教)　　　　　　　　　Tángcháo(唐朝)

专有名词成分与普通名词成分连写在一起,是一般语词或视为一般语词的,首字母小写。例如：

guǎnggān(广柑)　　　　　　　jīngjù(京剧)
ējiāo(阿胶)　　　　　　　　　zhōngshānfú(中山服)
chuānxiōng(川芎)　　　　　　zàngqīngguǒ(藏青果)
zhāoqín-mùchǔ(朝秦暮楚)　　qiánlǘzhījì(黔驴之技)

6.4 缩写规则

6.4.1 连写的拼音单位(多音节词或连写的表示一个整体概念的结构),缩写时取每个汉字拼音的首字母,大写并连写。例如：

Běijīng(缩写:BJ)(北京)　　　ruǎnwò(缩写:RW)(软卧)

6.4.2 分写的拼写单位(按词或语节分写的表示一个整体概念的结构),缩写时以词或语节为单位取首字母,大写并连写。例如：

guójiā biāozhǔn(缩写:GB)(国家标准)
hànyǔ shuǐpíng kǎoshì(缩写:HSK)(汉语水平考试)
pǔtōnghuà shuǐpíng cèshì(缩写:PSC)(普通话水平测试)

6.4.3 为了给汉语拼音的缩写形式做出标记,可在每个大写字母后面加小圆点。例如：

Běijīng(北京)也可缩写：B.J.
guójiā biāozhǔn(国家标准)也可缩写：G.B.

6.4.4 汉语人名的缩写,姓全写,首字母大写或每个字母大写；名取每个汉字拼音的首字母,大写,后面加小圆点。例如：

Lǐ Huá(缩写:Lǐ H. 或 LǏ H.)(李华)
Wáng Jiànguó(缩写:Wáng J. G. 或 WÁNG J. G.)(王建国)
Dōngfāng Shuò(缩写:Dōngfāng S. 或 DŌNGFĀNG S.)(东方朔)
Zhūgě Kǒngmíng(缩写:Zhūgě K. M. 或 ZHŪGĚ K. M.)(诸葛孔明)

6.5 标调规则

6.5.1 声调符号标在一个音节的主要元音(韵腹)上。韵母 iu、ui,声调符号标在后面的字母上面。在 i 上标声调符号,应省去 i 上的小点。例如：

āyí(阿姨)　　　　　　　　　cèlüè(策略)
dàibiǎo(代表)　　　　　　　guāguǒ(瓜果)
huáishù(槐树)　　　　　　　kǎolǜ(考虑)
liúshuǐ(流水)　　　　　　　xīnxiān(新鲜)

轻声音节不标声调。例如：

zhuāngjia(庄稼)　　　　　　qīngchu(清楚)
kàndeqǐ(看得起)

6.5.2 "一""不"一般标原调,不标变调。例如：

yī jià(一架)　　　　　　　　yī tiān(一天)
yī tóu(一头)　　　　　　　　yī wǎn(一碗)

bù qù(不去)　　　　　　　　　bù duì(不对)
bùzhìyú(不至于)

在语言教学等方面,可根据需要按变调标写。例如:
yī tiān(一天)可标为 yì tiān,
bù duì(不对)可标为 bú duì。

6.5.3 ABB、AABB 形式的词语,BB 一般标原调,不标变调。例如:
lǜyóuyóu(绿油油)　　　　　　chéndiàndiàn(沉甸甸)
hēidòngdòng(黑洞洞)　　　　piàopiàoliàngliàng(漂漂亮亮)

有些词语的 BB 在语言实际中只读变调,则标变调。例如:
hóngtōngtōng(红彤彤)　　　　xiāngpēnpēn(香喷喷)
huángdēngdēng(黄澄澄)

6.5.4 在某些场合,专有名词的拼写,也可不标声调。例如:
Li Hua(缩写:Li H. 或 LI H.)(李华)　　Beijing(北京)
RENMIN RIBAO(人民日报)　　　　　　WANGFUJING DAJIE(王府井大街)

6.5.5 除了《汉语拼音方案》规定的符号标调法以外,在技术处理上,也可采用数字、字母等标明声调,如采用阿拉伯数字 1、2、3、4、0 分别表示汉语四声和轻声。

6.6 移行规则

6.6.1 移行要按音节分开,在没有写完的地方加连接号。音节内部不可拆分。例如:
guāngmíng(光明)移作"……guāng-
míng"(光明)
不能移作"……gu-
āngmíng"(光明)。

缩写词(如 GB,HSK,汉语人名的缩写部分)不可移行。
Wáng J. G.(王建国)移作"……Wáng
J. G."(王建国)
不能移作"……Wáng J. -
G."(王建国)。

6.6.2 音节前有隔音符号,移行时,去掉隔音符号,加连接号。例如:
Xī'ān(西安)移作"……Xī-
ān"(西安)
不能移作"……Xī'-
ān"(西安)。

6.6.3 在有连接号处移行时,末尾保留连接号,下行开头补加连接号。例如:
chēshuǐ-mǎlóng(车水马龙)移作"……chēshuǐ-
-mǎlóng"(车水马龙)

6.7 标点符号使用规则

汉语拼音拼写时,句号使用小圆点".",连接号用半字线"-",省略号也可使用 3 个小圆点"…",顿号也可用逗号","代替,其他标点符号遵循 GB/T 15834 的规定。

7. 变通规则

7.1 根据识字需要（如小学低年级和幼儿汉语识字读物），可按字注音。

7.2 辞书注音需要显示成语及其他词语内部结构时，可按词或语素分写。例如：

  chī rén shuō mèng（痴人说梦） wèi yǔ chóu móu（未雨绸缪）
  shǒu kǒu rú píng（守口如瓶） Hēng-Hā èr jiàng（哼哈二将）
  Xī Liáo Hé（西辽河） Nán-Běi Cháo（南北朝）

7.3 辞书注音为了提示轻声音节，音节前可标中圆点。例如：

  zhuāng·jia（庄稼） qīng·chu（清楚）
  kàn·deqǐ（看得起）

如是轻重两读，音节上仍标声调。例如：

  hóu·lóng（喉咙） zhī·dào（知道）
  tǔ·xīngqì（土腥气）

7.4 在中文信息处理方面，表示一个整体概念的多音节结构，可全部连写。例如：

  guómínshēngchǎnzǒngzhí（国民生产总值）
  jìsuànjītǐcéngchéngxiàngyí（计算机体层成像仪）
  shìjièfēiwùzhìwénhuàyíchǎn（世界非物质文化遗产）

标点符号用法

（GB/T 15834—2011）

1. 范围

本标准规定了现代汉语标点符号的用法。

本标准适用于汉语书面语（包括汉语和外语混合排版时的汉语部分）。

2. 术语和定义

下列术语和定义适用于本文件。

2.1 标点符号 punctuation

辅助文字记录语言的符号，是书面语的有机组成部分，用来表示语句的停顿、语气以及标示某些成分（主要是词语）的特定性质和作用。

注：数学符号、货币符号、校勘符号、辞书符号、注音符号等特殊领域的专门符号不属于标点符号。

2.2 句子 sentence

前后都有较大停顿、带有一定的语气和语调、表达相对完整意义的语言单位。

2.3 复句 complex sentence

由两个或多个在意义上有密切关系的分句组成的语言单位,包括简单复句(内部只有一层语义关系)和多重复句(内部包含多层语义关系)。

2.4 分句 clause

复句内两个或多个前后有停顿、表达相对完整意义、不带有句末语气和语调、有的前面可添加关联词语的语言单位。

2.5 语段 expression

指语言片段,是对各种语言单位(如词、短语、句子、复句等)不做特别区分时的统称。

3. 标点符号的种类

3.1 点号

点号的作用是点断,主要表示停顿和语气。分为句末点号和句内点号。

3.1.1 句末点号

用于句末的点号,表示句末停顿和句子的语气。包括句号、问号、叹号。

3.1.2 句内点号

用于句内的点号,表示句内各种不同性质的停顿。包括逗号、顿号、分号、冒号。

3.2 标号

标号的作用是标明,主要标示某些成分(主要是词语)的特定性质和作用。包括引号、括号、破折号、省略号、着重号、连接号、间隔号、书名号、专名号、分隔号。

4. 标点符号的定义、形式和用法

4.1 句号

4.1.1 定义

句末点号的一种,主要表示句子的陈述语气。

4.1.2 形式

句号的形式是"。"。

4.1.3 基本用法

4.1.3.1 用于句子末尾,表示陈述语气。使用句号主要根据语段前后有较大的停顿、带有陈述语气和语调,并不取决于句子的长短。

示例1:北京是中华人民共和国的首都。

示例2:(甲:咱们走着去吧?)乙:好。

4.1.3.2 有时也可表示较缓和的祈使语气和感叹语气。

示例1:请您稍等一下。

示例2:我不由地感到,这些普通劳动者也同样是很值得尊敬的。

4.2 问号

4.2.1 定义

句末点号的一种,主要表示句子的疑问语气。

4.2.2 形式

问号的形式是"?"。

4.2.3 基本用法

4.2.3.1 用于句子末尾,表示疑问语气(包括反问、设问等疑问类型)。使用问号主要根据语段前后有较大停顿、带有疑问语气和语调,并不取决于句子的长短。

　　示例1:你怎么还不回家去呢?

　　示例2:难道这些普通的战士不值得歌颂吗?

　　示例3:(一个外国人,不远万里来到中国,帮助中国的抗日战争。)这是什么精神?这是国际主义的精神。

4.2.3.2 选择问句中,通常只在最后一个选项的末尾用问号,各个选项之间一般用逗号隔开。当选项较短且选项之间几乎没有停顿时,选项之间可不用逗号。当选项较多或较长,或有意突出每个选项的独立性时,也可每个选项之后都用问号。

　　示例1:诗中记述的这场战争究竟是真实的历史描述,还是诗人的虚构?

　　示例2:这是巧合还是有意安排?

　　示例3:要一个什么样的结尾:现实主义的?传统的?大团圆的?荒诞的?民族形式的?有象征意义的?

　　示例4:(他看着我的作品称赞了我。)但到底是称赞我什么:是有几处画得好?还是什么都敢画?抑或只是一种对于失败者的无可奈何的安慰?我不得而知。

　　示例5:这一切都是由客观的条件造成的?还是由行为的惯性造成的?

4.2.3.3 在多个问句连用或表达疑问语气加重时,可叠用问号。通常应先单用,再叠用,最多叠用三个问号。在没有异常强烈的情感表达需要时不宜叠用问号。

　　示例:这句是你的做法吗?你这个总经理是怎么当的??你竟敢这样欺骗消费者???

4.2.3.4 问号也有标号的用法,即用于句内,表示存疑或不详。

　　示例1:马致远(1250?—1321),大都人,元代戏曲家、散曲家。

　　示例2:钟嵘(?—518),颍川长社人,南朝梁代文学批评家。

　　示例3:出现这样的文字错误,说明作者(编者?校者?)很不认真。

4.3 叹号

4.3.1 定义

　　句末点号的一种,主要表示句子的感叹语气。

4.3.2 形式

　　叹号的形式是"!"。

4.3.3 基本用法

4.3.3.1 用于句子末尾,主要表示感叹语气,有时也可表示强烈的祈使语气、反问语气等。使用叹号主要根据语段前后有较大停顿、带有感叹语气和语调或带有强烈的祈使、反问语气和语调,并不取决于句子的长短。

　　示例1:才一年不见,这孩子都长这么高啦!

　　示例2:你给我住嘴!

　　示例3:谁知道他今天是怎么搞的!

4.3.3.2 用于拟声词后,表示声音短促或突然。

　　示例1:咔嚓!一道闪电划破了夜空。

　　示例2:咚!咚咚!突然传来一阵急促的敲门声。

4.3.3.3 表示声音巨大或声音不断加大时,可叠用叹号;表达强烈语气时,也可叠用叹号,最多叠用三个叹号。在没有异常强烈的情感表达需要时不宜叠用叹号。

示例1：轰!! 在这天崩地塌的声音中，女娲猛然醒来。

示例2：我要揭露! 我要控诉!! 我要以死抗争!!!

4.3.3.4 当句子包含疑问、感叹两种语气且都比较强烈时（如带有强烈感情的反问句和带有惊愕语气的疑问句），可在问号后再加叹号（问号、叹号各一）。

示例1：这么点困难就能把我们吓倒吗?!

示例2：他连这些最起码的常识都不懂，还敢说自己是高科技人才?!

4.4 逗号

4.4.1 定义

句内点号的一种，表示句子或语段内部的一般性停顿。

4.4.2 形式

逗号的形式是","。

4.4.3 基本用法

4.4.3.1 复句内各分句之间的停顿，除了有时用分号（见4.6.3.1），一般都用逗号。

示例1：不是人们的意识决定人们的存在，而是人们的社会存在决定人们的意识。

示例2：学历史使人更明智，学文学使人更聪慧，学数学使人更精细，学考古使人更深沉。

示例3：要是不相信我们的理论能反映现实，要是不相信我们的世界有内在和谐，那就不可能有科学。

4.4.3.2 用于下列各种语法位置：

a) 较长的主语之后。

示例1：苏州园林建筑各种门窗的精美设计和雕镂功夫，都令人叹为观止。

b) 句首的状语之后。

示例2：在苍茫的大海上，狂风卷集着乌云。

c) 较长的宾语之前。

示例3：有的考古工作者认为，南方古猿生存于上新世至更新世的初期和中期。

d) 带句内语气词的主语（或其他成分）之后，或带句内语气词的并列成分之间。

示例4：他呢，倒是很乐意地、全神贯注地干起来了。

示例5：（那是个没有月亮的夜晚。）可是整个村子——白房顶啦，白树木啦，雪堆啦，全看得见。

e) 较长的主语中间、谓语中间或宾语中间。

示例6：母亲沉痛的诉说，以及亲眼见到的事实，都启发了我幼年时期追求真理的思想。

示例7：那姑娘头戴一顶草帽，身穿一条绿色的裙子，腰间还系着一根橙色的腰带。

示例8：必须懂得对于文化传统，既不能不分青红皂白统统抛弃，也不能不管精华糟粕全盘继承。

f) 前置的谓语之后或后置的状语、定语之前。

示例9：真美啊，这条蜿蜒的林间小路。

示例10：她吃力地站了起来，慢慢地。

示例11：我只是一个人，孤孤单单的。

4.4.3.3 用于下列各种停顿处：

　　a) 复指成分或插说成分前后。

　　示例1：老张，就是原来的办公室主任，上星期已经调走了。

　　示例2：车，不用说，当然是头等。

　　b) 语气缓和的感叹语、称谓语或呼唤语之后。

　　示例3：哎哟，这儿，快给我揉揉。

　　示例4：大娘，您到哪儿去啊？

　　示例5：喂，你是哪个单位的？

　　c) 某些序次语（"第"字头、"其"字头及"首先"类序次语）之后。

　　示例6：为什么许多人都有长不大的感觉呢？原因有三：第一，父母总认为自己比孩子成熟；第二，父母总要以自己的标准来衡量孩子；第三，父母出于爱心而总不想让孩子在成长的过程中走弯路。

　　示例7：《玄秘塔碑》所以成为书法的范本，不外乎以下几个方面的因素：其一，具有楷书点画、构体的典范性；其二，承上启下，成为唐楷的极致；其三，字如其人，爱人及字，柳公权高尚的书品、人品为后人所崇仰。

　　示例8：下面从三个方面讲讲语言的污染问题：首先，是特殊语言环境中的语言污染问题；其次，是滥用缩略语引起的语言污染问题；再次，是空话和废话引起的语言污染问题。

4.5 顿号

4.5.1 定义

　　句内点号的一种，表示语段中并列词语之间或某些序次语之后的停顿。

4.5.2 形式

　　顿号的形式是"、"。

4.5.3 基本用法

4.5.3.1 用于并列词语之间。

　　示例1：这里有自由、民主、平等、开放的风气和氛围。

　　示例2：造型科学、技艺精湛、气韵生动，是盛唐石雕的特色。

4.5.3.2 用于需要停顿的重复词语之间。

　　示例：他几次三番、几次三番地辩解着。

4.5.3.3 用于某些序次语（不带括号的汉字数字或"天干地支"类序次语）之后。

　　示例1：我准备讲两个问题：一、逻辑学是什么？二、怎样学好逻辑学？

　　示例2：风格的具体内容主要有以下四点：甲、题材；乙、用字；丙、表达；丁、色彩。

4.5.3.4 相邻或相近两数字连用表示概数通常不用顿号。若相邻两数字连用为缩略形式，宜用顿号。

　　示例1：飞机在6 000米高空水平飞行时，只能看到两侧八九公里和前方一二十公里范围内的地面。

　　示例2：这种凶猛的动物常常三五成群地外出觅食和活动。

　　示例3：农业是国民经济的基础，也是二、三产业的基础。

4.5.3.5 标有引号的并列成分之间、标有书名号的并列成分之间通常不用顿号。若有其他成分插在并列的引号之间或并列的书名号之间（如引号或书名号之后还有括注），宜用顿号。

示例1：“日”"月"构成"明"字。
示例2：店里挂着"顾客就是上帝""质量就是生命"等横幅。
示例3：《红楼梦》《三国演义》《西游记》《水浒传》，是我国长篇小说的四大名著。
示例4：李白的"白发三千尺"（《秋浦歌》）、"朝如青丝暮成雪"（《将进酒》）都是脍炙人口的诗句。
示例5：办公室里订有《人民日报》(海外版)、《光明日报》和《时代周刊》等报刊。

4.6 分号

4.6.1 定义

句内点号的一种，表示复句内部并列关系分句之间的停顿，以及非并列关系的多重复句中第一层分句之间的停顿。

4.6.2 形式

分号的形式是";"。

4.6.3 基本用法

4.6.3.1 表示复句内部并列关系的分句（尤其当分句内部还有逗号时）之间的停顿。

示例1：语言文字的学习，就理解方面说，是得到一种知识；就运用方面说，是养成一种习惯。

示例2：内容有分量，尽管文章短小，也是有分量的；内容没有分量，即使写得再长也没有用。

4.6.3.2 表示非并列关系的多重复句中第一层分句（主要是选择、转折等关系）之间的停顿。

示例1：人还没看见，已经先听见歌声了；或者人已经转过山头望不见了，歌声还余音袅袅。

示例2：尽管人民革命的力量在开始时总是弱小的，所以总是受压；但是由于革命的力量代表历史发展的方向，因此本质上又是不可战胜的。

示例3：不管一个人如何伟大，也总是生活在一定的环境和条件下；因此，个人的见解总难免带有某种局限性。

示例4：昨天夜里下了一场雨，以为可以凉快些；谁知没有凉快下来，反而更热了。

4.6.3.3 用于分项列举的各项之间。

示例：特聘教授的岗位职责为：一、讲授本学科的主干基础课程；二、主持本学科的重大科研项目；三、领导本学科的学术队伍建设；四、带领本学科赶超或保持世界先进水平。

4.7 冒号

4.7.1 定义

句内点号的一种，表示语段中提示下文或总结上文的停顿。

4.7.2 形式

冒号的形式是"："。

4.7.3 基本用法

4.7.3.1 用于总说性或提示性词语（如"说""例如""证明"等）之后，表示提示下文。

示例1：北京紫禁城有四座城门：午门、神武门、东华门和西华门。

示例2：她高兴地说："咱们去好好庆祝一下吧！"

示例3：小王笑着点了点头："我就是这么想的。"

示例4:这一事实证明:人能创造环境,环境同样也能创造人。

4.7.3.2 表示总结上文。

示例:张华上了大学,李萍进了技校,我当了工人:我们都有美好的前途。

4.7.3.3 用在需要说明的词语之后,表示注释和说明。

示例1:(本市将举办首届大型书市。)主办单位:市文化局;承办单位:市图书进出口公司;时间:8月15日—20日;地点:市体育馆观众休息厅。

示例2:(做阅读理解题有两个办法。)办法之一:先读题干,再读原文,带着问题有针对性地读课文。办法之二:直接读原文,读完再做题,减少先入为主的干扰。

4.7.3.4 用于书信、讲话稿中称谓语或称呼语之后。

示例1:广平先生:……

示例2:同志们,朋友们:……

4.7.3.5 一个句子内部一般不应套用冒号。在列举式或条文式表述中,如不得不套用冒号时,宜另起段落来显示各个层次。

示例:第十条 遗产按照下列顺序继承:

第一顺序:配偶、子女、父母。

第二顺序:兄弟姐妹、祖父母、外祖父母。

4.8 引号

4.8.1 定义

标号的一种,标示语段中直接引用的内容或需要特别指出的成分。

4.8.2 形式

引号的形式有双引号""""和单引号"''"两种。左侧的为前引号,右侧的为后引号。

4.8.3 基本用法

4.8.3.1 标示语段中直接引用的内容。

示例:李白诗中就有"白发三千丈"这样极尽夸张的语句。

4.8.3.2 标示需要着重论述或强调的内容。

示例:这里所谓的"文",并不是指文字,而是指文采。

4.8.3.3 标示语段中具有特殊含义而需要特别指出的成分,如别称、简称、反语等。

示例1:电视被称作"第九艺术"。

示例2:人类学上常把古人化石统称为尼安德特人,简称"尼人"。

示例3:有几个"慈祥"的老板把捡来的菜叶用盐浸浸就算作工友的菜肴。

4.8.3.4 当引号中还需要使用引号时,外面一层用双引号,里面一层用单引号。

示例:他问:"老师,'七月流火'是什么意思?"

4.8.3.5 独立成段的引文如果只有一段,段首和段尾都用引号;不止一段时,每段开头仅用前引号,只在最后一段末尾用后引号。

示例:我曾在报纸上看到有人这样谈幸福:

"幸福是知道自己喜欢什么和不喜欢什么。……

"幸福是知道自己擅长什么和不擅长什么。……

"幸福是在正确的时间做了正确的选择。……"

4.8.3.6 在书写带月日的事件、节日或其他特定意义的短语(含简称)时,通常只标引其中的月和日;需要突出或强调该事件或节日本身时,也可连同事件或节日一起标引。

示例1:"5·12"汶川大地震

示例2:"五四"以来的话剧,是我国戏剧中的新形式。

示例3:纪念"五四运动"90周年。

4.9 括号

4.9.1 定义

标号的一种,标示语段中的注释内容、补充说明或其他特定意义的语句。

4.9.2 形式

括号的主要形式是圆括号"( )",其他形式还有方括号"[ ]"、六角括号"〔 〕"和方头括号"【 】"等。

4.9.3 基本用法

4.9.3.1 标示下列各种情况,均用圆括号:

a) 标示注释内容或补充说明。

示例1:我校拥有特级教师(含已退休的)17人。

示例2:我们不但善于破坏一个旧世界,我们还将善于建设一个新世界!(热烈鼓掌)

b) 标示订正或补加的文字。

示例3:信纸上用稚嫩的字体写着:"阿夷(姨),你好!"

示例4:该建筑公司负责的建设工程全部达到优良工程(的标准)。

c) 标示序次语。

示例5:语言有三个要素:(1)声音;(2)结构;(3)意义。

示例6:思想有三个条件:(一)事理;(二)心理;(三)伦理。

d) 标示引语的出处。

示例7:他说得好:"未画之前,不立一格;既画之后,不留一格。"(《板桥集·题画》)

e) 标示汉语拼音注音。

示例8:"的(de)"这个字在现代汉语中最常用。

4.9.3.2 标示作者国籍或所属朝代时,可用方括号或六角括号。

示例1:[英]赫胥黎《进化论与伦理学》

示例2:〔唐〕杜甫著

4.9.3.3 报刊标示电讯、报道的开头,可用方头括号。

示例:【新华社南京消息】

4.9.3.4 标示公文发文字号中的发文年份时,可用六角括号。

示例:国发〔2011〕3号文件

4.9.3.5 标示被注释的词语时,可用六角括号或方头括号。

示例1:〔奇观〕奇伟的景象。

示例2:【爱因斯坦】物理学家。生于德国,1933年因受纳粹政权迫害,移居美国。

4.9.3.6 除科技书刊中的数学、逻辑公式外,所有括号(特别是同一形式的括号)应尽量避免套用。必须套用括号时,宜采用不同的括号形式配合使用。

示例:〔茸(róng)毛〕很细很细的毛。

4.10 破折号

4.10.1 定义

标号的一种,标示语段中某些成分的注释、补充说明或语音、意义的变化。

4.10.2 形式

破折号的形式是"——"。

4.10.3 基本用法

4.10.3.1 标示注释内容或补充说明(也可用括号,见 4.9.3.1;二者的区别另见 B.1.7)。

示例1:一个矮小而结实的日本中年人——内山老板走了过来。

示例2:我一直坚持读书,想借此唤起弟妹对生活的希望——无论环境多么困难。

4.10.3.2 标示插入语(也可用逗号,见 4.4.3.3)。

示例:这简直就是——说得不客气点——无耻的勾当!

4.10.3.3 标示总结上文或提示下文(也可用冒号,见 4.7.3.1、4.7.3.2)。

示例1:坚强,纯洁,严于律己,客观公正——这一切都难得地集中在一个人身上。

示例2:画家开始娓娓道来——

　　　　数年前的一个寒冬,……

4.10.3.4 标示话题的转换。

示例:"好香的干菜,——听到风声了吗?"赵七爷低声说道。

4.10.3.5 标示声音的延长。

示例:"嘎——"传过来一声水禽被惊动的鸣叫。

4.10.3.6 标示话语的中断或间隔。

示例1:"班长他牺——"小马话没说完就大哭起来。

示例2:"亲爱的妈妈,你不知道我多爱您。——还有你,我的孩子!"

4.10.3.7 标示引出对话。

示例:——你长大后想成为科学家吗?

　　　　——当然想了!

4.10.3.8 标示事项列举分承。

示例:根据研究对象的不同,环境物理学分为以下五个分支学科:

——环境声学;

——环境光学;

——环境热学;

——环境电磁学;

——环境空气动力学。

4.10.3.9 用于副标题之前。

示例:飞向太平洋

　　　　——我国新型号运载火箭发射目击记

4.10.3.10 用于引文、注文后,标示作者、出处或注释者。

示例1:先天下之忧而忧,后天下之乐而乐。

　　　　　　　　——范仲淹

示例2:乐浪海中的倭人,分为百余国。

　　　　　　——《汉书》

示例3：很多人写好信后把信笺折成方胜形,我看大可不必。(方胜,指古代妇女戴的方形首饰,用彩绸等制作,由两个斜方部分叠合而成。——编者注)

4.11 省略号

4.11.1 定义

标号的一种,标示语段中某些内容的省略及意义的断续等。

4.11.2 形式

省略号的形式是"……"。

4.11.3 基本用法

4.11.3.1 标示引文的省略。

示例：我们齐声朗诵起来："……俱往矣,数风流人物,还看今朝。"

4.11.3.2 标示列举或重复词语的省略。

示例1：对政治的敏感,对生活的敏感,对性格的敏感,……这都是作家必须要有的素质。

示例2：他气得连声说："好,好……算我没说。"

4.11.3.3 标示语意未尽。

示例1：在人迹罕至的深山密林里,假如突然看见一缕炊烟,……

示例2：你这样干,未免太……!

4.11.3.4 标示说话时断断续续。

示例：她磕磕巴巴地说："可是……太太……我不知道……你一定是认错了。"

4.11.3.5 标示对话中的沉默不语。

示例："还没结婚吧?"

"……"他飞红了脸,更加忸怩起来。

4.11.3.6 标示特定的成分虚缺。

示例：只要……就……

4.11.3.7 在标示诗行、段落的省略时,可连用两个省略号(即相当于十二个连点)。

示例1：从隔壁房间传来缓缓而抑扬顿挫的吟咏声——

床前明月光,疑是地上霜。

…………

示例2：该刊根据工作质量、上稿数量、参与程度等方面的表现,评选出了高校十佳记者站。还根据发稿数量、提供新闻线索情况以及对刊物的关注度等,评选出了十佳通讯员。

…………

4.12 着重号

4.12.1 定义

标号的一种,标示语段中某些重要的或需要指明的文字。

4.12.2 形式

着重号的形式是"．"。

4.12.3 基本用法

4.12.3.1 标示语段中重要的文字。

示例1：诗人需要表现,而不是证明。

示例2：下面对本文的理解，不正确的一项是……

4.12.3.2 标示语段中需要指明的文字。

示例：下边加点的字，除了在词中的读法外，还有哪些读法？

　　　　着急　子弹　强调

4.13 连接号

4.13.1 定义

标号的一种，标示某些相关联成分之间的连接。

4.13.2 形式

连接号的形式有短横线"-"、一字线"—"和浪纹线"～"三种。

4.13.3 基本用法

4.13.3.1 标示下列各种情况，均用短横线：

a) 化合物的名称或表格、插图的编号。

示例1：3-戊酮为无色液体，对眼及皮肤有强烈刺激性。

示例2：参见下页表2-8、表2-9。

b) 连接号码，包括门牌号码、电话号码，以及用阿拉伯数字表示年月日等。

示例3：安宁里东路26号院3-2-11室。

示例4：联系电话：010-88842603

示例5：2011-02-15

c) 在复合名词中起连接作用。

示例6：吐鲁番-哈密盆地。

d) 某些产品的名称和型号。

示例7：WZ-10直升机具有复杂天气和夜间作战的能力。

e) 汉语拼音、外来语内部的分合。

示例8：shuōshuō-xiàoxiào（说说笑笑）

示例9：盎格鲁-撒克逊人

示例10：让-雅克·卢梭（"让-雅克"为双名）

示例11：皮埃尔·孟戴斯-弗朗斯（"孟戴斯-弗朗斯"为复姓）

4.13.3.2 标示下列各种情况，一般用一字线，有时也可用浪纹线：

a) 标示相关的项目（如时间、地域等）的起止。

示例1：沈括(1031—1095)，宋朝人。

示例2：2011年2月3日—10日

示例3：北京—上海特别旅客快车。

b) 标示数值范围（由阿拉伯数字或汉字数字构成）的起止。

示例4：25～30g

示例5：第五～八课

4.14 间隔号

4.14.1 定义

标号的一种，标示某些相关联成分之间的分界。

4.14.2 形式

间隔号的形式是"·"。

4.14.3 基本用法

4.14.3.1 标示外国人名或少数民族人名内部的分界。

　　示例1：克里斯蒂娜·罗塞蒂

　　示例2：阿依古丽·买买提

4.14.3.2 标示书名与篇（章、卷）名之间的分界。

　　示例：《淮南子·本经训》

4.14.3.3 标示词牌、曲牌、诗体名等和题名之间的分界。

　　示例1：《沁园春·雪》

　　示例2：《天净沙·秋思》

　　示例3：《七律·冬云》

4.14.3.4 用在构成标题或栏目名称的并列词语之间。

　　示例：《天·地·人》

4.14.3.5 以月、日为标志的时间或节日，用汉字数字表示时，只在一、十一和十二月后用间隔号；当直接用阿拉伯数字表示时，月、日之间均用间隔号（半角字符）。

　　示例1："九一八"事变　　"五四"运动

　　示例2："一·二八"事变　　"一二·九"运动

　　示例3："3·15"消费者权益日　　"9·11"恐怖袭击事件

4.15 书名号

4.15.1 定义

标号的一种，标示语段中出现的各种作品的名称。

4.15.2 形式

书名号的形式有双书名号"《 》"和单书名号"〈 〉"两种。

4.15.3 基本用法

4.15.3.1 标示书名、卷名、篇名、刊物名、报纸名、文件名等。

　　示例1：《红楼梦》（书名）

　　示例2：《史记·项羽本纪》（卷名）

　　示例3：《论雷峰塔的倒掉》（篇名）

　　示例4：《每周关注》（刊物名）

　　示例5：《人民日报》（报纸名）

　　示例6：《全国农村工作会议纪要》（文件名）

4.15.3.2 标示电影、电视、音乐、诗歌、雕塑等各类用文字、声音、图像等表现的作品的名称。

　　示例1：《渔光曲》（电影名）

　　示例2：《追梦录》（电视剧名）

　　示例3：《勿忘我》（歌曲名）

　　示例4：《沁园春·雪》（诗词名）

　　示例5：《东方欲晓》（雕塑名）

　　示例6：《光与影》（电视节目名）

　　示例7：《社会广角镜》（栏目名）

示例8：《庄子研究文献数据库》(光盘名)

示例9：《植物生理学系列挂图》(图片名)

4.15.3.3 标示全中文或中文在名称中占主导地位的软件名。

示例：科研人员正在研制《电脑卫士》杀毒软件。

4.15.3.4 标志作品名的简称。

示例：我读了《念青唐古拉山脉纪行》一文(以下简称《念》)，收获很大。

4.15.3.5 当书名号中还需要书名号时，里面一层用单书名号，外面一层用双书名号。

示例：《教育部关于提请审议〈高等教育自学考试试行办法〉的报告》

4.16 专名号

4.16.1 定义

标号的一种，标示古籍和某些文史类著作中出现的特定类专有名词。

4.16.2 形式

专名号的形式是一条直线，标注在相应文字的下方。

4.16.3 基本用法

4.16.3.1 标示古籍、古籍引文或某些文史类著作中出现的专有名词，主要包括人名、地名、国名、民族名、朝代名、年号、宗教名、官署名、组织名等。

示例1：孙坚人马被刘表率军围得水泄不通。(人名)

示例2：于是聚集冀、青、幽、并四州兵马七十多万准备决一死战。(地名)

示例3：当时乌孙及西域各国都向汉派遣了使节。(国名、朝代名)

示例4：从咸宁二年到太康十年，匈奴、鲜卑、乌桓等族人徙居塞内。(年号、民族名)

4.16.3.2 现代汉语文本中的上述专有名词，以及古籍和现代文本中的单位名、官职名、事件名、会议名、书名等不应使用专名号。必须使用标号标示时，宜使用其他相应标号(如引号、书名号等)。

4.17 分隔号

4.17.1 定义

标号的一种，标示诗行、节拍及某些相关文字的分隔。

4.17.2 形式

分隔号的形式是"/"。

4.17.3 基本用法

4.17.3.1 诗歌接排时分隔诗行(也可使用逗号和分号，见4.4.3.1/4.6.3.1)。

示例：春眠不觉晓/处处闻啼鸟/夜来风雨声/花落知多少。

4.17.3.2 标示诗文中的音节节拍。

示例：横眉/冷对/千夫指，俯首/甘为/孺子牛。

4.17.3.3 分隔供选择或可转换的两项，表示"或"。

示例：动词短语中除了作为主体成分的述语动词之外，还包括述语动词所带的宾语和/或补语。

4.17.3.4 分隔组成一对的两项，表示"和"。

示例1：13/14次特别快车

示例2：羽毛球女双决赛中国组合杜婧/于洋两局完胜韩国名将李孝贞/李敬元。

4.17.3.5 分隔层级或类别。

示例:我国的行政区划分为:省(直辖市、自治区)/省辖市(地级市)/县(县级市、区、自治州)/乡(镇)/村(居委会)。

5. 标点符号的位置和书写形式

5.1 横排文稿标点符号的位置和书写形式

5.1.1 句号、逗号、顿号、分号、冒号均置于相应文字之后,占一个字的位置,居左下,不出现在一行之首。

5.1.2 问号、叹号均置于相应文字之后,占一个字位置,居左,不出现在一行之首。两个问号(或叹号)叠用时,占一个字位置;三个问号(或叹号)叠用时,占两个字位置;问号和叹号连用时,占一个字位置。

5.1.3 引号、括号、书名号中的两部分标在相应项目的两端,各占一个字位置。其中前一半不出现在一行之末,后一半不出现在一行之首。

5.1.4 破折号标在相应项目之间,占两个字位置,上下居中,不能中间断开分处上行之末和下行之首。

5.1.5 省略号占两个字位置,两个省略号连用时占四个字位置并须单独占一行。省略号不能中间断开分处上行之末和下行之首。

5.1.6 连接号中的短横线比汉字"一"略短,占半个字位置;一字线比汉字"一"略长,占一个字位置;浪纹线占一个字位置。连接号上下居中,不出现在一行之首。

5.1.7 间隔号标在需要隔开的项目之间,占半个字位置,上下居中,不出现在一行之首。

5.1.8 着重号和专名号标在相应文字的下边。

5.1.9 分隔号占半个字位置,不出现在一行之首或一行之末。

5.1.10 标点符号排在一行末尾时,若为全角字符则应占半角字符的宽度(即半个字位置),以使视觉效果更美观。

5.1.11 在实际编辑出版工作中,为排版美观、方便阅读等需要,或为避免某一小节最后一个汉字转行或出现在另外一页开头等情况(浪费版面及视觉效果差),可适当压缩标点符号所占用的空间。

5.2 竖排文稿标点符号的位置和书写形式

5.2.1 句号、问号、叹号、逗号、顿号、分号和冒号均置于相应文字之下偏右。

5.2.2 破折号、省略号、连接号、间隔号和分隔号置于相应文字之下居中,上下方向排列。

5.2.3 引号改用双引号"﹁""﹂"和单引号"﹃""﹄",括号改用"︵""︶",标在相应项目的上下。

5.2.4 竖排文稿中使用浪线式书名号"﹏﹏",标在相应文字的左侧。

5.2.5 着重号标在相应文字的右侧,专名号标在相应文字的左侧。

5.2.6 横排文稿中关于某些标点不能居行首或行末的要求,同样适用于竖排文稿。

附 录 A
(规范性附录)
标点符号用法的补充规则

A.1 句号用法补充规则

图或表的短语式说明文字,中间可用逗号,但末尾不用句号。即使有时说明文字较长,前面的语段已出现句号,最后结尾处仍不用句号。

示例1:行进中的学生方队

示例2:经过治理,本市市容市貌焕然一新。这是某区街道一景

A.2 问号用法补充规则

使用问号应以句子表示疑问语气为依据,而并不根据句子中包含有疑问词。当含有疑问词的语段充当某种句子成分,而句子并不表示疑问语气时,句末不用问号。

示例1:他们的行为举止、审美趣味,甚至读什么书,坐什么车,都在媒体掌握之中。

示例2:谁也不见,什么也不吃,哪儿也不去。

示例3:我也不知道他究竟躲到什么地方去了。

A.3 逗号用法补充规则

用顿号表示较长、较多或较复杂的并列成分之间的停顿时,最后一个成分前可用"以及(及)"进行连接,"以及(及)"之前应用逗号。

示例:压力过大、工作时间过长、作息不规律,以及忽视营养均衡等,均会导致健康状况的下降。

A.4 顿号用法补充规则

A.4.1 表示含有顺序关系的并列各项间的停顿,用顿号,不用逗号。下例解释"对于"一词用法,"人""事物""行为"之间有顺序关系(即人和人、人和事物、人和行为、事物和事物、事物和行为、行为和行为等六种对待关系),各项之间应用顿号。

示例:〔对于〕表示人,事物,行为之间的相互对待关系。(误)

〔对于〕表示人、事物、行为之间的相互对待关系。(正)

A.4.2 用阿拉伯数字表示年月日的简写形式时,用短横线连接号,不用顿号。

示例:2010、03、02(误)

2010-03-02(正)

A.5 分号用法补充规则

分项列举的各项有一项或多项已包含句号时,各项的末尾不能再用分号。

示例:本市先后建立起三大农业生产体系:一是建立甘蔗生产服务体系。成立糖业服务公司,主要给农民提供机耕等服务;二是建立蚕桑生产服务体系。……;三是建立热作服务体系。……。(误)

本市先后建立起三大农业生产体系:一是建立甘蔗生产服务体系。成立糖业服务公司,主要给农民提供机耕等服务。二是建立蚕桑生产服务体系。……。三是建立热作服务体系。……。(正)

A.6 冒号用法补充规则

A.6.1 冒号用在提示性话语之后引起下文。表面上类似但实际不是提示性话语的,其后用

逗号。

示例1:郦道元《水经注》记载:"沼西际山枕水,有唐叔虞祠。"(提示性话语)

示例2:据《苏州府志》载,苏州城内大小园林约有150多座,可算名副其实的园林之城。(非提示性话语)

A.6.2 冒号提示范围无论大小(一句话、几句话甚至几段话),都应与提示性话语保持一致(即在该范围的末尾要用句号点断)。应避免冒号涵盖范围过窄或过宽。

示例:艾滋病有三个传播途径:血液传播,性传播和母婴传播,日常接触是不会传播艾滋病的。(误)

艾滋病有三个传播途径:血液传播,性传播和母婴传播。日常接触是不会传播艾滋病的。(正)

A.6.3 冒号应用在有停顿处,无停顿处不应用冒号。

示例1:他头也不抬,冷冷地问:"你叫什么名字?"(有停顿)

示例2:这事你得拿主意,光说"不知道"怎么行?(无停顿)

A.7 引号用法补充规则

"丛刊""文库""系列""书系"等作为系列著作的选题名,宜用引号标引。当"丛刊"等为选题名的一部分时,放在引号之内,反之则放在引号之外。

示例1:"汉译世界学术名著丛书"

示例2:"中国哲学典籍文库"

示例3:"20世纪心理学通览"丛书

A.8 括号用法补充规则

括号可分为句内括号和句外括号。句内括号用于注释句子里的某些词语,即本身就是句子的一部分,应紧跟在被注释的词语之后。句外括号则用于注释句子、句群或段落,即本身结构独立,不属于前面的句子、句群或段落,应位于所注释语段的句末点号之后。

示例:标点符号是辅助文字记录语言的符号,是书面语的有机组成部分,用来表示语句的停顿、语气以及标示某些成分(主要是词语)的特定性质和作用。(数学符号、货币符号、校勘符号等特殊领域的专门符号不属于标点符号。)

A.9 省略号用法补充规则

A.9.1 不能用多于两个省略号(多于12点)连在一起表示省略。省略号须与多点连续的连号相区别(后者主要是用于表示目录中标题和页码对应和连接的专门符号)。

A.9.2 省略号和"等""等等""什么的"等词语不能同时使用。在需要读出来的地方用"等""等等""什么的"等词语,不用省略号。

示例:含有铁质的食物有猪肝、大豆、油菜、菠菜……等。(误)

含有铁质的食物有猪肝、大豆、油菜、菠菜等。(正)

A.10 着重号用法补充规则

不应使用文字下加直线或波浪线等形式表示着重。文字下加直线为专名号形式(4.16);文字下加浪纹线是特殊书名号(A.13.6)。着重号的形式统一为相应项目下加小圆点。

示例:下面对本文的理解,<u>不正确</u>的一项是(误)

下面对本文的理解,不正确的一项是(正)

A.11 连接号用法补充规则

浪纹线连接号用于标示数值范围时,在不引起歧义的情况下,前一数值附加符号或计量单位可省略。

示例:5 公斤～100 公斤(正)

　　　5～100 公斤(正)

A.12　间隔号用法补充规则

当并列短语构成的标题中已用间隔号隔开时,不应再用"和"类连词。

示例:《水星·火星和金星》(误)

　　　《水星·火星·金星》(正)

A.13　书名号用法补充规则

A.13.1　不能视为作品的课程、课题、奖品奖状、商标、证照、组织机构、会议、活动等名称,不应用书名号。下面均为书名号误用的示例:

示例1:下学期本中心将开设《现代企业财务管理》《市场营销》两门课。

示例2:明天将召开《关于"两保两找"的多视觉理论思考》课题立项会。

示例3:本市将向70岁以上(含70岁)老年人颁发《老年证》。

示例4:本校共获得《最佳印象》《自我审美》《卡拉OK》等六个奖项。

示例5:《闪光》牌电池经久耐用。

示例6:《文史杂志社》编辑力量比较雄厚。

示例7:本市将召开《全国食用天然色素应用研讨会》。

示例8:本报将于今年暑假举行《墨宝杯》书法大赛。

A.13.2　有的名称应根据指称意义的不同确定是否用书名号。如文艺晚会指一项活动时,不用书名号;而特指一种节目名称时,可用书名号。再如展览作为一种文化传播的组织形式时,不用书名号;特定情况下将某项展览作为一种创作的作品时,可用书名号。

示例1:2008年重阳联欢晚会受到观众的称赞和好评。

示例2:本台将重播《2008年重阳联欢晚会》。

示例3:"雪域明珠——中国西藏文化展"今天隆重开幕。

示例4:《大地飞歌艺术展》是一部大型现代艺术作品。

A.13.3　书名后面表示该作品所属类别的普通名词不标在书名号内。

示例:《我们》杂志

A.13.4　书名有时带有括注。如果括注是书名、篇名等的一部分,应放在书名号之内,反之则应放在书名号之外。

示例1:《琵琶行(并序)》

示例2:《中华人民共和国民事诉讼法(试行)》

示例3:《新政治协商会议筹备会组织条例(草案)》

示例4:《百科知识》(彩图本)

示例5:《人民日报》(海外版)

A.13.5　书名、篇名末尾如有叹号或问号,应放在书名号之内。

示例1:《日记何罪!》

示例2:《如何做到同工又同酬?》

A.13.6　在古籍或某些文史类著作中,为与专名号配合,书名号也可改用浪线式"～～～",标注在书名下方。这可以看作是特殊的专名号或特殊的书名号。

A.14 分隔号用法补充规则

分隔号又称正斜线号,须与反斜线号"\"相区别(后者主要是用于编写计算机程序的专门符号)。使用分隔号时,紧贴着分隔号的前后通常不用点号。

附 录 B
（资料性附录）
标点符号若干用法的说明

B.1 易混标点符号用法比较

B.1.1 逗号、顿号表示并列词语之间停顿的区别

逗号和顿号都表示停顿,但逗号表示的停顿长,顿号表示的停顿短。并列词语之间的停顿一般用顿号,但当并列词语较长或其后有语气词时,为了表示稍长一点的停顿,也可以用逗号。

示例1：我喜欢吃的水果有苹果、桃子、香蕉和菠萝。

示例2：我们需要了解全局和局部的统一,必然和偶然的统一,本质和现象的统一。

示例3：看游记最难弄清位置和方向,前啊,后啊,左啊,右啊,看了半天,还是不明白。

B.1.2 逗号、顿号在表示列举省略的"等""等等"之类词语前的使用

并列成分之间用顿号,末尾的并列成分之后用"等""等等"之类词语时,"等"类词前不用顿号或其他点号;并列成分之间用逗号,末尾的并列成分之后用"等"类词时,"等"类词前应用逗号。

示例1：现代生物学、物理学、化学、数学等基础科学的发展,带动了医学科学的进步。

示例2：写文章前要想好,文章的主题是什么,用哪些材料,哪些详写,哪些略写,等等。

B.1.3 逗号、分号表示分句间停顿的区别

当复句的表述不复杂、层次不多,相连的分句语气比较紧凑,分句内部也没有使用逗号表示停顿时,分句间的停顿多用逗号。当用逗号不易分清多重复句内部的层次(如分句内部已有逗号),而用句号又可能割裂前后关系的地方,应用分号表示停顿。

示例1：她拿起钥匙,开了箱子上的锁,又开了首饰盒上的锁,往老地方放钱。

示例2：纵比,即以一事物的各个发展阶段作比;横比,则以此事物与彼事物相比。

B.1.4 顿号、逗号、分号在标示层次关系时的区别

句内点号中,顿号表示的停顿最短、层次最低,通常只能表示并列词语之间的停顿;分号表示的停顿最长、层次最高,可以用来表示复句的第一层分句之间的停顿;逗号介于两者之间,既可表示并列词语之间的停顿,也可表示复句中分句之间的停顿。若分句内部已用逗号,分句之间就应用分号(见 B.1.3 示例2)。用分号隔开的几个并列分句不能由逗号统领或总结。

示例1：有的学会烤烟,自己做挺讲究的纸烟和雪茄;有的学会蔬菜加工,做的番茄酱能吃到冬天;有的学会蔬菜腌渍、窖藏,使秋菜接上春菜。

示例2：动物吃植物的方式多种多样,有的是把整个植物吃掉,如原生动物;有的是把植物的大部分吃掉,如鼠类;有的是吃掉植物的要害部位,如鸟类吃掉植物的嫩芽。(误)

动物吃植物的方式多种多样:有的是把整个植物吃掉,如原生动物;有的是把植物的大部分吃掉,如鼠类;有的是吃掉植物的要害部位,如鸟类吃掉植物的嫩芽。(正)

B.1.5 冒号、逗号用于"说""道"之类词语后的区别

位于引文之前的"说""道"后用冒号。位于引文之后的"说""道"分两种情况:处于句末时,其后用句号;"说""道"后还有其他成分时,其后用逗号。插在话语中间的"说""道"类词语后只能用逗号表示停顿。

示例1:他说:"晚上就来家里吃饭吧。"

示例2:"我真的很期待。"他说。

示例3:"我有件事忘了说……"他说,表情有点为难。

示例4:"现在请皇上脱下衣服,"两个骗子说,"好让我们为您换上新衣。"

B.1.6 不同点号表示停顿长短的排序

各种点号都表示说话时的停顿。句号、问号、叹号都表示句子完结,停顿最长。分号用于复句的分句之间,停顿长度介于句末点号和逗号之间,而短于冒号。逗号表示一句话中间的停顿,又短于分号。顿号用于并列词语之间,停顿最短。通常情况下,各种点号表示的停顿由长到短为:句号=问号=叹号>冒号(指涵盖范围为一句话的冒号)>分号>逗号>顿号。

B.1.7 破折号与括号表示注释或补充说明时的区别

破折号用于表示比较重要的解释说明,这种补充是正文的一部分,可与前后文连读;而括号表示比较一般的解释说明,只是注释而非正文,可不与前后文连读。

示例1:在今年——农历虎年,必须取得比去年更大的成绩。

示例2:哈雷在牛顿思想的启发下,终于认出了他所关注的彗星(该星后人称为哈雷彗星)。

B.1.8 书名号、引号在"题为……""以……为题"格式中的使用

"题为……""以……为题"中的"题",如果是诗文、图书、报告或其他作品可作为篇名、书名看待时,可用书名号;如果是写作、科研、辩论、谈话的主题,非特定作品的标题,应用引号。即"题为……""以……为题"中的"题"应根据其类别分别按书名号和引号的用法处理。

示例1:有篇题为《柳宗元的诗》的文章,全文才2 000字,引文不实却达11处之多。

示例2:今天一个以"地球·人口·资源·环境"为题的大型宣传活动在此间举行。

示例3:《我的老师》写于1956年9月,是作者应《教师报》之约而写的。

示例4:"我的老师"这类题目,同学们也许都写过。

B.2 两个标点符号连用的说明

B.2.1 行文中表示引用的引号内外的标点用法

当引文完整且独立使用,或虽不独立使用但带有问号或叹号时,引号内句末点号应保留。除此之外,引号内不用句末点号。当引文处于句子停顿处(包括句子末尾)且引号内未使用点号时,引号外应使用点号;当引文位于非停顿处或者引号内已使用句末点号时,引号外不用点号。

示例1:"沉舟侧畔千帆过,病树前头万木春。"他最喜欢这两句诗。

示例2:书价上涨令许多读者难以接受,有些人甚至发出"还买得起书吗?"的疑问。

示例3:他以"条件还不成熟,准备还不充分"为由,否决了我们的提议。

示例4：你这样"明日复明日"地要拖到什么时候?

示例5：司马迁为了完成《史记》的写作,使之"藏之名山",忍受了人间最大的侮辱。

示例6：在施工中要始终坚持"把质量当生命"。

示例7："言之无文,行而不远"这句话,说明了文采的重要。

示例8：俗话说："墙头一根草,风吹两边倒。"用这句话来形容此辈再恰当不过。

B.2.2 行文中括号内外的标点用法

括号内行文末尾需要时可用问号、叹号和省略号。除此之外,句内括号行文末尾通常不用标点符号。句外括号行文末尾是否用句号由括号内的语段结构决定:若语段较长、内容复杂,应用句号。句内括号外是否用点号取决于括号所处位置:若句内括号处于句子停顿处,应用点号。句外括号外通常不用点号。

示例1：如果不采取(但应如何采取呢?)十分具体的控制措施,事态将进一步扩大。

示例2：3分钟过去了(仅仅才3分钟!),从眼前穿梭而过的出租车竟达32辆!

示例3：她介绍时用了一连串比喻(有的状如树枝,有的貌似星海……),非常形象。

示例4：科技协作合同(包括科研、试制、成果推广等)根据上级主管部门或有关部门的计划签订。

示例5：应把夏朝看作原始公社向奴隶制国家过渡时期。(龙山文化遗址里,也有俯身葬。俯身者很可能就是奴隶。)

示例6：问:你对你不喜欢的上司是什么态度?

答:感情上疏远,组织上服从。(掌声,笑声)

示例7：古汉语(特别是上古汉语),对于我来说,有着常人无法想象的吸引力。

示例8：由于这种推断尚未经过实践的考验,我们只能把它作为假设(或假说)提出来。

示例9：人际交往过程就是使用语词传达意义的过程。(严格说,这里的"语词"应为语词指号。)

B.2.3 破折号前后的标点用法

破折号之前通常不用点号;但根据句子结构和行文需要,有时也可分别使用句内点号或句末点号。破折号之后通常不会紧跟着使用其他点号;但当破折号表示语音的停顿或延长时,根据语气表达的需要,其后可紧接问号或叹号。

示例1：小妹说:"我现在工作得挺好,老板对我不错,工资也挺高。——我能抽支烟吗?"(表示话题的转折)

示例2：我不是自然主义者,我主张文学高于现实,能够稍稍居高临下地去看现实,因为文学的任务不仅在于反映现实。光描写现存的事物还不够,还必须记住我们所希望的和可能产生的事物。必须使现象典型化。应该把微小而有代表性的事物写成重大的和典型的事物。——这就是文学的任务。(表示对前几句话的总结)

示例3："是他——?"石一川简直不敢相信自己的耳朵。

示例4："我终于考上大学啦! 我终于考上啦——!"金石开兴奋得快要晕过去了。

B.2.4 省略号前后的标点用法

省略号之前通常不用点号。以下两种情况例外:省略号前的句子表示强烈语气、句末使用问号或叹号时;省略号前不用点号就无法标示停顿或表明结构关系时。省略号之后通常也不用点号,但当句末表达强烈的语气或感情时,可在省略号后用问号或叹号;当省略号后还有别的话、省略的文字和后面的话不连续且有停顿时,应在省略号后用点号;当表示特定格式的成分虚缺时,省略号后可用点号。

示例1:想起这些,我就觉得一辈子都对不起你。你对梁家的好,我感激不尽!……

示例2:他进来了,……一身军装,一张朴实的脸,站在我们面前显得很高大、很年轻。

示例3:这,这是……?

示例4:动物界的规矩比人类还多,野骆驼、野猪、黄羊……,直至塔里木兔、跳鼠,都是各行其路,决不混淆。

示例5:大火被渐渐扑灭,但一片片油污又旋即出现在遇难船旁……。清污船迅速赶来,并施放围栏以控制油污。

示例6:如果……,那么……。

B.3 序次语之后的标点用法

B.3.1 "第""其"字头序次语,或"首先""其次""最后"等做序次语时,后用逗号(见4.4.3.3)。

B.3.2 不带括号的汉字数字或"天干地支"做序次语时,后用顿号(见4.5.3.2)。

B.3.3 不带括号的阿拉伯数字、拉丁字母或罗马数字做序次语时,后面用下脚点(该符号属于外文的标点符号)。

示例1:总之,语言的社会功能有三点:1.传递信息,交流思想;2.确定关系,调节关系;3.组织生活,组织生产。

示例2:本课一共讲解三个要点:A.生理停顿;B.逻辑停顿;C.语法停顿。

B.3.4 加括号的序次语后面不用任何点号。

示例1:受教育者应履行以下义务:(一)遵守法律、法规;(二)努力学习,完成规定的学习任务;(三)遵守所在学校或其他教育机构的制度。

示例2:科学家很重视下面几种才能:(1)想象力;(2)直觉的理解力;(3)数学能力。

B.3.5 阿拉伯数字与下脚点结合表示章节关系的序次语末尾不用任何点号。

示例:3 停顿
  3.1 生理停顿
  3.2 逻辑停顿

B.3.6 用于章节、条款的序次语后宜用空格表示停顿。

示例:第一课 春天来了

B.3.7 序次简单、叙述性较强的序次语后不用标点符号。

示例:语言的社会功能共有三点:一是传递信息;二是确定关系;三是组织生活。

B.3.8 同类数字形式的序次语,带括号的通常位于不带括号的下一层。通常第一层是带有顿号的汉字数字;第二层是带括号的汉字数字;第三层是带下脚点的阿拉伯数字;第四层是带括号的阿拉伯数字;再往下可以是带圈的阿拉伯数字或小写拉丁字母。一般可根据文章特点选择从某一层序次语开始行文,选定之后应顺着序次语的层次向下行文,但使用层次较低的序次语之后不宜反过来再使用层次更高的序次语。

示例:一、……
  (一)……
    1.……
      (1)……
        ①/a.……

B.4 文章标题的标点用法

文章标题的末尾通常不用标点符号,但有时根据需要可用问号、叹号或省略号。

示例1:看看电脑会有多聪明,让它下盘围棋吧

示例2:猛龙过江:本店特色名菜

示例3:严防"电脑黄毒"危害少年

示例4:回家的感觉真好
　　　　——访大赛归来的本市运动员

示例5:里海是湖,还是海?

示例6:人体也是污染源!

示例7:和平协议签署之后……

第一批异形词整理表

(中华人民共和国教育部 国家语言文字工作委员会2001年12月19日发布,2002年3月31日试行)

说　明

1. 本表研制过程中,用《人民日报》1995—2000年全部作品作语料对异形词进行词频统计和分析,并逐条进行人工干预,尽可能排除电脑统计的误差,部分异形词还用《人民日报》1987—1995年语料以及1996—1997年的66种社会科学杂志和158种自然科学杂志的语料进行了抽样复查。同时参考了《现代汉语词典》《汉语大词典》《辞海》《新华词典》《现代汉语规范字典》等工具书和有关讨论异形词的文章。

2. 每组异形词破折号前为选取的推荐词形。表中需要说明的个别问题,以注释方式附在表后。

3. 本表所收的条目按首字的汉语拼音音序排列,同音的按笔画数由少到多排列。

4. 附录中列出的非规范词形置于圆括号内,已淘汰的异体字和已简化的繁体字在左上角用"＊"号标明。

A

按捺—按纳 ànnà　　　　　　　　按语—案语 ànyǔ

B

百废俱兴—百废具兴 bǎifèi-jùxīng　　辈分—辈份 bèifèn

百叶窗—百页窗 bǎiyèchuāng　　　本分—本份 běnfèn

斑白—班白、颁白 bānbái　　　　　笔画—笔划 bǐhuà

斑驳—班驳 bānbó　　　　　　　　毕恭毕敬—必恭必敬 bìgōng-bìjìng

孢子—胞子 bāozǐ　　　　　　　　编者按—编者案 biānzhě'àn

保镖—保镳 bǎobiāo　　　　　　　扁豆—萹豆、稨豆、藊豆 biǎndòu

保姆—保母、褓姆 bǎomǔ　　　　　标志—标识 biāozhì

鬓角—鬓脚 bìnjiǎo　　　　　　　　　补丁—补靪、补钉 bǔding
秉承—禀承 bǐngchéng

C

参与—参预 cānyù　　　　　　　　　成分—成份 chéngfèn
惨淡—惨澹 cǎndàn　　　　　　　　澄澈—澄彻 chéngchè
差池—差迟 chāchí　　　　　　　　侈靡—侈糜 chǐmí
掺和—搀和 chānhuo①　　　　　　筹划—筹画 chóuhuà
掺假—搀假 chānjiǎ　　　　　　　筹码—筹马 chóumǎ
掺杂—搀杂 chānzá　　　　　　　踌躇—踌蹰 chóuchú
铲除—划除 chǎnchú　　　　　　　出谋划策—出谋画策 chūmóu-huàcè
徜徉—倘佯 chángyáng　　　　　　喘吁吁—喘嘘嘘 chuǎnxūxū
车厢—车箱 chēxiāng　　　　　　　瓷器—磁器 cíqì
彻底—澈底 chèdǐ　　　　　　　　赐予—赐与 cìyǔ
沉思—沈思 chénsī②　　　　　　　粗鲁—粗卤 cūlǔ
称心—趁心 chènxīn

D

搭档—搭当、搭挡 dādàng　　　　跌宕—跌荡 diēdàng
搭讪—搭赸、答讪 dāshàn　　　　跌跤—跌交 diējiāo
答复—答覆 dáfù　　　　　　　　喋血—蹀血 diéxuè
戴孝—带孝 dàixiào　　　　　　　叮咛—丁宁 dīngníng
担心—耽心 dānxīn　　　　　　　订单—定单 dìngdān⑤
担忧—耽忧 dānyōu　　　　　　　订户—定户 dìnghù
耽搁—担搁 dānge　　　　　　　　订婚—定婚 dìnghūn
淡泊—澹泊 dànbó　　　　　　　订货—定货 dìnghuò
淡然—澹然 dànrán　　　　　　　订阅—定阅 dìngyuè
倒霉—倒楣 dǎoméi　　　　　　　斗拱—枓拱、枓栱 dǒugǒng
低回—低徊 dīhuí③　　　　　　　逗留—逗遛 dòuliú
凋敝—雕敝、雕弊 diāobì④　　　　逗趣儿—斗趣儿 dòuqùr
凋零—雕零 diāolíng　　　　　　独角戏—独脚戏 dújiǎoxì
凋落—雕落 diāoluò　　　　　　　端午—端五 duānwǔ
凋谢—雕谢 diāoxiè

E

二黄—二簧 èrhuáng　　　　　　　二心—贰心 èrxīn

F

发酵—酦酵 fājiào　　　　　　　　发人深省—发人深醒 fārén-shēnxǐng

繁衍—蕃衍 fányǎn
吩咐—分付 fēn·fù
分量—份量 fènliàng
分内—份内 fènnèi
分外—份外 fènwài
分子—份子 fènzǐ ⑥
愤愤—忿忿 fènfèn
丰富多彩—丰富多采 fēngfù-duōcǎi
风瘫—疯瘫 fēngtān

疯癫—疯颠 fēngdiān
锋芒—锋铓 fēngmáng
服侍—伏侍、服事 fúshi
服输—伏输 fúshū
服罪—伏罪 fúzuì
负隅顽抗—负嵎顽抗 fùyú-wánkàng
附会—傅会 fùhuì
复信—覆信 fùxìn
覆辙—复辙 fùzhé

G

干预—干与 gānyù
告诫—告戒 gàojiè
耿直—梗直、鲠直 gěngzhí
恭维—恭惟 gōng·wéi
勾画—勾划 gōuhuà
勾连—勾联 gōulián
孤苦伶仃—孤苦零丁 gūkǔ-língdīng
辜负—孤负 gūfù
古董—骨董 gǔdǒng

股份—股分 gǔfèn
骨瘦如柴—骨瘦如豺 gǔshòu-rúchái
关联—关连 guānlián
光彩—光采 guāngcǎi
归根结底—归根结柢 guīgēn-jiédǐ
规诫—规戒 guījiè
鬼哭狼嚎—鬼哭狼嗥 guǐkū-lángháo
过分—过份 guòfèn

H

蛤蟆—虾蟆 háma
含糊—含胡 hánhu
含蓄—涵蓄 hánxù
寒碜—寒伧 hánchen
喝彩—喝采 hècǎi
喝倒彩—喝倒采 hèdàocǎi
轰动—哄动 hōngdòng
弘扬—宏扬 hóngyáng
红彤彤—红通通 hóngtōngtōng
宏论—弘论 hónglùn
宏图—弘图、鸿图 hóngtú
宏愿—弘愿 hóngyuàn
宏旨—弘旨 hóngzhǐ

洪福—鸿福 hóngfú
狐臭—胡臭 húchòu
蝴蝶—胡蝶 húdié
糊涂—胡涂 hútu
琥珀—虎魄 hǔpò
花招—花着 huāzhāo
划拳—豁拳、搳拳 huáquán
恍惚—恍忽 huǎnghū
辉映—晖映 huīyìng
溃脓—殨脓 huìnóng
浑水摸鱼—混水摸鱼 húnshuǐ-mōyú
伙伴—火伴 huǒbàn

J

机灵—机伶 jīling
激愤—激忿 jīfèn

计划—计画 jìhuà
纪念—记念 jìniàn

寄予—寄与 jìyǔ
夹克—茄克 jiākè
嘉宾—佳宾 jiābīn
驾驭—驾御 jiàyù
架势—架式 jiàshi
嫁妆—嫁装 jiàzhuang
简练—简炼 jiǎnliàn
骄奢淫逸—骄奢淫佚 jiāoshē-yínyì
角门—脚门 jiǎomén

狡猾—狡滑 jiǎohuá
脚跟—脚根 jiǎogēn
叫花子—叫化子 jiàohuāzi
精彩—精采 jīngcǎi
纠合—鸠合 jiūhé
纠集—鸠集 jiūjí
就座—就坐 jiùzuò
角色—脚色 juésè

K

克期—刻期 kèqī
克日—刻日 kèrì

刻画—刻划 kèhuà
阔佬—阔老 kuòlǎo

L

褴褛—蓝缕 lánlǚ
烂漫—烂缦、烂熳 lànmàn
狼藉—狼籍 lángjí
榔头—狼头、鎯头 lángtou
累赘—累坠 léizhui
黧黑—黎黑 líhēi
连贯—联贯 liánguàn
连接—联接 liánjiē
连绵—联绵 liánmián⑦
连缀—联缀 liánzhuì
联结—连结 liánjié
联袂—连袂 liánmèi
联翩—连翩 liánpiān

踉跄—踉蹡 liàngqiàng
嘹亮—嘹喨 liáoliàng
缭乱—撩乱 liáoluàn
伶仃—零丁 língdīng
囹圄—囹圉 língyǔ
溜达—蹓跶 liūda
流连—留连 liúlián
喽啰—喽罗、偻㑩 lóu·luó
鲁莽—卤莽 lǔmǎng
录像—录象、录相 lùxiàng
络腮胡子—落腮胡子 luòsāi-húzi
落寞—落漠、落莫 luòmò

M

麻痹—麻痹 mábì
麻风—麻疯 máfēng
麻疹—痲疹 mázhěn
马蜂—蚂蜂 mǎfēng
马虎—马糊 mǎhu
门槛—门坎 ménkǎn
靡费—糜费 mífèi
绵连—绵联 miánlián
腼腆—靦觍 miǎntiǎn

模仿—摹仿 mófǎng
模糊—模胡 móhu
模拟—摹拟 mónǐ
摹写—模写 móxiě
摩擦—磨擦 mócā
摩拳擦掌—磨拳擦掌 móquán-cāzhǎng
磨难—魔难 mónàn
脉脉—眽眽 mòmò
谋划—谋画 móuhuà

N

那么—那末 nàme
内讧—内哄 nèihòng
凝练—凝炼 níngliàn

牛仔裤—牛崽裤 niúzǎikù
纽扣—钮扣 niǔkòu

P

扒手—掱手 páshǒu
盘根错节—蟠根错节 pángēn-cuòjié
盘踞—盘据、蟠踞、蟠据 pánjù
盘曲—蟠曲 pánqū
盘陀—盘陁 pántuó
磐石—盘石、蟠石 pánshí
蹒跚—盘跚 pánshān
彷徨—旁皇 pánghuáng

披星戴月—披星带月 pīxīng-dàiyuè
疲沓—疲塌 píta
漂泊—飘泊 piāobó
漂流—飘流 piāoliú
飘零—漂零 piāolíng
飘摇—飘飖 piāoyáo
凭空—平空 píngkōng

Q

牵连—牵联 qiānlián
憔悴—蕉萃 qiáocuì
清澈—清彻 qīngchè

情愫—情素 qíngsù
拳拳—惓惓 quánquán
劝诫—劝戒 quànjiè

R

热乎乎—热呼呼 rèhūhū
热乎—热呼 rèhu
热衷—热中 rèzhōng

人才—人材 réncái
日食—日蚀 rìshí
入座—入坐 rùzuò

S

色彩—色采 sècǎi
杀一儆百—杀一警百 shāyī-jǐngbǎi
鲨鱼—沙鱼 shāyú
山楂—山查 shānzhā
舢板—舢舨 shānbǎn
艄公—梢公 shāogōng
奢靡—奢糜 shēmí
申雪—伸雪 shēnxuě
神采—神彩 shéncǎi

湿漉漉—湿渌渌 shīlūlū
什锦—十锦 shíjǐn
收服—收伏 shōufú
首座—首坐 shǒuzuò
书简—书柬 shūjiǎn
双簧—双鐄 shuānghuáng
思维—思惟 sīwéi
死心塌地—死心踏地 sǐxīn-tādì

T

踏实—塌实 tāshi
甜菜—菾菜 tiáncài

铤而走险—挺而走险 tǐng'érzǒuxiǎn
透彻—透澈 tòuchè

图像—图象 túxiàng　　　　　　　推诿—推委 tuīwěi

W

玩意儿—玩艺儿 wányìr　　　　　毋宁—无宁 wúnìng
魍魉—蝄蜽 wǎngliǎng　　　　　毋庸—无庸 wúyōng
诿过—委过 wěiguò　　　　　　五彩缤纷—五采缤纷 wǔcǎi-bīnfēn
乌七八糟—污七八糟 wūqībāzāo　五劳七伤—五痨七伤 wǔláo-qīshāng
无动于衷—无动于中 wúdòngyúzhōng

X

息肉—瘜肉 xīròu　　　　　　　相貌—像貌 xiàngmào
稀罕—希罕 xīhan　　　　　　　潇洒—萧洒 xiāosǎ
稀奇—希奇 xīqí　　　　　　　小题大做—小题大作 xiǎotí-dàzuò
稀少—希少 xīshǎo　　　　　　卸载—卸儎 xièzài
稀世—希世 xīshì　　　　　　　信口开河—信口开合 xìnkǒu-kāihé
稀有—希有 xīyǒu　　　　　　　惺松—惺松 xīngsōng
翕动—噏动 xīdòng　　　　　　秀外慧中—秀外惠中 xiùwài-huìzhōng
洗练—洗炼 xǐliàn　　　　　　　序文—叙文 xùwén
贤惠—贤慧 xiánhuì　　　　　　序言—叙言 xùyán
香醇—香纯 xiāngchún　　　　　训诫—训戒 xùnjiè
香菇—香菰 xiānggū

Y

压服—压伏 yāfú　　　　　　　渔具—鱼具 yújù
押韵—压韵 yāyùn　　　　　　渔网—鱼网 yúwǎng
鸦片—雅片 yāpiàn　　　　　　与会—预会 yùhuì
扬琴—洋琴 yángqín　　　　　与闻—预闻 yùwén
要么—要末 yàome　　　　　　驭手—御手 yùshǒu
夜宵—夜消 yèxiāo　　　　　　预备—豫备 yùbèi⑧
一锤定音——槌定音 yīchuí-dìngyīn　原来—元来 yuánlái
一股脑儿——古脑儿 yīgǔnǎor　　原煤—元煤 yuánméi
衣襟—衣衿 yījīn　　　　　　　原原本本—源源本本、元元本本
衣着—衣著 yīzhuó　　　　　　　　yuányuán-běnběn
义无反顾—义无返顾 yìwúfǎngù　缘故—原故 yuángù
淫雨—霪雨 yínyǔ　　　　　　　缘由—原由 yuányóu
盈余—赢余 yíngyú　　　　　　月食—月蚀 yuèshí
影像—影象 yǐngxiàng　　　　　月牙—月芽 yuèyá
余晖—余辉 yúhuī　　　　　　芸豆—云豆 yúndòu

Z

杂沓—杂遝 zátà
再接再厉—再接再砺 zàijiē-zàilì
崭新—斩新 zhǎnxīn
辗转—展转 zhǎnzhuǎn
战栗—颤栗 zhànlì ⑨
账本—帐本 zhàngběn ⑩
折中—折衷 zhézhōng
这么—这末 zhème
正经八百—正经八摆 zhèngjīng-bābǎi
芝麻—脂麻 zhīma
肢解—支解、枝解 zhījiě

直截了当—直捷了当、直接了当 zhíjié-liǎodàng
指手画脚—指手划脚 zhǐshǒu-huàjiǎo
周济—賙济 zhōujì
转悠—转游 zhuànyou
装潢—装璜 zhuānghuáng
孜孜—孳孳 zīzī
姿势—姿式 zīshì
仔细—子细 zǐxì
自个儿—自各儿 zìgěr
佐证—左证 zuǒzhèng

【注释】

① "掺""搀"实行分工："掺"表混合义，"搀"表搀扶义。

② "沉"本为"沈"的俗体，后来"沉"字成了通用字，与"沈"并存并用，并形成了许多异形词，如"沉没—沈没|沉思—沈思|深沉—深沈"等。现在"沈"只读 shěn，用于姓氏。地名沈阳的"沈"是"渖"的简化字。表示"沉没"及其引申义，现在一般写作"沉"，读 chén。

③ 《普通话异读词审音表》审定"徊"统读 huái。"低回"一词只读 dīhuí，不读 dīhuái。

④ "凋""雕"古代通用，1955 年《第一批异体字整理表》曾将"凋"作为"雕"的异体字予以淘汰。1988 年《现代汉语通用字表》确认"凋"为规范字，表示"凋谢"及其引申义。

⑤ "订""定"二字中古时本不同音，演变为同音字后，才在"预先、约定"的义项上通用，形成了一批异形词。不过近几十年二字在此共同义项上又发生了细微的分化："订"多指事先经过双方商讨的，只是约定，并非确定不变的；"定"侧重在确定，不轻易变动。故有些异形词现已分化为近义词，但本表所列的"订单—定单"等仍为全等异形词，应依据通用性原则予以规范。

⑥ 此词是指属于一定阶级、阶层、集团或具有某种特征的人，如"地主～|知识～|先进～"。与分母相对的"分子"、由原子构成的"分子"（读 fēnzǐ）、凑份子送礼的"份子"（读 fènzi），音、义均不同，不可混淆。

⑦ "联绵字""联绵词"中的"联"不能改写为"连"。

⑧ "预""豫"二字，古代在"预先、约定"的意义上通用，故形成了"预备—豫备|预防—豫防|预感—豫感|预期—豫期"等 20 多组异形词。现在此义项已完全由"预"承担。但考虑到鲁迅等名家习惯用"豫"，他们的作品影响深远，故列出一组特作说明。

⑨ "颤"有两读，读 zhàn 时，表示人发抖，与"战"相通；读 chàn 时，主要表物体轻微振动，也可表示人发抖，如"颤动"既可用于物，也可用于人。什么时候读 zhàn，什么时候读 chàn，很难从意义上把握，统一写作"颤"必然会给读音带来一定困难，故宜根据目前大多数人的习惯读音来规范词形，以利于稳定读音，避免混淆。如"颤动、颤抖、颤巍巍、颤音、颤悠、发颤"多读 chàn，写作"颤"；"战栗、打冷战、打战、胆战心惊、冷战、寒战"等词习惯多读 zhàn，写作"战"。

⑩ "账"是"帐"的分化字。古人常把账目记于布帛上悬挂起来以利保存，故称日用的账目为"帐"。后来为了与帷帐分开，另造形声字"账"，表示与钱财有关。"账""帐"并存并用后，形成了几十组异形词。《简化字总表》《现代汉语通用字表》中"账""帐"均收，可见主张分

化。二字分工如下："账"用于货币和货物出入的记载、债务等,如"账本、报账、借账、还账"等;"帐"专表用布、纱、绸子等制成的遮蔽物,如"蚊帐、帐篷、青纱帐(比喻用法)"等。

附:
含有非规范字的异形词(44组)

抵触(＊牴触) dǐchù　　　　　　绿豆(＊菉豆) lǜdòu
抵牾(＊牴牾) dǐwǔ　　　　　　马扎(马＊劄) mǎzhá
喋血(＊啑血) diéxuè　　　　　蒙眬(＊矇眬) ménglóng
仿佛(彷＊佛、髣＊髴) fǎngfú　　蒙蒙(＊濛＊濛) méngméng
飞扬(飞＊颺) fēiyáng　　　　　弥漫(＊瀰漫) mímàn
氛围(＊雰围) fēnwéi　　　　　弥蒙(＊瀰＊濛) míméng
构陷(＊搆陷) gòuxiàn　　　　　迷蒙(迷＊濛) míméng
浩渺(浩＊淼) hàomiǎo　　　　 渺茫(＊淼茫) miǎománg
红果儿(红＊菓儿) hóngguǒr　　飘扬(飘＊颺) piāoyáng
胡同(＊衚＊衕) hútòng　　　　 憔悴(＊顦＊顇) qiáocuì
糊口(＊餬口) húkǒu　　　　　　轻扬(轻＊颺) qīngyáng
蒺藜(蒺＊蔾) jílí　　　　　　　水果(水＊菓) shuǐguǒ
家伙(＊傢伙) jiāhuo　　　　　　趟地(＊蹚地) tāngdì
家具(＊傢具) jiājù　　　　　　趟浑水(＊蹚浑水) tānghúnshuǐ
家什(＊傢什) jiāshi　　　　　 趟水(＊蹚水) tāngshuǐ
侥幸(＊儌＊幸、徼＊幸) jiǎoxìng　纨绔(纨＊袴) wánkù
局促(＊侷促、＊跼促) júcù　　　丫杈(＊桠杈) yāchà
撅嘴(＊噘嘴) juēzuǐ　　　　　丫枝(＊桠枝) yāzhī
克期(＊刻期) kèqī　　　　　　殷勤(＊慇懃) yīnqín
空蒙(空＊濛) kōngméng　　　　札记(＊劄记) zhájì
昆仑(＊崑＊崙) kūnlún　　　　 枝丫(枝＊桠) zhīyā
劳动(劳＊働) láodòng　　　　　跖骨(＊蹠骨) zhígǔ

中国人名汉语拼音字母拼写规则

(GB/T 28039—2011)

1. 范围

本标准规定了使用汉语拼音拼写中国人名的规则,包括汉语人名和少数民族语人名的拼写规则。为了满足应用需要,同时给出了一些特殊场合的变通处理办法。

本标准适用于文化教育、编辑出版、中文信息处理及其他方面的中国人名汉语拼音字母拼写。

2．规范性引用文件

下列文件对于文件的应用是必不可少的。凡是注日期的引用文件，仅注日期的版本适用于本文件。凡是不注日期的引用文件，其最新版本（包括所有的修改单）适用于本文件。

《少数民族语地名汉语拼音字母音译转写法》(1976 年 6 月国家测绘总局、中国文字改革委员会修订)

3．术语和定义

下列术语和定义适用于本文件。

3.1 单姓 mono-character surname

汉语中只有一个字的姓，如张、王、刘、李。

3.2 复姓 multi-character surname

汉语中不止一个字（一般由两个汉字构成）的姓，如欧阳、司马。

3.3 双姓 hyphenated name

汉语中由两个姓（单姓或复姓）并列而成的姓氏组合，如郑李、欧阳陈、周东方等。

4．总则

4.1 中国人名包括汉语姓名和少数民族姓名。汉语姓名按照普通话拼写，少数民族姓名按照民族语读音拼写。

4.2 本标准中的人名主要指正式姓名，即符合一般习惯用法的姓名。

4.3 根据需要，仿姓名的笔名、别名、法名、艺名等，按照正式姓名写法处理。

4.4 个别变通处理办法只适用于限定的特殊场合。

5．拼写规则

5.1 汉语人名拼写规则

5.1.1 正式的汉语人名由姓和名两个部分组成。姓和名分写，姓在前，名在后，姓名中间用空格分开。复姓连写。姓和名的开头字母大写。例如：

Wáng Fāng	王芳	Yáng Wèimín	杨为民
Mǎ Běnzhāi	马本斋	Luó Chángpéi	罗常培
Ōuyáng Wén	欧阳文	Sīmǎ Xiàngnán	司马相南
Lǚ Lüè	吕略	Zhào Píng'ān	赵平安

5.1.2 由双姓组合（并列姓氏）作为姓氏部分，双姓中间加连接号，每个姓氏开头字母大写。例如：

Liú-Yáng Fān　刘杨帆

Zhèng-Lǐ Shūfāng　郑李淑芳

Dōngfāng-Yuè Fēng　东方岳峰

Xiàng-Sītú Wénliáng　项司徒文良

5.1.3 笔名、字（或号）、艺名、法名、代称、技名、帝王名号等，按正式人名写法拼写。

Lǔ Xùn　鲁迅（笔名）

Cáo Xuěqín　曹雪芹（"雪芹"为号）

Gài Jiàotiān　盖叫天(艺名)
Lǔ Zhìshēn　鲁智深("智深"为法名)
Dù Gōngbù　杜工部(代称)
Wáng Tiěrén　王铁人(代称)
Lài Tāngyuán　赖汤圆(技名)
Qín Shǐhuáng　秦始皇(帝王名号)

5.1.4 国际体育比赛等场合,人名可以缩写。汉语人名的缩写,姓全写,首字母大写或每个字母大写,名取每个汉字拼音的首字母,大写,后面加小圆点,声调符号可以省略。例如:

　　Lǐ Xiǎolóng 缩写为:Li X. L. 或 LI X. L. 李小龙
　　Róng Guótuán 缩写为:Rong G. T. 或 RONG G. T. 容国团
　　Zhūgě Zhìchéng 缩写为:Zhuge Z. C. 或 ZHUGE Z. C. 诸葛志成
　　Chén-Yán Ruòshuǐ 缩写为:Chen-Yan R. S. 或 CHEN-YAN R. S. 陈言若水

5.1.5 中文信息处理中的人名索引可以把姓的字母都大写,声调符号可以省略。例如:

　　Zhāng Yǐng 拼写为:ZHANG Ying　张颖
　　Wáng Jiànguó 拼写为:WANG Jianguo　王建国
　　Shàngguān Xiǎoyuè 拼写为:SHANGGUAN Xiaoyue 上官晓月
　　Chén-Fāng Yùméi 拼写为:CHEN-FANG Yumei　陈方玉梅

5.1.6 公民护照上的人名,可以把姓和名的所有字母全部大写,双姓之间可以不加连接号,声调符号、隔音符号可以省略。例如:

　　Liú Chàng 拼写为:LIU CHANG　刘畅
　　Zhōu Jiànjūn 拼写为:ZHOU JIANJUN　周建军
　　Zhào-Lǐ Shūgāng 拼写为:ZHAOLI SHUGANG　赵李书刚
　　Wú Xīng'ēn 拼写为:WU XINGEN　吴兴恩

5.1.7 三音节以内不能分出姓和名的汉语人名,包括历史上已经专名化的称呼,以及笔名、艺名、法名、神名、帝王年号等,连写,开头字母大写。例如:

　　Kǒngzǐ 孔子(专称)
　　Bāogōng 包公(专称)
　　Xīshī 西施(专称)
　　Mèngchángjūn 孟尝君(专称)
　　Bīngxīn 冰心(笔名)
　　Liúshāhé 流沙河(笔名)
　　Hóngxiànnǚ 红线女(艺名)
　　Jiànzhēn 鉴真(法名)
　　Nézha 哪吒(神仙名)
　　Qiánlóng 乾隆(帝王年号)

5.1.8 四音节以上不能分出姓和名的人名,如代称、雅号、神仙名等,按语义结构或语音节律分写,各分开部分开头字母大写。例如:

　　Dōngguō Xiānsheng　东郭先生(代称)
　　Liǔquán Jūshì　柳泉居士(雅号 蒲松龄)
　　Jiànhú Nǚxiá　鉴湖女侠(雅号 秋瑾)

Tàibái Jīnxīng　太白金星（神仙名）

5.2　少数民族语人名拼写规则

5.2.1 少数民族语姓名，按照民族语用汉语拼音字母音译转写，分连次序依民族习惯。音译转写法可以参照《少数民族语地名汉语拼音字母音译转写法》执行。

5.2.2 在一定的场合，可以在少数民族语人名音译转写原文后备注音译汉字及汉字的拼音；也可以先用或仅用音译汉字及汉字的拼音。例如：

　　Ulanhu　（乌兰夫，Wūlánfū）
　　Ngapoi Ngawang Jigme　（阿沛·阿旺晋美，Āpèi Āwàngjìnměi）
　　Seypidin　（赛福鼎，Sàifúdǐng）

6. 特殊问题的变通处理办法

6.1 出版物中常见的著名历史人物、港、澳、台人士、海外华侨及外籍华人、华裔的姓名，以及科技领域各科（动植物、微生物、古生物等）学名命名的中国人名，原来有惯用的拉丁字母拼写法，必要时可以附注在括弧中或注释中。

6.2 根据技术处理的特殊需要，必要的场合（如公民护照、对外文件和书刊等），大写字母 Ü 可以用 YU 代替。例如：

　　Lǚ Hépíng 拼写为：LYU HEPING　吕和平

出版物上数字用法

（GB/T 15835—2011）

1. 范围

　　本标准规定了出版物上汉字数字和阿拉伯数字的用法。

　　本标准适用于各类出版物（文艺类出版物和重排古籍除外）。政府和企事业单位公文，以及教育、媒体和公共服务领域的数字用法，也可参照本标准执行。

2. 规范性引用文件

　　下列文件对于本文件的应用是必不可少的。凡是注日期的引用文件，仅注日期的版本适用于本文件。凡是不注日期的引用文件，其最近版本（包括所有的修改单）适用于本文件。

　　GB/T 7408—2005　数据元和交换格式　信息交换　日期和时间表示法

3. 术语和定义

3.1 计量 measuring

　　将数字用于加、减、乘、除等数学运算。

3.2 编号 numbering

　　将数字用于为事物命名或排序，但不用于数学运算。

3.3 概数 approximate number

用于模糊计量的数字。

4. 数字形式的选用

4.1 选用阿拉伯数字

4.1.1 用于计量的数字

在使用数字进行计量的场合,为达到醒目、易于辨识的效果,应采用阿拉伯数字。

示例1:-125.03　34.05%　63%~68%　1:500　97/108

当数值伴随有计量单位时,如长度、容积、面积、体积、质量、温度、经纬度、音量、频率等等,特别是当计量单位以字母表达时,应采用阿拉伯数字。

示例2:

523.56km(523.56 千米)　　　　　　346.87L(346.87 升)

5.34m^2(5.34 平方米)　　　　　　567mm^3(567 立方毫米)

605g(605 克)　　　　　　　　　　100~150kg(100~150 千克)

34~39℃(34~39 摄氏度)　　　　　北纬 40°(40 度)

120dB(120 分贝)

4.1.2 用于编号的数字

在使用数字进行编号的场合,为达到醒目、易于辨识的效果,应采用阿拉伯数字。

示例:电话号码:98888
　　　邮政编码:100871
　　　通信地址:北京市海淀区复兴路 11 号
　　　电子邮件地址:x186@186.net
　　　网页地址:http://127.0.0.1
　　　汽车号牌:京 A00001
　　　公交车号:302 路公交车
　　　道路编号:101 国道
　　　公文编号:国办发〔1987〕9 号
　　　图书编号:ISBN978-7-80184-224-4
　　　刊物编号:CN11-1399
　　　章节编号:4.1.2
　　　产品型号:PH-3000 型计算机
　　　产品序列号:C84XB-JYVFD-P7HC4-6XKRJ-7M6XH
　　　单位注册号:02050214
　　　行政许可登记编号:0684D10004-828

4.1.3 已定型的含阿拉伯数字的词语

现代社会生活中出现的事物、现象、事件,其名称的书写形式中包含阿拉伯数字,已经广泛使用而稳定下来,应采用阿拉伯数字。

示例:3G 手机　　　　　MP3 播放器
　　　G8 峰会　　　　　维生素 B_{12}
　　　97 号汽油　　　　"5·27"事件
　　　"12·5"枪击案

4.2 选用汉字数字
4.2.1 非公历纪年

干支纪年、农历月日、历史朝代纪年及其他传统上采用汉字形式的非公历纪年等等,应采用汉字数字。

  示例:丙寅年十月十五日
     庚辰年八月五日
     腊月二十三日
     正月初五
     八月十五中秋
     秦文公四十四年
     太平天国庚申十年九月二十四日
     清咸丰十年九月二十日
     藏历阳木龙年八月二十六日
     日本庆应三年

4.2.2 概数

数字连用表示的概数、含"几"的概数,应采用汉字数字。

  示例:三四个月   一二十个
     四十五六岁   五六万套
     五六十年前   几千
     二十几   一百几十
     几万分之一

4.2.3 已定型的含汉字数字的词语

汉语中长期使用已经稳定下来的包含汉字数字形式的词语,应采用汉字数字。

  示例:万一 一律 一旦 三叶虫 四书五经 星期五 四氧化三铁 八国联军
     七上八下 一心一意 不管三七二十一 一方面 二百五 半斤八两 五省一市
     五讲四美 相差十万八千里 八九不离十 白发三千丈 不二法门 二八年华
     五四运动 "一•二八"事变 "一二•九"运动

4.3 选用阿拉伯数字与汉字数字均可

如果表达计量或编号所需要用到的数字个数不多,选择汉字数字还是阿拉伯数字在书写的简洁性和辨识的清晰性两方面没有明显差异时,两种形式均可使用。

  示例1:17号楼(十七号楼)   3倍(三倍)
     76岁(七十六岁)   100多件(一百多件)
     20余次(二十余次)   约300人(约三百人)
     40左右(四十左右)   50上下(五十上下)
     第25页(第二十五页)   第8天(第八天)
     第4季度(第四季度)   50多人(五十多人)
     第45份(第四十五份)   0.5(零点五)
     120周年(一百二十周年)   1/3(三分之一)
     共235位同学(共二百三十五位同学)
     公元前8世纪(公元前八世纪)

第 5 个工作日(第五个工作日)
20 世纪 80 年代(二十世纪八十年代)
公元前 253 年(公元前二五三年)
1997 年 7 月 1 日(一九九七年七月一日)
下午 4 点 40 分(下午四点四十分)
4 个月(四个月)   12 天(十二天)

如果要突出简洁醒目的表达效果,应使用阿拉伯数字;如果要突出庄重典雅的表达效果,应使用汉字数字。

示例 2:北京时间 2008 年 5 月 12 日 14 时 28 分
十一届全国人大一次会议(不写为"11 届全国人大 1 次会议")
六方会谈(不写为"6 方会谈")

在同一场合出现的数字,应遵循"同类别同形式"原则来选择数字的书写形式。如果两数字的表达功能类别相同(比如都是表达年月日时间的数字),或者两数字在上下文中所处的层级相同(比如文章目录中同级标题的编号),应选用相同的形式。反之,如果两数字的表达功能不同,或所处层级不同,可以选用不同的形式。

示例 3:2008 年 8 月 8 日　二〇〇八年八月八日(不写为"二〇〇八年 8 月 8 日")
第一章　第二章……第十二章(不写为"第一章　第二章……第 12 章")
第二章的下一级标题可以用阿拉伯数字编号:2.1,2.2,……

应避免相邻的两个阿拉伯数字造成歧义的情况。

示例 4:高三 3 个班　高三三个班(不写为"高 33 个班")
高三 2 班　高三(2)班(不写为"高 32 班")

有法律效力的文件、公告文件或财务文件中可同时采用汉字数字和阿拉伯数字。

示例 5:2008 年 4 月保险账户结算日利率为万分之一点五七五零(0.015750%)
35.5 元(35 元 5 角　三十五元五角　叁拾伍圆伍角)

5. 数字形式的使用

5.1 阿拉伯数字的使用

5.1.1 多位数

为便于阅读,四位以上的整数或小数,可采用以下两种方式分节:
——第一种方式:千分撇
整数部分每三位一组,以","分节。小数部分不分节。四位以内的整数可以不分节。
示例 1:624,000　92,300,000　19,351,235.235767
1256
——第二种方式:千分空
从小数点起,向左和向右每三位数字一组,组间空四分之一个汉字,即二分之一阿拉伯数字的位置。四位以内的整数可以不加千分空。
示例 2:55 235 367.346 23　98 235 358.238 368
注:各科学技术领域的多位数分节方式参照 GB3101—1993 的规定执行。

5.1.2 纯小数

纯小数必须写出小数点前定位的"0",小数点是齐阿拉伯数字底线的实心点"."。

示例:0.46 不写为.46 或 0。46

5.1.3 数值范围

在表示数值的范围时,可采用浪纹式连接号"～"或一字线连接号"—"。前后两个数值的附加符号或计量单位相同时,在不造成歧义的情况下,前一个数值的附加符号或计量单位可省略。如果省略数值的附加符号或计量单位造成歧义,则不应省略。

示例:－36～－8℃　　　　400—429 页
　　　100—150kg　　　　12 500 元～20 000 元
　　　9 亿～16 亿(不写为 9～16 亿元)
　　　13 万元～17 万元(不写为 13～17 万元)
　　　15%～30%(不写为 15～30%)
　　　$4.3×10^6～5.7×10^6$(不写为 $4.3～5.7×10^6$)

5.1.4 年月日

年月日的表达顺序应按照口语中年月日的自然顺序书写。

示例 1:2008 年 8 月 8 日　　　1997 年 7 月 1 日

"年""月"可按照 GB/T 7408—2005 的 5.2.1.1 中的扩展格式,用"-"替代,但年月日不完整时不能替代。

示例 2:2008-8-8　　　　1997-7-1
　　　8 月 8 日(不写为 8-8)
　　　2008 年 8 月(不写为 2008-8)

四位数字表示的年份不应简写为两位数字。

示例 3:"1990 年"不写为"90 年"

月和日是一位数时,可在数字前补"0"。

示例 4:2008-08-08　　　1997-07-01

5.1.5 时、分、秒

计时方式既可采用 12 小时制,也可采用 24 小时制。

示例 1:11 时 40 分(上午 11 时 40 分)
　　　21 时 12 分 36 秒(晚上 9 时 12 分 36 秒)

时分秒的表达顺序应按照口语中时、分、秒的自然顺序书写。

示例 2:15 时 40 分　　　14 时 12 分 36 秒

"时""分"也可按照 GB/T 7408—2005 的 5.3.1.1 和 5.3.1.2 中的扩展格式,用":"替代。

示例 3:15:40　　　14:12:36

5.1.6 含有月日的专名

含有月日的专名采用阿拉伯数字表示时,应采用间隔号"·"将月、日分开,并在数字前后加引号。

示例:"3·15"消费者权益日

5.1.7 书写格式

5.1.7.1 字体

出版物中的阿拉伯数字,一般应使用正体二分字身,即占半个汉字位置。

示例:234　　57.236

5.1.7.2 换行

一个用阿拉伯数字书写的数值应该在同一行中，避免被断开。

5.1.7.3 竖排文本中的数字方向

竖排文字中的阿拉伯数字按顺时针方向转 90 度。旋转后要保证同一个词语单位的文字方向相同。

> 示例一
> 雪花牌 BCD188 型家用电冰箱容量是一百八十八升，功率为一百二十五瓦，市场售价两千零五十元，返修率仅为百分之零点一五。
>
> 示例二
> 海军 J12 号打捞救生船在太平洋上航行了十三天，于一九九〇年八月六日零时三十分返回基地。

5.2 汉字数字的使用

5.2.1 概数

两个数字连用表示概数时，两数之间不用顿号"、"隔开。

示例：二三米　一两个小时　三五天

　　　一二十个　四十五六岁

5.2.2 年份

年份简写后的数字可以理解为概数时，一般不简写。

示例："一九七八年"不写为"七八年"

5.2.3 含有月日的专名

含有月日的专名采用汉字数字表示时，如果涉及一月、十一月、十二月，应用间隔号"·"将表示月和日的数字隔开，涉及其他月份时，不用间隔号。

示例："一·二八"事变

　　　"一二·九"运动　　五一国际劳动节

5.2.4 大写汉字数字

——大写汉字数字的书写形式

零、壹、贰、叁、肆、伍、陆、柒、捌、玖、拾、佰、仟、万、亿

——大写汉字数字的适用场合

法律文书和财务票据上，应采用大写汉字数字形式记数。

示例：3,504 元（叁仟伍佰零肆圆）

　　　39,148 元（叁万玖仟壹佰肆拾捌圆）

5.2.5 "零"和"〇"

阿拉伯数字"0"有"零"和"〇"两种汉字书写形式。一个数字用作计量时，其中"0"的汉字书写形式为"零"，用作编号时，"0"的汉字书写形式为"〇"。

示例:"3052(个)"的汉字数字形式为"三千零五十二"(不写为"三千〇五十二")

"95.06"的汉字数字形式为"九十五点零六"(不写为"九十五点〇六")

"公元2012(年)"的汉字数字形式为"二〇一二"(不写为"二零一二")

5.3 阿拉伯数字与汉字数字同时使用

如果一个数值很大,数值中的"万""亿"单位可以采用汉字数字,其余部分采用阿拉伯数字。

示例1:我国1982年人口普查人数为10亿零817万5 288人

除上面情况之外的一般数值,不能同时采用阿拉伯数字与汉字数字。

示例2:108可以写作"一百零八",但不应写作"1百零8""一百08"

4 000可以写作"四千",但不应写作"4千"

中文书刊名称汉语拼音拼写法

(GB 3259—92)

1. 主题内容与适用范围

本标准规定了用汉语拼音拼写我国出版的中文书刊名称的方法。

本标准适用于我国正式出版的中文书刊名称的汉语拼音的拼写,也适用于文献资料的信息处理。

国内出版的中文书刊应依照本标准的规定,在封面、或扉页、或封底、或版权页上加注汉语拼音书名、刊名。

2. 术语

汉语拼音正词法:用《汉语拼音方案》拼写现代汉语的规则。《汉语拼音方案》确定了音节的拼写规则。汉语拼音正词法是在《汉语拼音方案》的基础上进一步规定词的拼写方法。

3. 拼写原则

以词为拼写单位,并适当考虑语音、词义等因素,同时考虑词形长短适度。

4. 拼写参考文献

4.1《汉语拼音正词法基本规则》国家教育委员会、国家语言文字工作委员会1988年7月联合公布

4.2《现代汉语词典》《汉语拼音词汇》《汉英词典》

5. 拼写规则

5.1 中文书刊名称拼写基本上以词为书写单位。每个词第一个字母要大写。因设计需要,也可以全用大写。

子夜 Ziye   珍珠 Zhenzhu
长城恋 Changcheng Lian   新工具 Xin Gongju
中国青年 Zhongguo Qingnian
人民日报 Renmin Ribao
幼儿小天地 You'er Xiao Tiandi
行政法概论 Xingzhengfa Gailun
人口经济学 Renkou Jingjixue
散文创作艺术 Sanwen Chuangzuo Yishu

5.2 结合紧密的双音节和三音节的结构（不论词或词组）连写。

海囚 Haiqiu   军魂 Junhun
地火 Dihuo   红楼梦 Hongloumeng
爆破工 Baopogong   资本论 Zibenlun

5.3 四音节以上的表示一个整体概念的名称按词（或语节）分开写，不能按词或语节划分的，全部连写。

线性代数 Xianxing Daishu
汽油发电机 Qiyou Fadianji
中华人民共和国森林法 Zhonghua Renmin Gongheguo Senlinfa
高压架空送电线路机械设计 Gaoya Jiakong Songdian Xianlu Jixie Sheji
微积分学 Weijifenxue
极限环论 Jixianhuanlun
非平衡态统计力学 Feipinghengtai Tongji Lixue

5.4 名词与单音节前加成分和单音节后加成分，连写。

超声波 Chaoshengbo   现代化 Xiandaihua

5.5 虚词与其他语词分写，小写。因设计需要，也可以大写。

水的世界 Shui de Shijie   大地之歌 Dadi zhi Ge
功和能 Gong he Neng   红与黑 Hong yu Hei

5.6 并列结构、缩略语等可以用短横

秦汉史 Qin-Han Shi
英汉词典 Ying-Han Cidian
袖珍真草隶篆四体百家姓 Xiuzhen Zhen-cao-li-zhuan Si Ti Baijiaxing
北京大学和五四运动 Beijing Daxue he Wu-si Yundong
环保通讯 Huan-bao Tongxun
中共党史讲义 Zhong-Gong Dangshi Jiangyi

5.7 汉语人名按姓和名分写，姓和名的开头字母大写。笔名、别名等，按姓名写法处理。

茅盾全集 Mao Dun Quanji
巴金研究专集 Ba Jin Yanjiu Zhuanji
沈从文文集 Shen Congwen Wenji
盖叫天表演艺术 Gai Jiaotian Biaoyan Yishu

已经专名化的称呼，连写，开头大写。

庄子译注 Zhuangzi Yizhu   小包公 Xiao Baogong

5.8 汉语地名专名和通名分写，每一分写部分的第一个字母大写。

  江苏省地图 Jiangsu Sheng Ditu

  九华山 Jiuhua Shan

  话说长江 Huashuo Chang Jiang

5.9 某些地名可用中国地名委员会认可的特殊拼法。

  陕西日报 Shanxi Ribao

5.10 书刊名称中的中国少数民族和外国的人名、地名可以按原文的拉丁字母拼法拼写，也可以按汉字注音拼写。

  成吉思汗的故事 Chengjisihan de Gushi

  怀念班禅大师 Huainian Banchan Dashi

  铁托选集 Tietuo Xuanji

  居里夫人传 Juli Furen Zhuan

  威廉李卜克内西传 Weilian Libukeneixi Zhuan

  在伊犁 Zai Yili

  拉萨游记 Lasa Youji

  巴黎圣母院 Bali Shengmuyuan

  维也纳的旋律 Weiyena de Xuanlü

5.11 数词十一到九十九之间的整数，连写。

  十三女性 Shisan Nüxing

  财政工作三十五年 Caizheng Gongzuo Sanshiwu Nian

  六十年目睹怪现状 Liushi Nian Mudu Guai Xianzhuang

  黄自元楷书九十二法 Huang Ziyuan Kaishu Jiushi'er Fa

5.12 "百""千""亿"与前面的个位数，连写；"万""亿"与前面的十位以上的数，分写。

  美国二百年大事记 Meiguo Erbai Nian Dashiji

  一千零一夜 Yiqian Ling Yi Ye

  十万个为什么 Shi Wan Ge Weishenme

5.13 表示序数的"第"与后面的数词中间，加短横。

  第二国际史 Di-er Guoji Shi

  第三次浪潮 Di-san Ci Langchao

5.14 数词和量词分写。

  一条鱼 Yi Tiao Yu

  两个小伙子 Liang Ge Xiaohuozi

5.15 阿拉伯数字和外文字母照写。

  赠给 18 岁诗人 Zenggei 18 Sui Shiren

  1979—1980 中篇小说选集 1979—1980 Zhongpian Xiaoshuo Xuanji

  BASIC 语言 BASIC Yuyan

  IBM-PC(0520)微型机系统介绍 IBM-PC(0520)Weixingji Xitong Jieshao

5.16 中文书刊的汉语拼音名称一律横写。

普通话异读词审音表

(1985年12月修订)

说 明

一、本表所审,主要是普通话有异读的词和有异读的作为"语素"的字。不列出多音多义字的全部读音和全部义项,与字典、词典形式不同。例如:"和"字有多种义项和读音,而本表仅列出原有异读的八条词语,分列于 hè 和 huo 两种读音之下(有多种读音,较常见的在前。下同);其余无异读的音、义均不涉及。

二、在字后注明"统读"的,表示此字不论用于任何词语中只读一音(轻声变读不受此限),本表不再举出词例。例如:"阀"字注明"fá(统读)",原表"军阀"、"学阀"、"财阀"条和原表所无的"阀门"等词均不再举。

三、在字后不注"统读"的,表示此字有几种读音,本表只审订其中有异读的词语的读音。例如"艾"字本有 ài 和 yì 两音,本表只举"自怨自艾"一词,注明此处读 yì 音;至于 ài 音及其义项,并无异读,不再赘列。

四、有些字有文白二读,本表以"文"和"语"作注。前者一般用于书面语言,用于复音词和文言成语中;后者多用于口语中的单音词及少数日常生活事物的复音词中。这种情况在必要时各举词语为例。例如:"杉"字下注"(一)shān(文):紫～、红～、水～;(二)shā(语):～篙、～木"。

五、有些字除附举词例之外,酌加简单说明,以便读者分辨。说明或按具体字义,或按"动作义"、"名物义"等区分,例如:"畜"字下注"(一)chù(名物义):～力、家～、牲～、幼～;(二)xù(动作义):～产、～牧、～养"。

六、有些字的几种读音中某音用处较窄,另音用处甚宽,则注"除××(较少的词)念乙音外,其他都念甲音",以避免列举词条繁而未尽,挂一漏万的缺点。例如:"结"字下注"除'～了个果子'、'开花～果'、'～巴'、'～实'念 jiē 之外,其他都念 jié"。

七、由于轻声问题比较复杂,除《初稿》涉及的部分轻声词之外,本表一般不予审订,并删去部分原审的轻声词,例如"麻刀(dao)""容易(yi)"等。

八、本表酌增少量有异读的字或词,作了审订。

九、除因第二、六、七各条说明中所举原因而删略的词条之外,本表又删汰了部分词条。主要原因是:1. 现已无异读(如"队伍"、"理会");2. 罕用词语(如"俵分"、"仔密");3. 方言土音(如"归里包堆〔zuī〕"、"告送〔song〕");4. 不常用的文言词语(如"刍荛"、"甗甋");5. 音变现象(如"胡里八涂〔tū〕"、"毛毛腾腾〔tēngtēng〕");6. 重复累赘(如原表"色"字的有关词语分列达23条之多)。删汰条目不再编入。

十、人名、地名的异读审订,除原表已涉及的少量词条外,留待以后再审。

普通话异读词审音表

A

阿(一)ā
　～訇　～罗汉
　～木林　～姨
(二)ē
　～谀　～附
　～胶　～弥陀佛
挨(一)āi
　～个　～近
(二)ái
　～打　～说
癌 ái(统读)
霭 ǎi(统读)
蔼 ǎi(统读)
隘 ài(统读)
谙 ān(统读)
埯 ǎn(统读)
昂 áng(统读)
凹 āo(统读)
拗(一)ào
　～口
(二)niù
　执～　脾气很～
坳 ào(统读)

B

拔 bá(统读)
把 bà
　印～子
白 bái(统读)
膀 bǎng
　翅～
蚌(一)bàng
　蛤～
(二)bèng

～埠
傍 bàng(统读)
磅 bàng
　过～
龅 bāo(统读)
胞 bāo(统读)
薄(一)báo(语)常单
　用,如"纸很～"。
(二)bó(文)多用
　于复音词。
　～弱　稀～
　淡～　尖嘴～舌
　单～　厚～
堡(一)bǎo
　碉～　～垒
(二)bǔ
　～子　吴～
　瓦窑～　柴沟～
(三)pù
　十里～
暴(一)bào
　～露
(二)pù
　一～(曝)十寒
爆 bào(统读)
焙 bèi(统读)
惫 bèi(统读)
背 bèi
　～脊　～静
鄙 bǐ(统读)
俾 bǐ(统读)
笔 bǐ(统读)
比 bǐ(统读)
臂(一)bì
　手～　～膀
(二)bei

胳～
庇 bì(统读)
髀 bì(统读)
避 bì(统读)
辟 bì
　复～
裨 bì
　～补　～益
婢 bì(统读)
痹 bì(统读)
壁 bì(统读)
蝙 biān(统读)
遍 biàn(统读)
骠(一)biāo
　黄～马
(二)piào
　～骑　～勇
傧 bīn(统读)
缤 bīn(统读)
濒 bīn(统读)
殡 bìn(统读)
屏(一)bǐng
　～除　～弃
　～气　～息
(二)píng
　～藩　～风
柄 bǐng(统读)
波 bō(统读)
播 bō(统读)
菠 bō(统读)
剥(一)bō(文)
　～削
(二)bāo(语)
泊(一)bó
　淡～　飘～
　停

(二)pō
　湖～　血～
帛 bó(统读)
勃 bó(统读)
铂 bó(统读)
伯(一)bó
　～～(bo)　老～
(二)bǎi
　大～子(丈夫的哥
　哥)
箔 bó(统读)
簸(一)bǒ
　颠～
(二)bò
　～箕
膊 bo
　胳～
卜 bo
　萝～
醭 bú(统读)
哺 bǔ(统读)
捕 bǔ(统读)
鹁 bǔ(统读)
埠 bù(统读)

C

残 cán(统读)
惭 cán(统读)
灿 càn(统读)
藏(一)cáng
　矿～
(二)zàng
　宝～
糙 cāo(统读)
嘈 cáo(统读)
螬 cáo(统读)

厕 cè(统读)
岑 cén(统读)
差(一)chā(文)
　不~累黍
　不~什么　偏~
　色~　~别
　视~　误~
　电势~　一念之~
　~池　~错
　言~语错
　一~二错
　阴错阳~　~等
　~额　~价
　~强人意　~数
　~异
(二)chà(语)
　~不多　~不离
　~点儿
(三) cī
　参~
猹 chá(统读)
搽 chá(统读)
阐 chǎn(统读)
羼 chàn(统读)
颤(一)chàn
　~动　发~
(二)zhàn
　~栗(战栗)
　打~(打战)
韂 chàn(统读)
伥 chāng(统读)
场(一)chǎng
　~合　~所
　冷~　捧~
(二)cháng
　外~　圩~
　~院　一~雨
(三)chang
　排~

钞 chāo(统读)
巢 cháo(统读)
嘲 cháo
　~讽　~骂
　~笑
秒 chào(统读)
车(一)chē
　安步当~
　杯水~薪
　闭门造~
　螳臂当~
(二)jū
　(象棋棋子名称)
晨 chén(统读)
称 chèn
　~心　~意
　~职　对~
　相~
撑 chēng(统读)
乘（动作义，念 chéng）
　包~制　~便
　~风破浪　~客
　~势　~兴
橙 chéng(统读)
惩 chéng(统读)
澄(一)chéng(文)
　~清(如"~清混乱"、"~清问题")
(二)dèng(语)
　单用，如"把水~清了"。
痴 chī(统读)
吃 chī(统读)
弛 chí(统读)
褫 chǐ(统读)
尺 chǐ
　~寸　~头
豉 chǐ(统读)

侈 chǐ(统读)
炽 chì(统读)
春 chōng(统读)
冲 chòng
　~床　~模
臭(一)chòu
　遗~万年
(二)xiù
　乳~　铜~
储 chǔ(统读)
处 chǔ(动作义)
　~罚　~分
　~决　~理
　~女　~置
畜(一)chù(名物义)
　~力　家~
　牲~　幼~
(二)xù(动作义)
　~产　~牧
　~养
触 chù(统读)
搐 chù(统读)
绌 chù(统读)
黜 chù(统读)
闯 chuǎng(统读)
创(一)chuàng
　草~　~举
　首~　~造
　~作
(二)chuāng
　~伤　重~
绰(一)chuò
　~~有余
(二)chuo
　宽~
疵 cī(统读)
雌 cí(统读)
赐 cì(统读)
伺 cì

~候
枞(一)cōng
　~树
(二)zōng
　~阳〔地名〕
从 cóng(统读)
丛 cóng(统读)
攒 cuán
　万头~动
　万箭~心
脆 cuì(统读)
撮(一)cuō
　~儿
　一~儿盐
　一~儿匪帮
(二)zuǒ
　一~儿毛
措 cuò(统读)

D

搭 dā(统读)
答(一)dá
　报~　~复
(二)dā
　~理　~应
打 dá
　苏~　一~(十二个)
大(一)dà
　~夫(古官名)
　~王(如爆破王、钢铁~王)
(二)dài
　~夫(医生)
　~黄　~王(如山~王)　~城〔地名〕
呆 dāi(统读)
傣 dǎi(统读)

逮（一）dài（文）如
"～捕"。
（二）dǎi（语）单
用，如"～蚊子"、
"～特务"。
当（一）dāng
　～地　～间儿
　～年（指过去）
　～日（指过去）
　～天（指过去）
　～时（指过去）
　螳臂～车
（二）dàng
　一个～俩
　安步～车
　适～
　～年（同一年）
　～日（同一时候）
　～天（同一天）
档 dàng（统读）
蹈 dǎo（统读）
导 dǎo（统读）
倒（一）dǎo
　颠～　颠～是非
　颠～黑白
　颠三～四
　倾箱～箧
　排山～海　～板
　～嚼　～仓
　～嗓　～戈
　潦～
（二）dào
　～粪（把粪弄碎）
悼 dào（统读）
纛 dào（统读）
凳 dèng（统读）
羝 dī（统读）
氐 dī〔古民族名〕
堤 dī（统读）

提 dī
　～防
的 dí
　～当　～确
抵 dǐ（统读）
蒂 dì（统读）
缔 dì（统读）
谛 dì（统读）
点 dian
　打～（收拾、贿赂）
跌 diē（统读）
蝶 dié（统读）
订 dìng（统读）
都（一）dōu
　～来了
（二）dū
　～市　首～
　大～（大多）
堆 duī（统读）
吨 dūn（统读）
盾 dùn（统读）
多 duō（统读）
咄 duō（统读）
掇（一）duō（"拾取、
　采取"义）
（二）duo
　撺～　掇～
裰 duō（统读）
踱 duó（统读）
度 duó
　忖～　～德量力

E

婀 ē（统读）

F

伐 fá（统读）
阀 fá（统读）
砝 fǎ（统读）

法 fǎ（统读）
发 fà
　理～　脱～
　结～
帆 fān（统读）
藩 fān（统读）
梵 fàn（统读）
坊（一）fāng
　牌～　～巷
（二）fáng
　粉～　磨～
　碾～　染～
　油～　谷～
妨 fáng（统读）
防 fáng（统读）
肪 fáng（统读）
沸 fèi（统读）
汾 fén（统读）
讽 fěng（统读）
肤 fū（统读）
敷 fū（统读）
俘 fú（统读）
浮 fú（统读）
服 fú
　～毒　～药
拂 fú（统读）
辐 fú（统读）
幅 fú（统读）
甫 fǔ（统读）
复 fù（统读）
缚 fù（统读）

G

噶 gá（统读）
冈 gāng（统读）
刚 gāng（统读）
岗 gǎng
　～楼　～哨
　～子　门～

站～　山～子
港 gǎng（统读）
葛（一）gé
　～藤　～布
　瓜～
（二）gě〔姓〕（包括
　单、复姓）
隔 gé（统读）
革 gé
　～命　～新
　改～
合 gě（一升的十分之
　一）
给（一）gěi（语）
　单用。
（二）jǐ（文）
　补～　供～
　供～制　～予
　配～　自～自足
亘 gèn（统读）
更 gēng
　五～　～生
颈 gěng
　脖～子
供（一）gōng
　～给　提～
　～销
（二）gòng
　口～　翻～
　上～
佝 gōu（统读）
枸 gǒu
　～杞
勾 gòu
　～当
估（除"～衣"读 gù
　外，都读 gū）
骨（除"～碌""～
　朵"读 gū 外，都读

gǔ)
谷 gǔ
　～雨
锢 gù(统读)
冠(一)guān(名物义)
　～心病
　(二)guàn(动作义)
沐猴而～　～军
犷 guǎng(统读)
庋 guǐ(统读)
桧(一)guì(树名)
　(二)huì(人名)
　"秦～"。
刿 guì(统读)
聒 guō(统读)
蝈 guō(统读)
过(除姓氏读 guō 外,都读 guò)

H

虾 há
　～蟆
哈(一)hǎ
　～达
　(二)hà
　～什蚂
汗 hán
　可～
巷 hàng
　～道
号 háo
　寒～虫
和(一)hè
　唱～　附～
　曲高～寡
　(二)huo
　搀～　搅～

暖～　热～
　软～
貉(一)hé(文)
　一丘之～
　(二)háo(语)
　～绒　～子
壑 hè(统读)
褐 hè(统读)
喝 hè
　～采　～道
　～令　～止
呼么～六
鹤 hè(统读)
黑 hēi(统读)
亨 hēng(统读)
横(一)héng
　～肉　～行霸道
　(二)hèng
蛮～　～财
訇 hōng(统读)
虹(一)hóng(文)
　～彩　～吸
　(二)jiàng(语)
单说。
讧 hòng(统读)
囫 hú(统读)
瑚 hú(统读)
蝴 hú(统读)
桦 huà(统读)
徊 huái(统读)
踝 huái(统读)
浣 huàn(统读)
黄 huáng(统读)
荒 huang
　饥～（指经济困难）
诲 huì(统读)
贿 huì(统读)
会 huì

一～儿　多～儿
　～厌（生理名词）
混 hùn
　～合　～乱
　～凝土　～淆
　～血儿　～杂
蠖 huò(统读)
霍 huò(统读)
豁 huò
　～亮
获 huò(统读)

J

羁 jī(统读)
击 jī(统读)
奇 jī
　～数
芨 jī(统读)
缉(一)jī
　通～　侦～
　(二)qī
　～鞋口
几 jī
　茶～　条～
圾 jī(统读)
戢 jí(统读)
疾 jí(统读)
汲 jí(统读)
棘 jí(统读)
藉 jí
　狼～（籍）
嫉 jí(统读)
脊 jí(统读)
纪(一)jǐ(姓)
　(二)jì
　～念　～律
　纲～　～元
偈 jì
　～语

绩 jì(统读)
迹 jì(统读)
寂 jì(统读)
箕 ji
　簸～
辑 ji
　逻～
茄 jiā
　雪～
夹 jiā
　～带藏掖
　～道儿　～攻
　～棍　～生
　～杂　～竹桃
　～注
浃 jiā(统读)
甲 jiǎ(统读)
歼 jiān(统读)
鞯 jiān(统读)
间(一)jiān
　～不容发　中～
　(二)jiàn
　中～儿　～道
　～谍　～断
　～或　～接
　～距　～隙
　～续　～阻
　～作　挑拨离～
趼 jiǎn(统读)
俭 jiǎn(统读)
缰 jiāng(统读)
膙 jiǎng(统读)
嚼(一)jiáo(语)
　味同～蜡
　咬文～字
　(二)jué(文)
　咀～
　过屠门而大～
　(三)jiào

倒~（倒噍）
侥 jiǎo
　~幸
角（一）jiǎo
　八~（大茴香）
　~落　独~戏
　~膜　~度
　~儿（犄~）
　~楼　勾心斗~
　号~　口~
　（嘴~）鹿~菜
　头~
（二）jué
　~斗　~儿（脚色）　口~（吵嘴）
　主~儿　配~儿
　~力　捧~儿
脚（一）jiǎo
　根~
（二）jué
　~儿（也作"角儿"，脚色）
剿（一）jiǎo
　围~
（二）chāo
　~说　~袭
校 jiào
　~勘　~样
　~正
较 jiào(统读)
酵 jiào(统读)
嗟 jiē(统读)
疖 jiē(统读)
　结（除"~了个果子"、"开花~果"、"~巴"、"~实"念 jiē 之外，其他都念 jié）睫
　jié(统读)

芥（一）jiè
　~菜（一般的芥菜）~末
（二）gài
　~菜（也作"盖菜"）~蓝菜
矜 jīn
　~持　自~
　~怜
仅 jǐn
　~~　绝无~有
馑 jǐn(统读)
觐 jìn(统读)
浸 jìn(统读)
斤 jin
　千~（起重的工具）
茎 jīng(统读)
粳 jīng(统读)
鲸 jīng(统读)
境 jìng(统读)
痉 jìng(统读)
劲 jìng
　刚~
窘 jiǒng(统读)
究 jiū(统读)
纠 jiū(统读)
鞠 jū(统读)
鞫 jū(统读)
掬 jū(统读)
苴 jū(统读)
咀 jǔ
　~嚼
矩（一）jǔ
　~形
（二）ju
　规~
俱 jù(统读)
龟 jūn
　~裂（也作"皲

裂"）
菌（一）jūn
　细~　病~
　杆~　霉~
（二）jùn
　香~　~子
俊 jùn(统读)

K

卡（一）kǎ
　~宾枪　~车
　~介苗　~片
　~通
（二）qiǎ
　~子　关~
揩 kāi(统读)
慨 kǎi(统读)
忾 kài(统读)
勘 kān(统读)
看 kān
　~管　~护
　~守
慷 kāng(统读)
拷 kǎo(统读)
坷 kē
　~拉（垃）
疴 kē(统读)
壳（一）ké（语）
　~儿　贝~儿
　脑~　驳~枪
（二）qiào（文）
　地~　甲~
　躯~
可（一）kě
　~~儿的
（二）kè
　~汗
恪 kè(统读)
刻 kè(统读)

克 kè
　~扣
空（一）kōng
　~心砖　~城计
（二）kòng
　~心吃药
眍 kōu(统读)
矻 kū(统读)
酷 kù(统读)
框 kuàng(统读)
矿 kuàng(统读)
傀 kuǐ(统读)
溃（一）kuì
　~烂
（二）huì
　~脓
篑 kuì(统读)
括 kuò(统读)

L

垃 lā(统读)
邋 lā(统读)
崂 lǎn(统读)
罱 lǎn(统读)
缆 lǎn(统读)
蓝 lan
　苤~
琅 láng(统读)
捞 lāo(统读)
劳 láo(统读)
醪 láo(统读)
烙（一）lào
　~印　~铁
　~饼
（二）luò
　炮~（古酷刑）
勒（一）lè（文）
　~逼　~令
　~派　~索
　悬崖~马

(二) lēi(语) 多单用。
擂(除"～台"、"打～"读 lèi 外,都读 léi)
礌 léi(统读)
羸 léi(统读)
蕾 lěi(统读)
累(一) lèi
  (辛劳义,如"受～"〔受劳～〕)
  (二) léi
  (如"～赘")
  (三) lěi
  (牵连义,如"带～"、"～及"、"连～"、"赔～"、"牵～"、"受～"〔受牵～〕)
蠡(一) lí
  管窥～测
  (二) lǐ
  ～县 范～
喱 lí(统读)
连 lián(统读)
敛 liǎn(统读)
恋 liàn(统读)
量(一) liàng
  ～入为出 忖～
  (二) liang
  打～ 掂～
踉 liàng
  ～跄
潦 liáo
  ～草 ～倒
劣 liè(统读)
捩 liè(统读)
趔 liè(统读)
拎 līn(统读)

遴 lín(统读)
淋(一) lín
  ～浴 ～漓
  ～巴
  (二) lìn
  ～硝 ～盐
  ～病
蛉 líng(统读)
榴 liú(统读)
馏(一) liú(文)
  如"干～"、"蒸～"。
  (二) liù(语)
  如"～馒头"。
馏 liú
  ～金
碌 liù
  ～碡
笼(一) lóng(名物义)
  ～子 牢～
  (二) lǒng(动作义)
  ～络 ～括
  ～统 ～罩
偻(一) lóu
  佝～
  (二) lǚ
  伛～
瞜 lou
  䁖～
屡 lǚ(统读)
褛 lǚ(统读)
露(一) lù(文)
  赤身～体 ～天
  ～骨 ～头角
  藏头～尾
  抛头～面
  ～头(矿)
  (二) lòu(语)

～富 ～苗
～光 ～相
～马脚 ～头
橹 lǔ(统读)
捋(一) lǚ
  ～胡子
  (二) luō
  ～袖子
绿(一) lǜ(语)
  (二) lù(文)
  ～林 鸭～江
峦 luán(统读)
挛 luán(统读)
掠 lüè(统读)
囵 lún(统读)
络 luò
  ～腮胡子
落(一) luò(文)
  ～膘 ～花生
  ～魄 涨～
  ～槽 着～
  (二) lào(语)
  ～架 ～色
  ～炕 ～枕
  ～儿 ～子(一种曲艺)
  (三) là(语),遗落义。
  丢三～四
  ～在后面

M

脉(除"～～"念 mòmò 外,一律念 mài)
漫 màn(统读)
蔓(一) màn(文)
  ～延 不～不支
  (二) wàn(语)

瓜～ 压～
牤 māng(统读)
氓 máng
  流～
芒 máng(统读)
铆 mǎo(统读)
瑁 mào(统读)
虻 méng(统读)
盟 méng(统读)
祢 mí(统读)
眯(一) mí
  ～了眼(灰尘等入目,也作"迷")
  (二) mī
  ～了一会儿(小睡) ～缝着眼(微微合目)
靡(一) mí
  ～费
  (二) mǐ
  风～ 委～
  披～
秘(除"～鲁"读 bì 外,都读 mì)
泌(一) mì(语)
  分～
  (二) bì(文)
  ～阳〔地名〕
娩 miǎn(统读)
缈 miǎo(统读)
皿 mǐn(统读)
闽 mǐn(统读)
茗 míng(统读)
酩 mǐng(统读)
谬 miù(统读)
摸 mō(统读)
模(一) mó
  ～范 ～式
  ～型 ～糊

~特儿
~棱两可
(二)mú
~子　~具
~样
膜 mó(统读)
摩 mó
　按~　抚~
蘑 mó(统读)
墨 mò(统读)
耱 mò(统读)
沫 mò(统读)
缪 móu
　绸~

N

难(一)nán
　困~(或变轻声)
　~兄~弟(难得的
　兄弟,现多用作贬
　义)
(二)nàn
　排~解纷　发~
　刁~　责~
　~兄~弟(共患难
　或同受苦难的人)
蝻 nǎn(统读)
铙 náo(统读)
讷 nè(统读)
馁 něi(统读)
嫩 nèn(统读)
恁 nèn(统读)
妮 nī(统读)
拈 niān(统读)
鲇 nián(统读)
酿 niàng(统读)
尿(一)niào
　糖~症
(二)suī(只用于口

语名词)
　尿(niào)~
　~脬
嗫 niè(统读)
宁(一)níng
　安~
(二)nìng
　~可　无~[姓]
忸 niǔ(统读)
脓 nóng(统读)
弄(一)nòng
　玩~
(二)lòng
　~堂
暖 nuǎn(统读)
衄 nù(统读)
疟(一)nüè(文)
　~疾
(二)yào(语)
　发~子
娜(一)nuó
　婀~　袅~
(二)nà
　(人名)

O

殴 ōu(统读)
呕 ǒu(统读)

P

杷 pá(统读)
琶 pá(统读)
牌 pái(统读)
排 pǎi
　~子车
迫 pǎi
　~击炮
湃 pài(统读)
爿 pán(统读)

胖 pán
　心广体~(~为安
　舒貌)
蹒 pán(统读)
畔 pàn(统读)
乓 pāng(统读)
滂 pāng(统读)
脬 pāo(统读)
胚 pēi(统读)
喷(一)pēn
　~嚏
(二)pèn
　~香
(三)pen
　嚏~
澎 péng(统读)
坯 pī(统读)
披 pī(统读)
匹 pǐ(统读)
僻 pì(统读)
譬 pì(统读)
片(一)piàn
　~子　唱~
　画~　相~
　影~　~儿会
(二)piān(口语一
部分词)
　~子　~儿
　唱~儿　画~儿
　相~儿　影~儿
剽 piāo(统读)
缥 piāo
　~缈(飘渺)
撇 piē
　~弃
聘 pìn(统读)
乒 pīng(统读)
颇 pō(统读)
剖 pōu(统读)

仆(一)pū
　前~后继
(二)pú
　~从
扑 pū(统读)
朴(一)pǔ
　俭~　~素
　~质
(二)pō
　~刀
(三)pò
　~硝　厚~
镤 pǔ(统读)
瀑 pù
　~布
曝(一)pù
　一~十寒
(二)bào
　~光(摄影术语)

Q

栖 qī
　两~
戚 qī(统读)
漆 qī(统读)
期 qī(统读)
蹊 qī
　~跷
蛴 qí(统读)
畦 qí(统读)
其 qí(统读)
骑 qí(统读)
企 qǐ(统读)
绮 qǐ(统读)
杞 qǐ(统读)
槭 qì(统读)
洽 qià(统读)
签 qiān(统读)
潜 qián(统读)

荨(一)qián(文)
　～麻
　(二)xún(语)
　～麻疹
嵌 qiàn(统读)
欠 qian
　打哈～
戕 qiāng(统读)
镪 qiāng
　～水
强(一)qiáng
　～渡　～制
　～取豪夺
　博闻～识
　(二)qiǎng
　勉～　牵～
　～词夺理　～迫
　～颜为笑
　(三)jiàng
　倔～
襁 qiǎng(统读)
跄 qiàng(统读)
悄(一)qiāo
　～～儿的
　(二)qiǎo
　～默声儿的
橇 qiāo(统读)
翘(一)qiào(语)
　～尾巴
　(二)qiáo(文)
　～首　～楚
　连～
怯 qiè(统读)
挈 qiè(统读)
趄 qie
　趔～
侵 qīn(统读)
衾 qīn(统读)
噙 qín(统读)

倾 qīng(统读)
亲 qìng
　～家
穹 qióng(统读)
黢 qū(统读)
曲(曲)qū
　大～　红～
　神～
渠 qú(统读)
瞿 qú(统读)
蠼 qú(统读)
苣 qǔ
　～荬菜
龋 qǔ(统读)
趣 qù(统读)
雀 què
　～斑　～盲症

R

髯 rán(统读)
攘 rǎng(统读)
桡 ráo(统读)
绕 rào(统读)
任 rén〔姓,地名〕
妊 rèn(统读)
扔 rēng(统读)
容 róng(统读)
糅 róu(统读)
茹 rú(统读)
孺 rú(统读)
蠕 rú(统读)
辱 rǔ(统读)
挼 ruó(统读)

S

靸 sǎ(统读)
噻 sāi(统读)
散(一)sǎn
　懒～　～漫

零零～～
　(二)san
　零～
丧 sang
　哭～着脸
扫(一)sǎo
　～兴
　(二)sào
　～帚
埽 sào(统读)
色(一)sè(文)
　(二)shǎi(语)
塞(一)sè(文)动
　作义。
　(二)sāi(语)名物
　义,如:"活～"、
　"瓶～";动作义,
　如:"把洞～住"。
森 sēn(统读)
煞(一)shā
　～尾　收～
　(二)shà
　～白
啥 shá(统读)
厦(一)shà(语)
　(二)xià(文)
　～门　噶～
杉(一)shān(文)
　紫～　红～
　水～
　(二)shā(语)
　～篙　～木
衫 shān(统读)
姗 shān(统读)
苫(一)shàn(动作
　义,如"～布")
　(二)shān(名物
　义,如"草～子")
墒 shāng(统读)

猞 shē(统读)
舍 shè
　宿～
慑 shè(统读)
摄 shè(统读)
射 shè(统读)
谁 shéi,又音 shuí
娠 shēn(统读)
什(甚)shén
　～么
蜃 shèn(统读)
葚(一)shèn(文)
　桑～
　(二)rèn(语)
　桑～儿
胜 shèng(统读)
识 shí
　常～　～货
　～字
似 shì
　～的
室 shì(统读)
螫(一)shì(文)
　(二)zhē(语)
匙 shi
　钥～
殊 shū(统读)
蔬 shū(统读)
疏 shū(统读)
叔 shū(统读)
淑 shū(统读)
菽 shū(统读)
熟(一)shú(文)
　(二)shóu(语)
署 shǔ(统读)
曙 shǔ(统读)
漱 shù(统读)
戍 shù(统读)
蟀 shuài(统读)

孀 shuāng(统读)
说 shuì
　游～
数 shuò
　～见不鲜
硕 shuò(统读)
蒴 shuò(统读)
艘 sōu(统读)
嗾 sǒu(统读)
速 sù(统读)
塑 sù(统读)
虽 suī(统读)
绥 suí(统读)
髓 suǐ(统读)
遂(一)suì
　不～　毛～自荐
　(二)suí
　半身不～
隧 suì(统读)
隼 sǔn(统读)
莎 suō
　～草
缩(一)suō
　收～
　(二)sù
　～砂密(一种植物)
唆 suō(统读)
索 suǒ(统读)

T

趿 tā(统读)
鳎 tǎ(统读)
獭 tǎ(统读)
沓(一)tà
　重～
　(二)ta
　疲～
　(三)dá

一～纸
苔(一)tái(文)
　(二)tāi(语)
探 tàn(统读)
涛 tāo(统读)
悌 tì(统读)
佻 tiāo(统读)
调 tiáo
　～皮
帖(一)tiē
　妥～　伏伏～～
　俯首～耳
　(二)tiě
　请～　字～儿
　(三)tiè
　字～　碑～
听 tīng(统读)
庭 tíng(统读)
骰 tóu(统读)
凸 tū(统读)
突 tū(统读)
颓 tuí(统读)
蜕 tuì(统读)
臀 tún(统读)
唾 tuò(统读)

W

娲 wā(统读)
挖 wā(统读)
瓦 wà
　～刀
喎 wāi(统读)
蜿 wān(统读)
玩 wán(统读)
惋 wǎn(统读)
脘 wǎn(统读)
往 wǎng(统读)
忘 wàng(统读)
微 wēi(统读)

巍 wēi(统读)
薇 wēi(统读)
危 wēi(统读)
韦 wéi(统读)
违 wéi(统读)
唯 wéi(统读)
圩(一)wéi
　～子
　(二)xū
　～(墟)场
纬 wěi(统读)
委 wěi
　～靡
伪 wěi(统读)
萎 wěi(统读)
尾(一)wěi
　～巴
　(二)yǐ
　马～儿
尉 wèi
　～官
文 wén(统读)
闻 wén(统读)
紊 wěn(统读)
喔 wō(统读)
蜗 wō(统读)
硪 wò(统读)
诬 wū(统读)
梧 wú(统读)
牾 wǔ(统读)
乌 wù
　～拉(也作"靰鞡")　～拉草
杌 wù(统读)
鹜 wù(统读)

X

夕 xī(统读)
汐 xī(统读)

晰 xī(统读)
析 xī(统读)
皙 xī(统读)
昔 xī(统读)
溪 xī(统读)
悉 xī(统读)
熄 xī(统读)
蜥 xī(统读)
蟋 xī(统读)
惜 xī(统读)
锡 xī(统读)
樨 xī(统读)
袭 xí(统读)
檄 xí(统读)
峡 xiá(统读)
暇 xiá(统读)
吓 xià
　杀鸡～猴
鲜 xiān
　屡见不～
　数见不～
锨 xiān(统读)
纤 xiān
　～维
涎 xián(统读)
弦 xián(统读)
陷 xiàn(统读)
霰 xiàn(统读)
向 xiàng(统读)
相 xiàng
　～机行事
淆 xiáo(统读)
哮 xiào(统读)
些 xiē(统读)
颉 xié
　～颃
携 xié(统读)
偕 xié(统读)
挟 xié(统读)

械 xiè(统读)
馨 xīn(统读)
衅 xìn(统读)
行 xíng
　操~　德~
　发~　品~
省 xǐng
　内~　反~
　~亲
　不~人事
芎 xiōng(统读)
朽 xiǔ(统读)
宿 xiù
　星~　二十八~
煦 xù(统读)
蓿 xu
　苜~
癣 xuǎn(统读)
削(一)xuē(文)
　剥~　~减
　瘦~
　(二)xiāo(语)
　切~　~铅笔
　~球
穴 xué(统读)
学 xué(统读)
雪 xuě(统读)
血(一)xuè(文)用于
　复音词及成语，如
　"贫~"、"心~"、
　"呕心沥~"、"~
　泪史"、"狗~喷
　头"等。
　(二)xiě(语)口语
　多单用，如"流了
　点儿~"及几个口
　语常用词，如："鸡
　~"、"~晕"、"~
　块子"等。

谑 xuè(统读)
寻 xún(统读)
驯 xùn(统读)
逊 xùn(统读)
熏 xùn
　煤气~着了
徇 xùn(统读)
殉 xùn(统读)
蕈 xùn(统读)

Y

押 yā(统读)
崖 yá(统读)
哑 yǎ
　~然失笑
亚 yà(统读)
殷 yān
　~红
芫 yán
　~荽
筵 yán(统读)
沿 yán(统读)
焰 yàn(统读)
夭 yāo(统读)
肴 yáo(统读)
杳 yǎo(统读)
舀 yǎo(统读)
钥(一)yào(语)
　~匙
　(二)yuè(文)
　锁~
曜 yào(统读)
耀 yào(统读)
椰 yē(统读)
噎 yē(统读)
叶 yè
　~公好龙
曳 yè
　弃甲~兵

摇~　~光弹
屹 yì(统读)
轶 yì(统读)
谊 yì(统读)
懿 yì(统读)
诣 yì(统读)
艾 yì
　自怨自~
荫 yìn(统读)
　("树~"、"林~
　道"应作"树阴"、
　"林阴道")
应(一)yīng
　~届　~名儿
　~许　提出的条件
　他都~了　是我~
　下来的任务
　(二)yìng
　~承　~付
　~声　~时
　~验　~邀
　~用　~运
　~征　里~外合
萦 yíng(统读)
映 yìng(统读)
佣 yōng
　~工
庸 yōng(统读)
臃 yōng(统读)
壅 yōng(统读)
拥 yōng(统读)
踊 yǒng(统读)
咏 yǒng(统读)
泳 yǒng(统读)
莠 yǒu(统读)
愚 yú(统读)
娱 yú(统读)
愉 yú(统读)
伛 yǔ(统读)

屿 yǔ(统读)
吁 yù
　呼~
跃 yuè(统读)
晕(一)yūn
　~倒　头~
　(二)yùn
　月~　血~
　~车
酝 yùn(统读)

Z

匝 zā(统读)
杂 zá(统读)
载(一)zǎi
　登~　记~
　(二)zài
　搭~　怨声~道
　重~　装~
　~歌~舞
簪 zān(统读)
咱 zán(统读)
暂 zàn(统读)
凿 záo(统读)
择(一)zé
　选~
　(二)zhái
　~不开　~菜
　~席
贼 zéi(统读)
憎 zēng(统读)
甑 zèng(统读)
喳 zhā
　唧唧~~
轧(除"~钢"、"~
　辊"念 zhá 外，其
　他都念 yà)(gá 为
　方言，不审)
摘 zhāi(统读)

粘 zhān ～贴	诊 zhěn(统读) 振 zhèn(统读)	diǎnzhǒng,义为 点播种子)	拙 zhuō(统读) 茁 zhuó(统读)
涨 zhǎng ～落 高～	知 zhī(统读) 织 zhī(统读)	诌 zhōu(统读) 骤 zhòu(统读)	灼 zhuó(统读) 卓 zhuó(统读)
着(一)zháo ～慌 ～急 ～家 ～凉 ～忙 ～迷 ～水 ～雨	脂 zhī(统读) 植 zhí(统读) 殖(一)zhí 繁～ 生～ ～民	轴 zhòu 大～子戏 压～子 碡 zhou 碌～	综 zōng ～合 纵 zòng(统读) 粽 zòng(统读) 镞 zú(统读)
(二)zhuó ～落 ～手 ～眼 ～意 ～重 不～边际	(二)shi 骨～ 指 zhǐ(统读) 掷 zhì(统读)	烛 zhú(统读) 逐 zhú(统读) 属 zhǔ ～望	组 zǔ(统读) 钻(一)zuān ～探 ～孔 (二)zuàn
(三)zhāo 失～	质 zhì(统读) 蛭 zhì(统读)	筑 zhù(统读) 著 zhù	～床 ～杆 ～具
沼 zhǎo(统读) 召 zhào(统读) 遮 zhē(统读) 蛰 zhé(统读) 辙 zhé(统读) 贞 zhēn(统读) 侦 zhēn(统读) 帧 zhēn(统读) 胗 zhēn(统读) 枕 zhěn(统读)	秩 zhì(统读) 栉 zhì(统读) 炙 zhì(统读) 中 zhōng 人～(人口上唇当 中处) 种 zhòng 点～(义同"点 播"。动宾结构念	土～ 转 zhuǎn 运～ 撞 zhuàng(统读) 幢(一)zhuàng 一～楼房 (二)chuáng 经～(佛教所设刻 有经咒的石柱)	佐 zuǒ(统读) 唑 zuò(统读) 柞(一)zuò ～蚕 ～绸 (二)zhà ～水(在陕西) 做 zuò(统读) 作(除"～坊"读 zuō 外,其余都读 zuò)

党政机关公文处理工作条例[①]

第一章 总 则

第一条 为了适应中国共产党机关和国家行政机关(以下简称党政机关)工作需要,推进党政机关公文处理工作科学化、制度化、规范化,制定本条例。

第二条 本条例适用于各级党政机关公文处理工作。

第三条 党政机关公文是党政机关实施领导、履行职能、处理公务的具有特定效力和规范体式的文书,是传达贯彻党和国家的方针政策,公布法规和规章,指导、布置和商洽工作,

---

[①] 本文为中共中央办公厅、国务院办公厅关于印发《党政机关公文处理工作条例》的通知(中办发〔2012〕14号附件)。

请示和答复问题，报告、通报和交流情况等的重要工具。

第四条 公文处理工作是指公文拟制、办理、管理等一系列相互关联、衔接有序的工作。

第五条 公文处理工作应当坚持实事求是、准确规范、精简高效、安全保密的原则。

第六条 各级党政机关应当高度重视公文处理工作，加强组织领导，强化队伍建设，设立文秘部门或者由专人负责公文处理工作。

第七条 各级党政机关办公厅（室）主管本机关的公文处理工作，并对下级机关的公文处理工作进行业务指导和督促检查。

第二章 公文种类

第八条 公文种类主要有：

（一）决议。适用于会议讨论通过的重大决策事项。

（二）决定。适用于对重要事项作出决策和部署、奖惩有关单位和人员、变更或者撤销下级机关不适当的决定事项。

（三）命令（令）。适用于公布行政法规和规章、宣布施行重大强制性措施、批准授予和晋升衔级、嘉奖有关单位和人员。

（四）公报。适用于公布重要决定或者重大事项。

（五）公告。适用于向国内外宣布重要事项或者法定事项。

（六）通告。适用于在一定范围内公布应当遵守或者周知的事项。

（七）意见。适用于对重要问题提出见解和处理办法。

（八）通知。适用于发布、传达要求下级机关执行和有关单位周知或者执行的事项，批转、转发公文。

（九）通报。适用于表彰先进、批评错误、传达重要精神和告知重要情况。

（十）报告。适用于向上级机关汇报工作、反映情况，回复上级机关的询问。

（十一）请示。适用于向上级机关请求指示、批准。

（十二）批复。适用于答复下级机关请示事项。

（十三）议案。适用于各级人民政府按照法律程序向同级人民代表大会或者人民代表大会常务委员会提请审议事项。

（十四）函。适用于不相隶属机关之间商洽工作、询问和答复问题、请求批准和答复审批事项。

（十五）纪要。适用于记载会议主要情况和议定事项。

第三章 公文格式

第九条 公文一般由份号、密级和保密期限、紧急程度、发文机关标志、发文字号、签发人、标题、主送机关、正文、附件说明、发文机关署名、成文日期、印章、附注、附件、抄送机关、印发机关和印发日期、页码等组成。

（一）份号。公文印制份数的顺序号。涉密公文应当标注份号。

（二）密级和保密期限。公文的秘密等级和保密的期限。涉密公文应当根据涉密程度分别标注"绝密""机密""秘密"和保密期限。

（三）紧急程度。公文送达和办理的时限要求。根据紧急程度，紧急公文应当分别标注"特急""加急"，电报应当分别标注"特提""特急""加急""平急"。

（四）发文机关标志。由发文机关全称或者规范化简称加"文件"二字组成，也可以使用发文机关全称或者规范化简称。联合行文时，发文机关标志可以并用联合发文机关名称，也可以单独用主办机关名称。

（五）发文字号。由发文机关代字、年份、发文顺序号组成。联合行文时，使用主办机关的发文字号。

（六）签发人。上行文应当标注签发人姓名。

（七）标题。由发文机关名称、事由和文种组成。

（八）主送机关。公文的主要受理机关，应当使用机关全称、规范化简称或者同类型机关统称。

（九）正文。公文的主体，用来表述公文的内容。

（十）附件说明。公文附件的顺序号和名称。

（十一）发文机关署名。署发文机关全称或者规范化简称。

（十二）成文日期。署会议通过或者发文机关负责人签发的日期。联合行文时，署最后签发机关负责人签发的日期。

（十三）印章。公文中有发文机关署名的，应当加盖发文机关印章，并与署名机关相符。有特定发文机关标志的普发性公文和电报可以不加盖印章。

（十四）附注。公文印发传达范围等需要说明的事项。

（十五）附件。公文正文的说明、补充或者参考资料。

（十六）抄送机关。除主送机关外需要执行或者知晓公文内容的其他机关，应当使用机关全称、规范化简称或者同类型机关统称。

（十七）印发机关和印发日期。公文的送印机关和送印日期。

（十八）页码。公文页数顺序号。

第十条 公文的版式按照《党政机关公文格式》国家标准执行。

第十一条 公文使用的汉字、数字、外文字符、计量单位和标点符号等，按照有关国家标准和规定执行。民族自治地方的公文，可以并用汉字和当地通用的少数民族文字。

第十二条 公文用纸幅面采用国际标准A4型。特殊形式的公文用纸幅面，根据实际需要确定。

第四章　行文规则

第十三条 行文应当确有必要，讲求实效，注重针对性和可操作性。

第十四条 行文关系根据隶属关系和职权范围确定。一般不得越级行文，特殊情况需要越级行文的，应当同时抄送被越过的机关。

第十五条 向上级机关行文，应当遵循以下规则：

（一）原则上主送一个上级机关，根据需要同时抄送相关上级机关和同级机关，不抄送下级机关。

（二）党委、政府的部门向上级主管部门请示、报告重大事项,应当经本级党委、政府同意或者授权;属于部门职权范围内的事项应当直接报送上级主管部门。

（三）下级机关的请示事项,如需以本机关名义向上级机关请示,应当提出倾向性意见后上报,不得原文转报上级机关。

（四）请示应当一文一事。不得在报告等非请示性公文中夹带请示事项。

（五）除上级机关负责人直接交办事项外,不得以本机关名义向上级机关负责人报送公文,不得以本机关负责人名义向上级机关报送公文。

（六）受双重领导的机关向一个上级机关行文,必要时抄送另一个上级机关。

第十六条　向下级机关行文,应当遵循以下规则:

（一）主送受理机关,根据需要抄送相关机关。重要行文应当同时抄送发文机关的直接上级机关。

（二）党委、政府的办公厅(室)根据本级党委、政府授权,可以向下级党委、政府行文,其他部门和单位不得向下级党委、政府发布指令性公文或者在公文中向下级党委、政府提出指令性要求。需经政府审批的具体事项,经政府同意后可以由政府职能部门行文,文中须注明已经政府同意。

（三）党委、政府的部门在各自职权范围内可以向下级党委、政府的相关部门行文。

（四）涉及多个部门职权范围内的事务,部门之间未协商一致的,不得向下行文;擅自行文的,上级机关应当责令其纠正或者撤销。

（五）上级机关向受双重领导的下级机关行文,必要时抄送该下级机关的另一个上级机关。

第十七条　同级党政机关、党政机关与其他同级机关必要时可以联合行文。属于党委、政府各自职权范围内的工作,不得联合行文。党委、政府的部门依据职权可以相互行文。部门内设机构除办公厅(室)外不得对外正式行文。

第五章　公文拟制

第十八条　公文拟制包括公文的起草、审核、签发等程序。

第十九条　公文起草应当做到:

（一）符合国家法律法规和党的路线方针政策,完整准确体现发文机关意图,并同现行有关公文相衔接。

（二）一切从实际出发,分析问题实事求是,所提政策措施和办法切实可行。

（三）内容简洁,主题突出,观点鲜明,结构严谨,表述准确,文字精练。

（四）文种正确,格式规范。

（五）深入调查研究,充分进行论证,广泛听取意见。

（六）公文涉及其他地区或者部门职权范围内的事项,起草单位必须征求相关地区或者部门意见,力求达成一致。

（七）机关负责人应当主持、指导重要公文起草工作。

第二十条　公文文稿签发前,应当由发文机关办公厅(室)进行审核。审核的重点是:

（一）行文理由是否充分,行文依据是否准确。

（二）内容是否符合国家法律法规和党的路线方针政策;是否完整准确体现发文机关意

图;是否同现行有关公文相衔接;所提政策措施和办法是否切实可行。

（三）涉及有关地区或者部门职权范围内的事项是否经过充分协商并达成一致意见。

（四）文种是否正确,格式是否规范;人名、地名、时间、数字、段落顺序、引文等是否准确;文字、数字、计量单位和标点符号等用法是否规范。

（五）其他内容是否符合公文起草的有关要求。

需要发文机关审议的重要公文文稿,审议前由发文机关办公厅(室)进行初核。

第二十一条　经审核不宜发文的公文文稿,应当退回起草单位并说明理由;符合发文条件但内容需作进一步研究和修改的,由起草单位修改后重新报送。

第二十二条　公文应当经本机关负责人审批签发。重要公文和上行文由机关主要负责人签发。党委、政府的办公厅(室)根据党委、政府授权制发的公文,由受权机关主要负责人签发或者按照有关规定签发。签发人签发公文,应当签署意见、姓名和完整日期;圈阅或者签名的,视为同意。联合发文由所有联署机关的负责人会签。

第六章　公文办理

第二十三条　公文办理包括收文办理、发文办理和整理归档。

第二十四条　收文办理主要程序是：

（一）签收。对收到的公文应当逐件清点,核对无误后签字或者盖章,并注明签收时间。

（二）登记。对公文的主要信息和办理情况应当详细记载。

（三）初审。对收到的公文应当进行初审。初审的重点是：是否应当由本机关办理,是否符合行文规则,文种、格式是否符合要求,涉及其他地区或者部门职权范围内的事项是否已经协商、会签,是否符合公文起草的其他要求。经初审不符合规定的公文,应当及时退回来文单位并说明理由。

（四）承办。阅知性公文应当根据公文内容、要求和工作需要确定范围后分送。批办性公文应当提出拟办意见报本机关负责人批示或者转有关部门办理;需要两个以上部门办理的,应当明确主办部门。紧急公文应当明确办理时限。承办部门对交办的公文应当及时办理,有明确办理时限要求的应当在规定时限内办理完毕。

（五）传阅。根据领导批示和工作需要将公文及时送传阅对象阅知或者批示。办理公文传阅应当随时掌握公文去向,不得漏传、误传、延误。

（六）催办。及时了解掌握公文的办理进展情况,督促承办部门按期办结。紧急公文或者重要公文应当由专人负责催办。

（七）答复。公文的办理结果应当及时答复来文单位,并根据需要告知相关单位。

第二十五条　发文办理主要程序是：

（一）复核。已经发文机关负责人签批的公文,印发前应当对公文的审批手续、内容、文种、格式等进行复核;需作实质性修改的,应当报原签批人复审。

（二）登记。对复核后的公文,应当确定发文字号、分送范围和印制份数并详细记载。

（三）印制。公文印制必须确保质量和时效。涉密公文应当在符合保密要求的场所印制。

（四）核发。公文印制完毕,应当对公文的文字、格式和印刷质量进行检查后分发。

第二十六条　涉密公文应当通过机要交通、邮政机要通信、城市机要文件交换站或者收发件机关机要收发人员进行传递,通过密码电报或者符合国家保密规定的计算机信息系统进行传输。

  第二十七条 需要归档的公文及有关材料,应当根据有关档案法律法规以及机关档案管理规定,及时收集齐全、整理归档。两个以上机关联合办理的公文,原件由主办机关归档,相关机关保存复制件。机关负责人兼任其他机关职务的,在履行所兼职务过程中形成的公文,由其兼职机关归档。

第七章 公文管理

  第二十八条 各级党政机关应当建立健全本机关公文管理制度,确保管理严格规范,充分发挥公文效用。

  第二十九条 党政机关公文由文秘部门或者专人统一管理。设立党委(党组)的县级以上单位应当建立机要保密室和机要阅文室,并按照有关保密规定配备工作人员和必要的安全保密设施设备。

  第三十条 公文确定密级前,应当按照拟定的密级先行采取保密措施。确定密级后,应当按照所定密级严格管理。绝密级公文应当由专人管理。

  公文的密级需要变更或者解除的,由原确定密级的机关或者其上级机关决定。

  第三十一条 公文的印发传达范围应当按照发文机关的要求执行;需要变更的,应当经发文机关批准。涉密公文公开发布前应当履行解密程序。公开发布的时间、形式和渠道,由发文机关确定。经批准公开发布的公文,同发文机关正式印发的公文具有同等效力。

  第三十二条 复制、汇编机密级、秘密级公文,应当符合有关规定并经本机关负责人批准。绝密级公文一般不得复制、汇编,确有工作需要的,应当经发文机关或者其上级机关批准。复制、汇编的公文视同原件管理。

  复制件应当加盖复制机关戳记。翻印件应当注明翻印的机关名称、日期。汇编本的密级按照编入公文的最高密级标注。

  第三十三条 公文的撤销和废止,由发文机关、上级机关或者权力机关根据职权范围和有关法律法规决定。公文被撤销的,视为自始无效;公文被废止的,视为自废止之日起失效。

  第三十四条 涉密公文应当按照发文机关的要求和有关规定进行清退或者销毁。

  第三十五条 不具备归档和保存价值的公文,经批准后可以销毁。销毁涉密公文必须严格按照有关规定履行审批登记手续,确保不丢失、不漏销。个人不得私自销毁、留存涉密公文。

  第三十六条 机关合并时,全部公文应当随之合并管理;机关撤销时,需要归档的公文经整理后按照有关规定移交档案管理部门。

  工作人员离岗离职时,所在机关应当督促其将暂存、借用的公文按照有关规定移交、清退。

  第三十七条 新设立的机关应当向本级党委、政府的办公厅(室)提出发文立户申请。经审查符合条件的,列为发文单位,机关合并或者撤销时,相应进行调整。

第八章　附　　则

第三十八条　党政机关公文含电子公文。电子公文处理工作的具体办法另行制定。

第三十九条　法规、规章方面的公文，依照有关规定处理。外事方面的公文，依照外事主管部门的有关规定处理。

第四十条　其他机关和单位的公文处理工作，可以参照本条例执行。

第四十一条　本条例由中共中央办公厅、国务院办公厅负责解释。

第四十二条　本条例自2012年7月1日起施行。1996年5月3日中共中央办公厅发布的《中国共产党机关公文处理条例》和2000年8月24日国务院发布的《国家行政机关公文处理办法》停止执行。

党政机关公文格式

(GB/T 9704—2012)

1　范围

本标准规定了党政机关公文通用的纸张要求、排版和印制装订要求、公文格式各要素的编排规则，并给出了公文的式样。

本标准适用于各级党政机关制发的公文。其他机关和单位的公文可以参照执行。

使用少数民族文字印制的公文，其用纸、幅面尺寸及版面、印制等要求按照本标准执行，其余可以参照本标准并按照有关规定执行。

2　规范性引用文件

下列文件对于本标准的应用是必不可少的。凡是注日期的引用文件，仅所注日期的版本适用于本标准。凡是不注日期的引用文件，其最新版本（包括所有的修改单）适用于本标准。

GB/T 148　印刷、书写和绘图纸幅面尺寸

GB 3100　国际单位制及其应用

GB 3101　有关量、单位和符号的一般原则

GB 3102（所有部分）　量和单位

GB/T 15834　标点符号用法

GB/T 15835　出版物上数字用法

3　术语和定义

下列术语和定义适用于本标准。

3.1 字 word

标示公文中横向距离的长度单位。在本标准中,一字指一个汉字宽度的距离。

3.2 行 line

标示公文中纵向距离的长度单位。在本标准中,一行指一个汉字的高度加 3 号汉字高度的 7/8 的距离。

4 公文用纸主要技术指标

公文用纸一般使用纸张定量为 60 g/m^2～80 g/m^2 的胶版印刷纸或复印纸。纸张白度 80%～90%,横向耐折度≥15 次,不透明度≥85%,pH 值为 7.5～9.5。

5 公文用纸幅面尺寸及版面要求

5.1 幅面尺寸

公文用纸采用 GB/T 148 中规定的 A4 型纸,其成品幅面尺寸为:210 mm×297 mm。

5.2 版面

5.2.1 页边与版心尺寸

公文用纸天头(上白边)为 37 mm±1 mm,公文用纸订口(左白边)为 28mm±1mm,版心尺寸为 156 mm×225 mm。

5.2.2 字体和字号

如无特殊说明,公文格式各要素一般用 3 号仿宋体字。特定情况可以作适当调整。

5.2.3 行数和字数

一般每面排 22 行,每行排 28 个字,并撑满版心。特定情况可以作适当调整。

5.2.4 文字的颜色

如无特殊说明,公文中文字的颜色均为黑色。

6 印制装订要求

6.1 制版要求

版面干净无底灰,字迹清楚无断划,尺寸标准,版心不斜,误差不超过 1 mm。

6.2 印刷要求

双面印刷;页码套正,两面误差不超过 2 mm。黑色油墨应当达到色谱所标 BL100%,红色油墨应当达到色谱所标 Y80%、M80%。印品着墨实、均匀;字面不花、不白、无断划。

6.3 装订要求

公文应当左侧装订,不掉页,两页页码之间误差不超过 4 mm,裁切后的成品尺寸允许误差±2mm,四角成 90°;无毛茬或缺损。

骑马订或平订的公文应当:

    a) 订位为两钉外订眼距版面上下边缘各 70 mm 处,允许误差±4mm;

    b) 无坏钉、漏钉、重钉,钉脚平伏牢固;

    c) 骑马订钉锯均订在折缝线上,平订钉锯与书脊间的距离为 3mm～5mm。

包本装订公文的封皮(封面、书脊、封底)与书芯应吻合、包紧、包平、不脱落。

7 公文格式各要素编排规则

7.1 公文格式各要素的划分

本标准将版心内的公文格式各要素划分为版头、主体、版记三部分。公文首页红色分隔线以上的部分称为版头;公文首页红色分隔线(不含)以下、公文末页首条分隔线(不含)以上的部分称为主体;公文末页首条分隔线以下、末条分隔线以上的部分称为版记。

页码位于版心外。

7.2 版头

7.2.1 份号

如需标注份号,一般用 6 位 3 号阿拉伯数字,顶格编排在版心左上角第一行。

7.2.2 密级和保密期限

如需标注密级和保密期限,一般用 3 号黑体字,顶格编排在版心左上角第二行;保密期限中的数字用阿拉伯数字标注。

7.2.3 紧急程度

如需标注紧急程度,一般用 3 号黑体字,顶格编排在版心左上角;如需同时标注份号、密级和保密期限、紧急程度,按照份号、密级和保密期限、紧急程度的顺序自上而下分行排列。

7.2.4 发文机关标志

由发文机关全称或者规范化简称加"文件"二字组成,也可以使用发文机关全称或者规范化简称。

发文机关标志居中排布,上边缘至版心上边缘为 35mm,推荐使用小标宋体字,颜色为红色,以醒目、美观、庄重为原则。

联合行文时,如需同时标注联署发文机关名称,一般应当将主办机关名称排列在前;如有"文件"二字,应当置于发文机关名称右侧,以联署发文机关名称为准上下居中排布。

7.2.5 发文字号

编排在发文机关标志下空二行位置,居中排布。年份、发文顺序号用阿拉伯数字标注;年份应标全称,用六角括号"〔〕"括入;发文顺序号不加"第"字,不编虚位(即 1 不编为 01),在阿拉伯数字后加"号"字。

上行文的发文字号居左空一字编排,与最后一个签发人姓名处在同一行。

7.2.6 签发人

由"签发人"三字加全角冒号和签发人姓名组成,居右空一字,编排在发文机关标志下空二行位置。"签发人"三字用 3 号仿宋体字,签发人姓名用 3 号楷体字。

如有多个签发人,签发人姓名按照发文机关的排列顺序从左到右、自上而下依次均匀编排,一般每行排两个姓名,回行时与上一行第一个签发人姓名对齐。

7.2.7 版头中的分隔线

发文字号之下 4 mm 处居中印一条与版心等宽的红色分隔线。

7.3 主体

7.3.1 标题

一般用 2 号小标宋体字,编排于红色分隔线下空二行位置,分一行或多行居中排布;回行时,要做到词意完整,排列对称,长短适宜,间距恰当,标题排列应当使用梯形或菱形。

7.3.2 主送机关

编排于标题下空一行位置,居左顶格,回行时仍顶格,最后一个机关名称后标全角冒号。如主送机关名称过多导致公文首页不能显示正文时,应当将主送机关名称移至版记,标注方法见 7.4.2。

7.3.3 正文

公文首页必须显示正文。一般用 3 号仿宋体字,编排于主送机关名称下一行,每个自然段左空二字,回行顶格。文中结构层次序数依次可以用"一、""(一)""1.""(1)"标注;一般第一层用黑体字、第二层用楷体字、第三层和第四层用仿宋体字标注。

7.3.4 附件说明

如有附件,在正文下空一行左空二字编排"附件"二字,后标全角冒号和附件名称。如有多个附件,使用阿拉伯数字标注附件顺序号(如"附件:1. ××××××");附件名称后不加标点符号。附件名称较长需回行时,应当与上一行附件名称的首字对齐。

7.3.5 发文机关署名、成文日期和印章

7.3.5.1 加盖印章的公文

成文日期一般右空四字编排,印章用红色,不得出现空白印章。

单一机关行文时,一般在成文日期之上、以成文日期为准居中编排发文机关署名,印章端正、居中下压发文机关署名和成文日期,使发文机关署名和成文日期居印章中心偏下位置,印章顶端应当上距正文(或附件说明)一行之内。

联合行文时,一般将各发文机关署名按照发文机关顺序整齐排列在相应位置,并将印章一一对应、端正、居中下压发文机关署名,最后一个印章端正、居中下压发文机关署名和成文日期,印章之间排列整齐、互不相交或相切,每排印章两端不得超出版心,首排印章顶端应当上距正文(或附件说明)一行之内。

7.3.5.2 不加盖印章的公文

单一机关行文时,在正文(或附件说明)下空一行右空二字编排发文机关署名,在发文机关署名下一行编排成文日期,首字比发文机关署名首字右移二字,如成文日期长于发文机关署名,应当使成文日期右空二字编排,并相应增加发文机关署名右空字数。

联合行文时,应当先编排主办机关署名,其余发文机关署名依次向下编排。

7.3.5.3 加盖签发人签名章的公文

单一机关制发的公文加盖签发人签名章时,在正文(或附件说明)下空二行右空四字加盖签发人签名章,签名章左空二字标注签发人职务,以签名章为准上下居中排布。在签发人签名章下空一行右空四字编排成文日期。

联合行文时,应当先编排主办机关签发人职务、签名章,其余机关签发人职务、签名章依次向下编排,与主办机关签发人职务、签名章上下对齐;每行只编排一个机关的签发人职务、签名章;签发人职务应当标注全称。

签名章一般用红色。

7.3.5.4 成文日期中的数字

用阿拉伯数字将年、月、日标全,年份应标全称,月、日不编虚位(即 1 不编为 01)。

7.3.5.5 特殊情况说明

当公文排版后所剩空白处不能容下印章或签发人签名章、成文日期时,可以采取调整行距、字距的措施解决。

7.3.6 附注

如有附注,居左空二字加圆括号编排在成文日期下一行。

7.3.7 附件

附件应当另面编排,并在版记之前,与公文正文一起装订。"附件"二字及附件顺序号用3号黑体字顶格编排在版心左上角第一行。附件标题居中编排在版心第三行。附件顺序号和附件标题应当与附件说明的表述一致。附件格式要求同正文。

如附件与正文不能一起装订,应当在附件左上角第一行顶格编排公文的发文字号并在其后标注"附件"二字及附件顺序号。

7.4 版记

7.4.1 版记中的分隔线

版记中的分隔线与版心等宽,首条分隔线和末条分隔线用粗线(推荐高度为0.35 mm),中间的分隔线用细线(推荐高度为0.25 mm)。首条分隔线位于版记中第一个要素之上,末条分隔线与公文最后一面的版心下边缘重合。

7.4.2 抄送机关

如有抄送机关,一般用4号仿宋体字,在印发机关和印发日期之上一行、左右各空一字编排。"抄送"二字后加全角冒号和抄送机关名称,回行时与冒号后的首字对齐,最后一个抄送机关名称后标句号。

如需把主送机关移至版记,除将"抄送"二字改为"主送"外,编排方法同抄送机关。既有主送机关又有抄送机关时,应当将主送机关置于抄送机关之上一行,之间不加分隔线。

7.4.3 印发机关和印发日期

印发机关和印发日期一般用4号仿宋体字,编排在末条分隔线之上,印发机关左空一字,印发日期右空一字,用阿拉伯数字将年、月、日标全,年份应标全称,月、日不编虚位(即1不编为01),后加"印发"二字。

版记中如有其他要素,应当将其与印发机关和印发日期用一条细分隔线隔开。

7.5 页码

一般用4号半角宋体阿拉伯数字,编排在公文版心下边缘之下,数字左右各放一条一字线;一字线上距版心下边缘7 mm。单页码居右空一字,双页码居左空一字。公文的版记页前有空白页的,空白页和版记页均不编排页码。公文的附件与正文一起装订时,页码应当连续编排。

8 公文中的横排表格

A4纸型的表格横排时,页码位置与公文其他页码保持一致,单页码表头在订口一边,双页码表头在切口一边。

9 公文中计量单位、标点符号和数字的用法

公文中计量单位的用法应当符合GB 3100、GB 3101和GB 3102(所有部分),标点符号

的用法应当符合 GB/T 15834,数字用法应当符合 GB/T 15835。

10 公文的特定格式

10.1 信函格式

发文机关标志使用发文机关全称或者规范化简称,居中排布,上边缘至上页边为 30mm,推荐使用红色小标宋体字。联合行文时,使用主办机关标志。

发文机关标志下 4 mm 处印一条红色双线(上粗下细),距下页边 20 mm 处印一条红色双线(上细下粗),线长均为 170 mm,居中排布。

如需标注份号、密级和保密期限、紧急程度,应当顶格居版心左边缘编排在第一条红色双线下,按照份号、密级和保密期限、紧急程度的顺序自上而下分行排列,第一个要素与该线的距离为 3 号汉字高度的 7/8。

发文字号顶格居版心右边缘编排在第一条红色双线下,与该线的距离为 3 号汉字高度的 7/8。

标题居中编排,与其上最后一个要素相距二行。

第二条红色双线上一行如有文字,与该线的距离为 3 号汉字高度的 7/8。

首页不显示页码。

版记不加印发机关和印发日期、分隔线,位于公文最后一面版心内最下方。

10.2 命令(令)格式

发文机关标志由发文机关全称加"命令"或"令"字组成,居中排布,上边缘至版心上边缘为 20 mm,推荐使用红色小标宋体字。

发文机关标志下空二行居中编排令号,令号下空二行编排正文。

签发人职务、签名章和成文日期的编排见 7.3.5.3。

10.3 纪要格式

纪要标志由"×××××纪要"组成,居中排布,上边缘至版心上边缘为 35 mm,推荐使用红色小标宋体字。

标注出席人员名单,一般用 3 号黑体字,在正文或附件说明下空一行左空二字编排"出席"二字,后标全角冒号,冒号后用 3 号仿宋体字标注出席人单位、姓名,回行时与冒号后的首字对齐。

标注请假和列席人员名单,除依次另起一行并将"出席"二字改为"请假"或"列席"外,编排方法同出席人员名单。

纪要格式可以根据实际制定。

11 式样

A4 型公文用纸页边及版心尺寸见图 1;公文首页版式见图 2;联合行文公文首页版式 1 见图 3;联合行文公文首页版式 2 见图 4;公文末页版式 1 见图 5;公文末页版式 2 见图 6;联合行文公文末页版式 1 见图 7;联合行文公文末页版式 2 见图 8;附件说明页版式见图 9;带附件公文末页版式见图 10;信函格式首页版式见图 11;命令(令)格式首页版式见图 12。

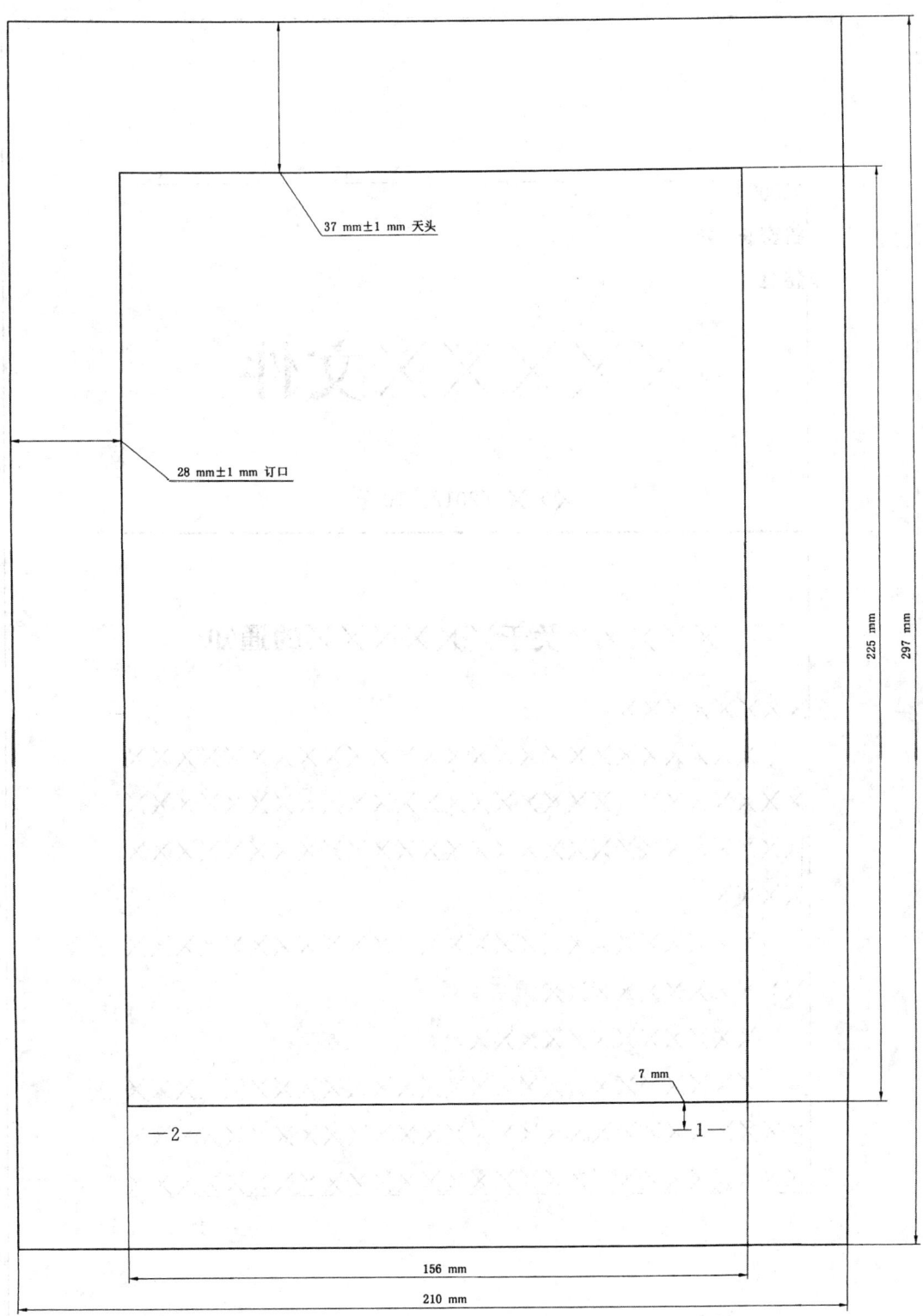

图 1　A4 型公文用纸页边及版心尺寸

```
000001
机密★1年
特急
```

×××××文件

×××〔2012〕10 号

×××××关于××××××的通知

×××××××：
　　××××××××××××××××××××××××
××××××××××××××××××××××××××
××××××××××××××××××××××××××
××××。
　　×××××××××××××××××××××××
×××××××××。
　　××××××。
　　××××。××××××××××××××××××
××××××××××××××××××××××××××
××××××××××××××××××××××××××

— 1 —

图 2　公文首页版式

注：版心实线框仅为示意，在印制公文时并不印出。

```
000001
机密★1年
特急

        ×××××× 
        ×  ×  ×  文件
        ××××××

            ×××〔2012〕10 号


        ××××××关于××××××的通知
  ××××××：
      ××××××××××××××××××××。
      ××××××××××××××××××××
  ××××××××××××××××××××××
  ××××。
      ××××××××××××××××××××××

                                          — 1 —
```

图 3　联合行文公文首页版式 1

注：版心实线框仅为示意，在印制公文时并不印出。

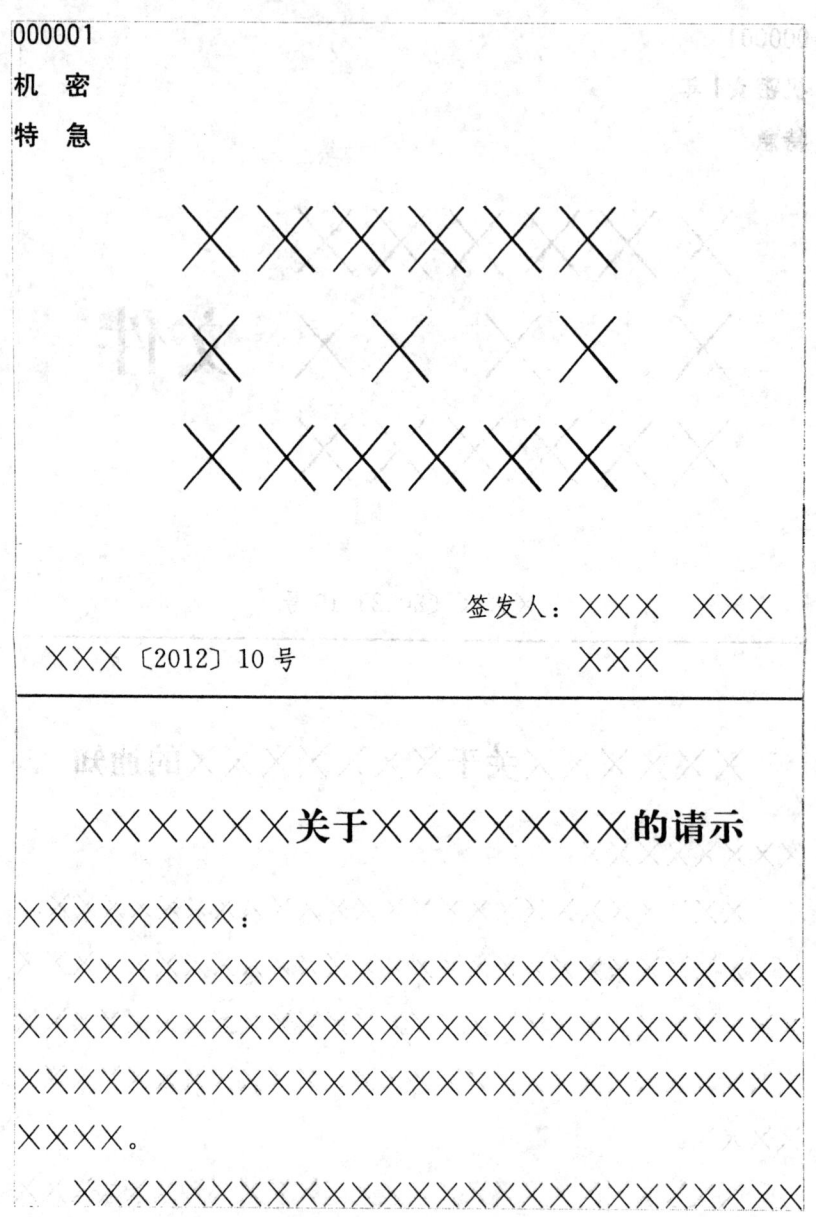

图 4 联合行文公文首页版式 2

注：版心实线框仅为示意，在印制公文时并不印出。

×××××××××××××××。
　　×××。

2012年7月1日

（×××××）

抄送：××××××××,××××××,×××××,×××××,
×××××。

××××××××　　　　　　　　　　2012年7月1日印发

— 2 —

图5　公文末页版式1

注：版心实线框仅为示意，在印制公文时并不印出。

×××××××××××××××。
×××。

××××××××××
2012 年 7 月 1 日

（×××××）

抄送：×××××××，××××××，×××××，×××××，×××××。

××××××××× 2012 年 7 月 1 日印发

图 6　公文末页版式 2

注：版心实线框仅为示意，在印制公文时并不印出。

图 7　联合行文公文末页版式 1

注：版心实线框仅为示意，在印制公文时并不印出。

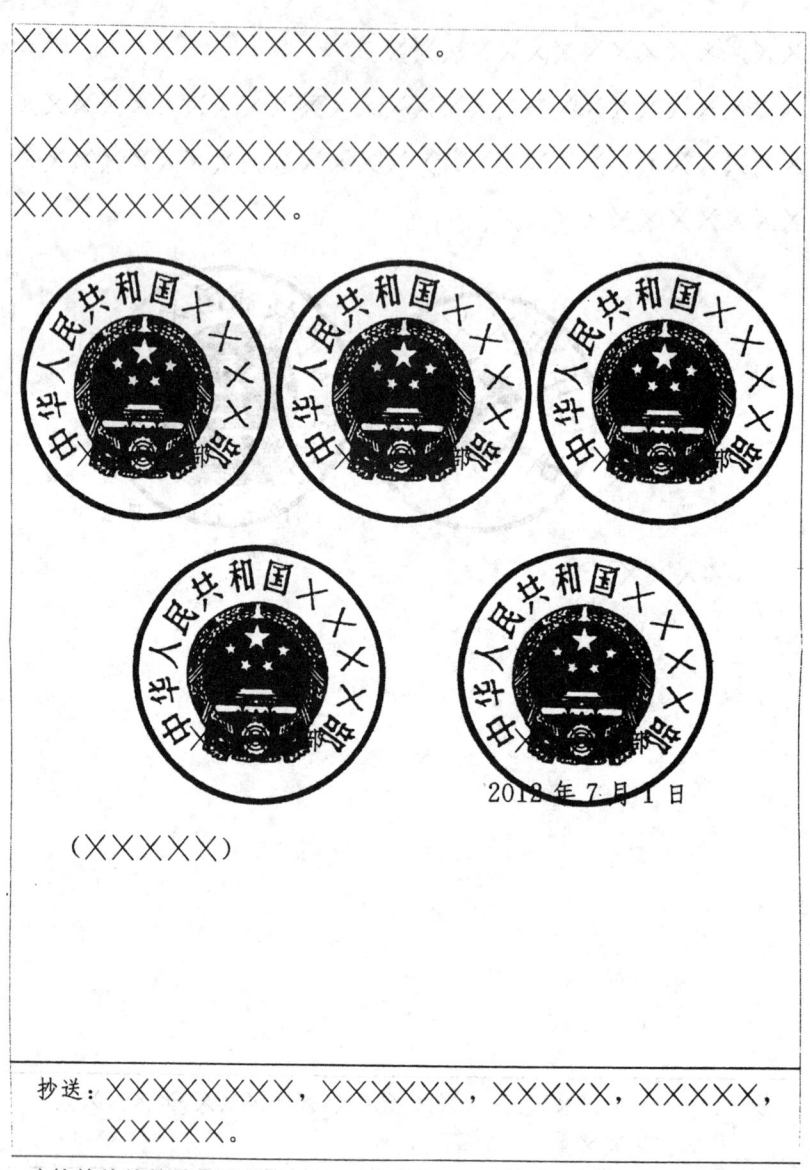

图 8　联合行文公文末页版式 2

××××××××××××××。
　××。

　　附件：1. ××××××××××××××××××
　　　　　×××××
　　　　2. ××××××××××××

　　　　　　　　　　×××××××
　　　　　　　　　　× × × ×
　　　　　　　　　　2012 年 7 月 1 日

（×××××）

— 2 —

图 9　附件说明页版式

注：版心实线框仅为示意，在印制公文时并不印出。

图 10　带附件公文末页版式

注：版心实线框仅为示意，在印制公文时并不印出。

图 11 信函格式首页版式

注：版心实线框仅为示意，在印制公文时并不印出。

×××××× 令

第 ××× 号

　　×××。

部　长　×××

2012 年 7 月 1 日

— 1 —

图 12　命令（令）格式首页版式

注：版心实线框仅为示意，在印制公文时并不印出。

通用规范汉字表①

说　　明

　　一、为了贯彻《中华人民共和国国家通用语言文字法》，提升国家通用语言文字的规范化、标准化水平，满足信息时代语言生活和社会发展的需要，教育部、国家语言文字工作委员会组织制定《通用规范汉字表》。

　　二、本表收字 8 105 个，分为三级：一级字表为常用字集，收字 3 500 个，主要满足基础教育和文化普及的基本用字需要。二级字表收字 3 000 个，使用度仅次于一级字。一、二级字表合计 6 500 字，主要满足出版印刷、辞书编纂和信息处理等方面的一般用字需要。三级字表收字 1 605 个，是姓氏人名、地名、科学技术术语和中小学语文教材文言文用字中未进入一、二级字表的较通用的字，主要满足信息化时代与大众生活密切相关的专门领域的用字需要。

　　三、本表在整合《第一批异体字整理表》(1955 年)、《简化字总表》(1986 年)、《现代汉语常用字表》(1988 年)、《现代汉语通用字表》(1988 年)的基础上制定。一、二级字表通过语料库统计和人工干预方法，主要依据字的使用度进行定量、收字和分级。三级字表主要通过向有关部门和群众征集用字等方法，收录音义俱全且有一定使用度的字。

　　四、本表一、二级字表的研制，主要使用了国家语言文字工作委员会现代汉语平衡语料库(收录 1919—2002 年人文和社会科学、自然科学、综合等三大类的 55 个学科门类的语料，9 100 万字符)、现代新闻媒体动态流通语料库(收录 20001—2002 年 15 种报刊的语料，3.5 亿字符)、教育科普综合语料库(收录 1951—2003 年中小学通用教材及科普读物的语料，518 万字符)、儿童文学语料库(收录 1949—2007 年适合义务教育第一、二学段阅读的儿童文学的语料，570 万字符)、《现代汉语词典》(第五版)、《新华字典》(第十版)，参考了其他语料库和工具书。

　　五、本表三级字的具体来源是：(1) 姓氏人名用字，主要来源于 1982 年全国人口普查 18 省市抽样统计姓氏人名用字、公安部提供的姓氏用字及部分人名用字、群众提供的姓氏人名用字、一些古代姓氏用字和有影响的古代人名用字；(2) 地名用字，主要来源于民政部和国家测绘地理信息局提供的乡镇以上地名用字、部分村级地名和部分自然实体名称的用字、主要汉语工具书中标明为"地名"的用字；(3) 科学技术术语用字，主要来源于全国科学技术名词审定委员会提供的 56 个门类、中国社会科学院语言研究所提供的 33 个门类的科学技术与人文社会科学的术语用字；(4) 中小学语文教材的文言文用字，主要来源于中小学语文教材文言文语料库(收录 1949—2008 年中小学语文教材中的文言文和普及性文言文的语料，65 万字符)。

　　六、本表对社会上出现的在《简化字总表》和《现代汉语通用字表》之外的类推简化字进行了严格甄别，仅收录了符合本表收字原则且已在社会语言生活中广泛使用的"闫、铪、颃"等 226 个简化字。

　　七、本表在以往相关规范文件对异体字调整的基础上，又将《第一批异体字整理表》中

---

①此表为国务院关于公布《通用规范汉字表》的通知(国发〔2013〕23 号)的附件。

"皙、喆、淼、昇、邨"等45个异体字调整为规范字。

八、本表的字形依据《现代汉语通用字表》确定,字序遵循《GB 13000.1 字符集汉字字序(笔画序)规范》的规定。

九、为方便使用,本表后附《规范字与繁体字、异体字对照表》和《〈通用规范汉字表〉笔画检字表》两个附表。

十、本表可根据语言生活的发展变化和实际需要适时进行必要补充和调整。

一级字表

0001	一	0043	川	0085	扎	0127	长	0169	订	0211	术	0253	叫
0002	乙	0044	亿	0086	艺	0128	仁	0170	户	0212	可	0254	叩
0003	二	0045	个	0087	木	0129	什	0171	认	0213	丙	0255	叨
0004	十	0046	夕	0088	五	0130	片	0172	冗	0214	左	0256	另
0005	丁	0047	久	0089	支	0131	仆	0173	讥	0215	厉	0257	叹
0006	厂	0048	么	0090	厅	0132	化	0174	心	0216	石	0258	冉
0007	七	0049	勺	0091	不	0133	仇	0175	尺	0217	右	0259	皿
0008	卜	0050	凡	0092	犬	0134	币	0176	引	0218	布	0260	凹
0009	八	0051	丸	0093	太	0135	仍	0177	丑	0219	夯	0261	囚
0010	人	0052	及	0094	区	0136	仅	0178	巴	0220	戊	0262	四
0011	入	0053	广	0095	历	0137	斤	0179	孔	0221	龙	0263	生
0012	儿	0054	亡	0096	歹	0138	爪	0180	队	0222	平	0264	矢
0013	匕	0055	门	0097	友	0139	反	0181	办	0223	灭	0265	失
0014	几	0056	丫	0098	尤	0140	介	0182	以	0224	轧	0266	乍
0015	九	0057	义	0099	匹	0141	父	0183	允	0225	东	0267	禾
0016	刁	0058	之	0100	车	0142	从	0184	予	0226	卡	0268	丘
0017	了	0059	尸	0101	巨	0143	仑	0185	邓	0227	北	0269	付
0018	刀	0060	己	0102	牙	0144	今	0186	劝	0228	占	0270	仗
0019	力	0061	已	0103	屯	0145	凶	0187	双	0229	凸	0271	代
0020	乃	0062	巳	0104	戈	0146	分	0188	书	0230	卢	0272	仙
0021	又	0063	弓	0105	比	0147	乏	0189	幻	0231	业	0273	们
0022	三	0064	子	0106	互	0148	公	0190	玉	0232	旧	0274	仪
0023	干	0065	卫	0107	切	0149	仓	0191	刊	0233	帅	0275	白
0024	于	0066	也	0108	瓦	0150	月	0192	未	0234	归	0276	仔
0025	亏	0067	女	0109	止	0151	氏	0193	末	0235	旦	0277	他
0026	工	0068	刃	0110	少	0152	勿	0194	示	0236	目	0278	斥
0027	土	0069	飞	0111	日	0153	欠	0195	击	0237	且	0279	瓜
0028	士	0070	习	0112	曰	0154	风	0196	打	0238	叶	0280	乎
0029	才	0071	叉	0113	中	0155	丹	0197	巧	0239	甲	0281	丛
0030	下	0072	马	0114	贝	0156	匀	0198	正	0240	申	0282	令
0031	寸	0073	乡	0115	冈	0157	乌	0199	扑	0241	叮	0283	用
0032	大	0074	丰	0116	内	0158	勾	0200	卉	0242	电	0284	甩
0033	丈	0075	王	0117	水	0159	凤	0201	扒	0243	号	0285	印
0034	与	0076	开	0118	见	0160	六	0202	功	0244	田	0286	尔
0035	万	0077	井	0119	午	0161	文	0203	扔	0245	由	0287	乐
0036	上	0078	天	0120	牛	0162	亢	0204	去	0246	只	0288	句
0037	小	0079	夫	0121	手	0163	方	0205	甘	0247	叭	0289	匆
0038	口	0080	元	0122	气	0164	火	0206	世	0248	史	0290	册
0039	山	0081	无	0123	毛	0165	为	0207	艾	0249	央	0291	卯
0040	巾	0082	云	0124	壬	0166	斗	0208	古	0250	兄	0292	犯
0041	千	0083	专	0125	升	0167	忆	0209	节	0251	叽	0293	外
0042	乞	0084	丐	0126	夭	0168	计	0210	本	0252	叼	0294	处

五、规范标准

0295	冬	0348	邦	0401	成	0454	伟	0507	多	0560	设	0613	抚
0296	鸟	0349	式	0402	夹	0455	传	0508	争	0561	访	0614	坛
0297	务	0350	迂	0403	夷	0456	乒	0509	色	0562	诀	0615	技
0298	包	0351	刑	0404	轨	0457	乓	0510	壮	0563	寻	0616	坏
0299	饥	0352	戎	0405	邪	0458	休	0511	冲	0564	那	0617	抠
0300	主	0353	动	0406	尧	0459	伍	0512	妆	0565	迅	0618	扰
0301	市	0354	扛	0407	划	0460	伏	0513	冰	0566	尽	0619	扼
0302	立	0355	寺	0408	迈	0461	优	0514	庄	0567	导	0620	拒
0303	冯	0356	吉	0409	毕	0462	臼	0515	庆	0568	异	0621	找
0304	玄	0357	扣	0410	至	0463	伐	0516	亦	0569	弛	0622	批
0305	闪	0358	考	0411	此	0464	延	0517	刘	0570	孙	0623	址
0306	兰	0359	托	0412	贞	0465	仲	0518	齐	0571	阵	0624	扯
0307	半	0360	老	0413	师	0466	件	0519	交	0572	阳	0625	走
0308	汁	0361	巩	0414	尘	0467	任	0520	衣	0573	收	0626	抄
0309	汇	0362	圾	0415	尖	0468	伤	0521	次	0574	阶	0627	贡
0310	头	0363	执	0416	劣	0469	价	0522	产	0575	阴	0628	汞
0311	汉	0364	扩	0417	光	0470	伦	0523	决	0576	防	0629	坝
0312	宁	0365	扫	0418	当	0471	份	0524	亥	0577	奸	0630	攻
0313	穴	0366	地	0419	早	0472	华	0525	充	0578	如	0631	赤
0314	它	0367	场	0420	吁	0473	仰	0526	妄	0579	妇	0632	折
0315	讨	0368	扬	0421	吐	0474	仿	0527	闭	0580	妃	0633	抓
0316	写	0369	耳	0422	吓	0475	伙	0528	问	0581	好	0634	扳
0317	让	0370	芋	0423	虫	0476	伪	0529	闯	0582	她	0635	抡
0318	礼	0371	共	0424	曲	0477	自	0530	羊	0583	妈	0636	扮
0319	训	0372	芒	0425	团	0478	伊	0531	并	0584	戏	0637	抢
0320	议	0373	亚	0426	吕	0479	血	0532	关	0585	羽	0638	孝
0321	必	0374	芝	0427	同	0480	向	0533	米	0586	观	0639	坎
0322	讯	0375	朽	0428	吊	0481	似	0534	灯	0587	欢	0640	均
0323	记	0376	朴	0429	吃	0482	后	0535	州	0588	买	0641	抑
0324	永	0377	机	0430	因	0483	行	0536	汗	0589	红	0642	抛
0325	司	0378	权	0431	吸	0484	舟	0537	污	0590	驭	0643	投
0326	尼	0379	过	0432	吗	0485	全	0538	江	0591	纤	0644	坟
0327	民	0380	臣	0433	吆	0486	会	0539	汛	0592	驯	0645	坑
0328	弗	0381	吏	0434	屿	0487	杀	0540	池	0593	约	0646	抗
0329	弘	0382	再	0435	屹	0488	合	0541	汝	0594	级	0647	坊
0330	出	0383	协	0436	岁	0489	兆	0542	汤	0595	纪	0648	抖
0331	辽	0384	西	0437	帆	0490	企	0543	忙	0596	驰	0649	护
0332	奶	0385	压	0438	回	0491	众	0544	兴	0597	纫	0650	壳
0333	奴	0386	厌	0439	岂	0492	爷	0545	宇	0598	巡	0651	志
0334	召	0387	戍	0440	则	0493	伞	0546	守	0599	寿	0652	块
0335	加	0388	在	0441	刚	0494	创	0547	宅	0600	弄	0653	扭
0336	皮	0389	百	0442	网	0495	肌	0548	字	0601	麦	0654	声
0337	边	0390	有	0443	肉	0496	肋	0549	安	0602	玖	0655	把
0338	孕	0391	存	0444	年	0497	朵	0550	讲	0603	玛	0656	报
0339	发	0392	而	0445	朱	0498	杂	0551	讳	0604	形	0657	拟
0340	圣	0393	页	0446	先	0499	危	0552	军	0605	进	0658	却
0341	对	0394	匠	0447	丢	0500	旬	0553	讶	0606	戒	0659	抒
0342	台	0395	夸	0448	廷	0501	旨	0554	许	0607	吞	0660	劫
0343	矛	0396	夺	0449	舌	0502	旭	0555	讹	0608	远	0661	芙
0344	纠	0397	灰	0450	竹	0503	负	0556	论	0609	违	0662	芜
0345	母	0398	达	0451	迁	0504	匈	0557	讼	0610	韧	0663	苇
0346	幼	0399	列	0452	乔	0505	名	0558	农	0611	运	0664	芽
0347	丝	0400	死	0453	迄	0506	各	0559	讽	0612	扶	0665	花

编号	字	编号	字	编号	字	编号	字	编号	字	编号	字	编号	字
0666	芹	0719	助	0772	佐	0825	系	0878	宋	0931	纯	0984	拌
0667	芥	0720	县	0773	佑	0826	言	0879	宏	0932	纱	0985	拧
0668	芬	0721	里	0774	但	0827	冻	0880	牢	0933	纲	0986	拂
0669	苍	0722	呆	0775	伸	0828	状	0881	究	0934	纳	0987	拙
0670	芳	0723	吱	0776	佃	0829	亩	0882	穷	0935	驳	0988	招
0671	严	0724	吠	0777	作	0830	况	0883	灾	0936	纵	0989	坡
0672	芦	0725	呕	0778	伯	0831	床	0884	良	0937	纷	0990	披
0673	芯	0726	园	0779	伶	0832	库	0885	证	0938	纸	0991	拨
0674	劳	0727	旷	0780	佣	0833	庇	0886	启	0939	纹	0992	择
0675	克	0728	围	0781	低	0834	疗	0887	评	0940	纺	0993	抬
0676	芭	0729	呀	0782	你	0835	吝	0888	补	0941	驴	0994	拇
0677	苏	0730	吨	0783	住	0836	应	0889	初	0942	纽	0995	拗
0678	杆	0731	足	0784	位	0837	这	0890	社	0943	奉	0996	其
0679	杠	0732	邮	0785	伴	0838	冷	0891	祀	0944	玩	0997	取
0680	杜	0733	男	0786	身	0839	庐	0892	识	0945	环	0998	茉
0681	材	0734	困	0787	皂	0840	序	0893	诈	0946	武	0999	苦
0682	村	0735	吵	0788	伺	0841	辛	0894	诉	0947	青	1000	昔
0683	杖	0736	串	0789	佛	0842	弃	0895	罕	0948	责	1001	苛
0684	杏	0737	员	0790	囱	0843	冶	0896	诊	0949	现	1002	若
0685	杉	0738	呐	0791	近	0844	忘	0897	词	0950	玫	1003	茂
0686	巫	0739	听	0792	彻	0845	闰	0898	译	0951	表	1004	苹
0687	极	0740	吟	0793	役	0846	闲	0899	君	0952	规	1005	苗
0688	李	0741	吩	0794	返	0847	间	0900	灵	0953	抹	1006	英
0689	杨	0742	呛	0795	余	0848	闷	0901	即	0954	卦	1007	苟
0690	求	0743	吻	0796	希	0849	判	0902	层	0955	坷	1008	苑
0691	甫	0744	吹	0797	坐	0850	兑	0903	屁	0956	坯	1009	苞
0692	匣	0745	呜	0798	谷	0851	灶	0904	尿	0957	拓	1010	范
0693	更	0746	吭	0799	妥	0852	灿	0905	尾	0958	拢	1011	直
0694	束	0747	吧	0800	含	0853	灼	0906	迟	0959	拔	1012	茁
0695	吾	0748	邑	0801	邻	0854	弟	0907	局	0960	坪	1013	茄
0696	豆	0749	吼	0802	岔	0855	汪	0908	改	0961	拣	1014	茎
0697	两	0750	囤	0803	肝	0856	沐	0909	张	0962	坦	1015	苔
0698	酉	0751	别	0804	肛	0857	沛	0910	忌	0963	担	1016	茅
0699	丽	0752	吮	0805	肘	0858	汰	0911	际	0964	坤	1017	枉
0700	医	0753	岖	0806	肚	0859	沥	0912	陆	0965	押	1018	林
0701	辰	0754	岗	0807	肠	0860	沙	0913	阿	0966	抽	1019	枝
0702	励	0755	帐	0808	龟	0861	汽	0914	陈	0967	拐	1020	杯
0703	否	0756	财	0809	甸	0862	沃	0915	阻	0968	拖	1021	枢
0704	还	0757	针	0810	免	0863	沦	0916	附	0969	者	1022	柜
0705	尬	0758	钉	0811	狂	0864	汹	0917	坠	0970	拍	1023	枚
0706	歼	0759	牡	0812	犹	0865	泛	0918	妓	0971	顶	1024	析
0707	来	0760	告	0813	狈	0866	沧	0919	妙	0972	拆	1025	板
0708	连	0761	我	0814	角	0867	没	0920	妖	0973	拎	1026	松
0709	轩	0762	乱	0815	删	0868	沟	0921	姊	0974	拥	1027	枪
0710	步	0763	利	0816	条	0869	沪	0922	妨	0975	抵	1028	枫
0711	卤	0764	秃	0817	彤	0870	沈	0923	妒	0976	拘	1029	构
0712	坚	0765	秀	0818	卵	0871	沉	0924	努	0977	势	1030	杭
0713	肖	0766	私	0819	灸	0872	沁	0925	忍	0978	抱	1031	杰
0714	旱	0767	每	0820	岛	0873	怀	0926	劲	0979	拄	1032	述
0715	盯	0768	兵	0821	刨	0874	忧	0927	矣	0980	垃	1033	枕
0716	呈	0769	估	0822	迎	0875	忱	0928	鸡	0981	拉	1034	丧
0717	时	0770	体	0823	饭	0876	快	0929	纬	0982	拦	1035	或
0718	吴	0771	何	0824	饮	0877	完	0930	驱	0983	幸	1036	画

1037 卧	1090 昂	1143 版	1196 狐	1249 泊	1302 建	1355 春
1038 事	1091 佴	1144 侦	1197 忽	1250 沿	1303 肃	1356 帮
1039 刺	1092 典	1145 侣	1198 狗	1251 泡	1304 录	1357 玷
1040 枣	1093 固	1146 侧	1199 狞	1252 注	1305 隶	1358 珍
1041 雨	1094 忠	1147 凭	1200 备	1253 泣	1306 帚	1359 玲
1042 卖	1095 呻	1148 侨	1201 饰	1254 泞	1307 屉	1360 珊
1043 郁	1096 咒	1149 货	1202 饱	1255 泻	1308 居	1361 玻
1044 矾	1097 咋	1150 佬	1203 饲	1256 泌	1309 届	1362 毒
1045 矿	1098 咐	1151 侈	1204 变	1257 泳	1310 刷	1363 型
1046 码	1099 呼	1152 依	1205 京	1258 泥	1311 屈	1364 拭
1047 厕	1100 鸣	1153 卑	1206 享	1259 沸	1312 弧	1365 挂
1048 奈	1101 咏	1154 的	1207 庞	1260 沼	1313 弥	1366 封
1049 奔	1102 呢	1155 迫	1208 店	1261 波	1314 弦	1367 持
1050 奇	1103 咄	1156 质	1209 夜	1262 泼	1315 承	1368 拷
1051 奋	1104 咖	1157 欣	1210 庙	1263 泽	1316 孟	1369 拱
1052 态	1105 岸	1158 征	1211 府	1264 治	1317 陋	1370 项
1053 欧	1106 岩	1159 往	1212 底	1265 怔	1318 陌	1371 垮
1054 殴	1107 帖	1160 爬	1213 疟	1266 怯	1319 孤	1372 挎
1055 垄	1108 罗	1161 彼	1214 疙	1267 怖	1320 陕	1373 城
1056 妻	1109 帜	1162 径	1215 疚	1268 性	1321 降	1374 挟
1057 轰	1110 帕	1163 所	1216 剂	1269 怕	1322 函	1375 挠
1058 顷	1111 岭	1164 舍	1217 卒	1270 怜	1323 限	1376 政
1059 转	1112 凯	1165 金	1218 郊	1271 怪	1324 妹	1377 赴
1060 斩	1113 败	1166 刹	1219 庚	1272 怡	1325 姑	1378 赵
1061 轮	1114 账	1167 命	1220 废	1273 学	1326 姐	1379 挡
1062 软	1115 贩	1168 肴	1221 净	1274 宝	1327 姓	1380 拽
1063 到	1116 贬	1169 斧	1222 盲	1275 宗	1328 妮	1381 哉
1064 非	1117 购	1170 爸	1223 放	1276 定	1329 始	1382 挺
1065 叔	1118 贮	1171 采	1224 刻	1277 宠	1330 姆	1383 括
1066 歧	1119 图	1172 觅	1225 育	1278 宜	1331 迢	1384 垢
1067 肯	1120 钓	1173 受	1226 氓	1279 审	1332 驾	1385 拴
1068 齿	1121 制	1174 乳	1227 闸	1280 宙	1333 参	1386 拾
1069 些	1122 知	1175 贪	1228 闹	1281 官	1334 艰	1387 挑
1070 卓	1123 迭	1176 念	1229 郑	1282 空	1335 线	1388 垛
1071 虎	1124 氛	1177 贫	1230 券	1283 帘	1336 练	1389 指
1072 房	1125 垂	1178 贫	1231 卷	1284 宛	1337 组	1390 垫
1073 肾	1126 牧	1179 忿	1232 单	1285 实	1338 绅	1391 挣
1074 贤	1127 物	1180 肤	1233 炬	1286 试	1339 细	1392 挤
1075 尚	1128 乖	1181 肺	1234 炒	1287 郎	1340 驶	1393 拼
1076 旺	1129 刮	1182 肢	1235 炊	1288 诗	1341 织	1394 挖
1077 具	1130 和	1183 肿	1236 炕	1289 肩	1342 驹	1395 按
1078 味	1131 季	1184 胀	1237 炎	1290 房	1343 终	1396 挥
1079 果	1132 委	1185 朋	1238 炉	1291 诚	1344 驻	1397 挪
1080 昆	1133 秉	1186 股	1239 沫	1292 衬	1345 绊	1398 拯
1081 国	1134 佳	1187 肮	1240 浅	1293 衫	1346 驼	1399 某
1082 哎	1135 侍	1188 肪	1241 法	1294 视	1347 绍	1400 甚
1083 咕	1136 岳	1189 肥	1242 泄	1295 祈	1348 绎	1401 荆
1084 昌	1137 供	1190 服	1243 沽	1296 话	1349 经	1402 茸
1085 呵	1138 使	1191 胁	1244 河	1297 诞	1350 贯	1403 革
1086 畅	1139 例	1192 周	1245 沾	1298 诡	1351 契	1404 苍
1087 明	1140 侩	1193 昏	1246 泪	1299 询	1352 贰	1405 荐
1088 易	1141 侠	1194 鱼	1247 沮	1300 该	1353	1406 巷
1089 咙	1142 侥	1195 兔	1248 油	1301 详	1354 奏	1407 带

1408	草	1461	殃	1514	咪	1567	俭	1620	亭	1673	派	1726	费
1409	茧	1462	轴	1515	哪	1568	俗	1621	亮	1674	洽	1727	陡
1410	茵	1463	轻	1516	哟	1569	俘	1622	度	1675	染	1728	逊
1411	茶	1464	鸦	1517	炭	1570	信	1623	迹	1676	洛	1729	眉
1412	荒	1465	皆	1518	峡	1571	皇	1624	庭	1677	浏	1730	孩
1413	茫	1466	韭	1519	罚	1572	泉	1625	疮	1678	济	1731	陨
1414	荡	1467	背	1520	贱	1573	鬼	1626	疯	1679	洋	1732	除
1415	荣	1468	战	1521	贴	1574	侵	1627	疫	1680	洲	1733	险
1416	荤	1469	点	1522	贻	1575	禹	1628	疤	1681	浑	1734	院
1417	荧	1470	虐	1523	骨	1576	侯	1629	咨	1682	浓	1735	娃
1418	故	1471	临	1524	幽	1577	追	1630	姿	1683	津	1736	姥
1419	胡	1472	览	1525	钙	1578	俊	1631	亲	1684	恃	1737	姨
1420	荫	1473	竖	1526	钝	1579	盾	1632	音	1685	恒	1738	姻
1421	荔	1474	省	1527	钞	1580	待	1633	帝	1686	恢	1739	娇
1422	南	1475	削	1528	钟	1581	徊	1634	施	1687	恍	1740	姚
1423	药	1476	尝	1529	钢	1582	衍	1635	闺	1688	恬	1741	娜
1424	标	1477	昧	1530	钠	1583	律	1636	闻	1689	恤	1742	怒
1425	栈	1478	眨	1531	钥	1584	很	1637	闽	1690	恰	1743	架
1426	柑	1479	是	1532	钦	1585	须	1638	阀	1691	恼	1744	贺
1427	枯	1480	盼	1533	钩	1586	叙	1639	阁	1692	恨	1745	盈
1428	柄	1481	眨	1534	钩	1587	剑	1640	差	1693	举	1746	勇
1429	栋	1482	哇	1535	钮	1588	逃	1641	养	1694	觉	1747	怠
1430	相	1483	哄	1536	卸	1589	食	1642	美	1695	宣	1748	癸
1431	查	1484	哑	1537	缸	1590	盆	1643	姜	1696	宦	1749	蚤
1432	柏	1485	显	1538	拜	1591	胚	1644	叛	1697	室	1750	柔
1433	栅	1486	冒	1539	看	1592	胧	1645	送	1698	宫	1751	垒
1434	柳	1487	映	1540	矩	1593	胆	1646	类	1699	宪	1752	绑
1435	柱	1488	星	1541	毡	1594	胜	1647	迷	1700	突	1753	绒
1436	柿	1489	昨	1542	氢	1595	胞	1648	籽	1701	穿	1754	结
1437	栏	1490	咧	1543	怎	1596	胖	1649	娄	1702	窃	1755	绕
1438	柠	1491	昭	1544	牲	1597	脉	1650	前	1703	客	1756	骄
1439	树	1492	趴	1545	选	1598	胎	1651	首	1704	诫	1757	绘
1440	勃	1493	胃	1546	适	1599	勉	1652	逆	1705	冠	1758	给
1441	要	1494	贵	1547	秒	1600	狭	1653	兹	1706	诬	1759	绚
1442	枣	1495	界	1548	香	1601	狮	1654	总	1707	语	1760	骆
1443	咸	1496	虹	1549	种	1602	独	1655	炼	1708	扁	1761	络
1444	威	1497	虾	1550	秋	1603	狰	1656	炸	1709	袄	1762	绝
1445	歪	1498	蚁	1551	科	1604	狡	1657	烁	1710	祖	1763	绞
1446	研	1499	思	1552	重	1605	狱	1658	炮	1711	神	1764	骇
1447	砖	1500	蚂	1553	复	1606	狠	1659	炫	1712	祝	1765	统
1448	厘	1501	虽	1554	竿	1607	贸	1660	烂	1713	祠	1766	耕
1449	厚	1502	品	1555	段	1608	怨	1661	剃	1714	误	1767	耘
1450	砌	1503	咽	1556	便	1609	急	1662	洼	1715	诱	1768	耗
1451	砂	1504	骂	1557	俩	1610	饵	1663	洁	1716	诲	1769	耙
1452	泵	1505	勋	1558	贷	1611	饶	1664	洪	1717	说	1770	艳
1453	砚	1506	哗	1559	顺	1612	蚀	1665	洒	1718	诵	1771	泰
1454	砍	1507	咱	1560	修	1613	饺	1666	柒	1719	垦	1772	秦
1455	面	1508	响	1561	俏	1614	饼	1667	浇	1720	退	1773	珠
1456	耐	1509	哈	1562	保	1615	峦	1668	浊	1721	既	1774	班
1457	耍	1510	哆	1563	促	1616	弯	1669	洞	1722	屋	1775	素
1458	牵	1511	咚	1564	俄	1617	将	1670	测	1723	昼	1776	匿
1459	鸥	1512	咳	1565	俐	1618	奖	1671	洗	1724	屏	1777	蚕
1460	残	1513		1566	侮	1619	哀	1672	活	1725	屎	1778	顽

1779	盏	1832	真	1885	党	1938	特	1991	颂	2044	部	2097	害
1780	匪	1833	框	1886	逞	1939	牺	1992	翁	2045	旁	2098	宽
1781	捞	1834	梆	1887	晒	1940	造	1993	胰	2046	旅	2099	家
1782	栽	1835	桂	1888	眠	1941	乘	1994	脆	2047	畜	2100	宵
1783	捕	1836	桔	1889	晓	1942	敌	1995	脂	2048	阅	2101	宴
1784	埂	1837	栖	1890	唠	1943	秤	1996	胸	2049	羞	2102	宾
1785	捂	1838	档	1891	唠	1944	租	1997	胳	2050	羔	2103	窍
1786	振	1839	桐	1892	鸭	1945	积	1998	脏	2051	瓶	2104	窄
1787	载	1840	株	1893	晃	1946	秧	1999	脐	2052	拳	2105	容
1788	赶	1841	桥	1894	哺	1947	秩	2000	胶	2053	粉	2106	宰
1789	起	1842	桦	1895	晌	1948	称	2001	脑	2054	料	2107	案
1790	盐	1843	栓	1896	剔	1949	秘	2002	脓	2055	益	2108	请
1791	捎	1844	桃	1897	晕	1950	透	2003	逛	2056	兼	2109	朗
1792	捍	1845	格	1898	蚌	1951	笔	2004	狸	2057	烤	2110	诸
1793	捏	1846	桩	1899	畔	1952	笑	2005	狼	2058	烘	2111	诺
1794	埋	1847	校	1900	蚣	1953	笋	2006	卿	2059	烦	2112	读
1795	捉	1848	核	1901	蚊	1954	债	2007	逢	2060	烧	2113	扇
1796	捆	1849	样	1902	蚪	1955	借	2008	鸵	2061	烛	2114	诽
1797	捐	1850	根	1903	蚓	1956	值	2009	留	2062	烟	2115	袜
1798	损	1851	索	1904	哨	1957	倚	2010	鸳	2063	烙	2116	袖
1799	袁	1852	哥	1905	哩	1958	俺	2011	皱	2064	递	2117	袍
1800	捌	1853	速	1906	圃	1959	倾	2012	饿	2065	涛	2118	被
1801	都	1854	逗	1907	哭	1960	倒	2013	馁	2066	浙	2119	祥
1802	哲	1855	栗	1908	哦	1961	倘	2014	凌	2067	涝	2120	课
1803	逝	1856	贾	1909	恩	1962	俱	2015	凄	2068	浦	2121	冥
1804	捡	1857	酌	1910	鸯	1963	倡	2016	恋	2069	酒	2122	谁
1805	挫	1858	配	1911	唤	1964	候	2017	桨	2070	涉	2123	调
1806	换	1859	翅	1912	啥	1965	赁	2018	浆	2071	消	2124	冤
1807	挽	1860	辱	1913	哼	1966	俯	2019	衰	2072	涡	2125	谅
1808	挚	1861	唇	1914	唧	1967	倍	2020	衷	2073	浩	2126	谆
1809	热	1862	夏	1915	啊	1968	倦	2021	高	2074	海	2127	谈
1810	恐	1863	砸	1916	唉	1969	健	2022	郭	2075	涂	2128	谊
1811	捣	1864	砰	1917	唆	1970	臭	2023	席	2076	浴	2129	剥
1812	壶	1865	砾	1918	罢	1971	射	2024	准	2077	浮	2130	恳
1813	捅	1866	础	1919	峭	1972	躬	2025	座	2078	涣	2131	展
1814	埃	1867	破	1920	峨	1973	息	2026	症	2079	涤	2132	剧
1815	挨	1868	原	1921	峰	1974	倔	2027	病	2080	流	2133	屑
1816	耻	1869	套	1922	圆	1975	徒	2028	疾	2081	润	2134	弱
1817	耿	1870	逐	1923	峻	1976	徐	2029	斋	2082	涧	2135	陵
1818	耽	1871	烈	1924	贼	1977	殷	2030	疹	2083	涕	2136	崇
1819	聂	1872	殊	1925	贿	1978	舰	2031	疼	2084	浪	2137	陶
1820	恭	1873	殉	1926	赂	1979	舱	2032	疲	2085	浸	2138	陷
1821	莽	1874	顾	1927	赃	1980	般	2033	脊	2086	涨	2139	陪
1822	莱	1875	轿	1928	钱	1981	航	2034	效	2087	烫	2140	娱
1823	莲	1876	较	1929	钳	1982	途	2035	离	2088	涩	2141	娟
1824	莫	1877	顿	1930	钻	1983	拿	2036	衮	2089	涌	2142	恕
1825	莉	1878	毙	1931	钾	1984	耸	2037	唐	2090	悖	2143	娥
1826	荷	1879	致	1932	铁	1985	爹	2038	瓷	2091	悟	2144	娘
1827	获	1880	柴	1933	铃	1986	舀	2039	资	2092	悄	2145	通
1828	晋	1881	桌	1934	铅	1987	爱	2040	凉	2093	悍	2146	能
1829	恶	1882	虑	1935	缺	1988	豺	2041	站	2094	悔	2147	难
1830	莹	1883	监	1936	氧	1989	豹	2042	剖	2095	悯	2148	预
1831	莺	1884	紧	1937	氨	1990	颁	2043	竟	2096	悦	2149	桑

2150	绢	2203	萌	2256	堂	2309	银	2362	够	2415	淹	2468	谜
2151	绣	2204	萝	2257	常	2310	矫	2363	逸	2416	渠	2469	逯
2152	验	2205	菌	2258	眶	2311	甜	2364	猜	2417	渐	2470	敢
2153	继	2206	萎	2259	匙	2312	秸	2365	猪	2418	淑	2471	尉
2154	骏	2207	菜	2260	晨	2313	梨	2366	猎	2419	淌	2472	屠
2155	球	2208	萄	2261	晗	2314	犁	2367	猫	2420	混	2473	弹
2156	琐	2209	菊	2262	眯	2315	秽	2368	凰	2421	淮	2474	隋
2157	理	2210	菩	2263	眼	2316	笨	2369	猖	2422	淆	2475	堕
2158	琉	2211	萍	2264	悬	2317	笼	2370	猛	2423	渊	2476	随
2159	琅	2212	菠	2265	野	2318	笛	2371	祭	2424	淫	2477	蛋
2160	捧	2213	萤	2266	啪	2319	笙	2372	馅	2425	渔	2478	隅
2161	堵	2214	营	2267	啦	2320	符	2373	馆	2426	淘	2479	隆
2162	措	2215	乾	2268	曼	2321	第	2374	凑	2427	淳	2480	隐
2163	描	2216	萧	2269	晦	2322	敏	2375	减	2428	液	2481	婚
2164	域	2217	萨	2270	晚	2323	做	2376	毫	2429	淤	2482	婶
2165	捺	2218	菇	2271	啄	2324	袋	2377	烹	2430	淡	2483	婉
2166	掩	2219	械	2272	啡	2325	悠	2378	庶	2431	淀	2484	颇
2167	捷	2220	彬	2273	距	2326	偿	2379	麻	2432	深	2485	颈
2168	排	2221	梦	2274	趾	2327	偶	2380	庵	2433	涮	2486	绩
2169	焉	2222	婪	2275	啃	2328	偎	2381	痊	2434	涵	2487	绪
2170	掉	2223	梗	2276	跃	2329	偎	2382	痒	2435	婆	2488	续
2171	捶	2224	梧	2277	略	2330	偷	2383	痕	2436	梁	2489	骑
2172	赦	2225	梢	2278	蚯	2331	您	2384	廊	2437	渗	2490	绰
2173	堆	2226	梅	2279	蛀	2332	售	2385	康	2438	情	2491	绳
2174	推	2227	检	2280	蛇	2333	停	2386	庸	2439	惜	2492	维
2175	埠	2228	梳	2281	唬	2334	偏	2387	鹿	2440	惭	2493	绵
2176	掀	2229	梯	2282	累	2335	躯	2388	盗	2441	悼	2494	绷
2177	授	2230	桶	2283	鄂	2336	兜	2389	章	2442	惧	2495	绸
2178	捻	2231	梭	2284	唱	2337	假	2390	竟	2443	惕	2496	综
2179	教	2232	救	2285	患	2338	衅	2391	商	2444	惟	2497	绽
2180	掏	2233	曹	2286	啰	2339	徘	2392	族	2445	惊	2498	绿
2181	掐	2234	副	2287	唾	2340	徙	2393	旋	2446	惦	2499	缀
2182	掠	2235	票	2288	唯	2341	得	2394	望	2447	悴	2500	巢
2183	据	2236	酝	2289	啤	2342	衔	2395	率	2448	惋	2501	琴
2184	培	2237	酗	2290	啥	2343	盘	2396	阎	2449	惨	2502	琳
2185	接	2238	厢	2291	啸	2344	舶	2397	阐	2450	惯	2503	琢
2186	掷	2239	戚	2292	崖	2345	船	2398	着	2451	寇	2504	琼
2187	控	2240	硅	2293	崎	2346	舵	2399	羚	2452	寅	2505	斑
2188	探	2241	硕	2294	崭	2347	斜	2400	盖	2453	寄	2506	替
2189	据	2242	奢	2295	逻	2348	盒	2401	眷	2454	寂	2507	揍
2190	掘	2243	盔	2296	崔	2349	鸽	2402	粘	2455	宿	2508	款
2191	掺	2244	爽	2297	帷	2350	敛	2403	粗	2456	窒	2509	堪
2192	职	2245	聋	2298	崩	2351	悉	2404	粒	2457	窑	2510	塔
2193	基	2246	袭	2299	崇	2352	欲	2405	断	2458	密	2511	搭
2194	聆	2247	盛	2300	崛	2353	彩	2406	剪	2459	谋	2512	堰
2195	勘	2248	匾	2301	婴	2354	领	2407	兽	2460	谍	2513	揩
2196	聊	2249	雪	2302	圈	2355	脚	2408	焊	2461	谎	2514	越
2197	娶	2250	辅	2303	铐	2356	脖	2409	焕	2462	谐	2515	趁
2198	著	2251	辆	2304	铛	2357	脯	2410	清	2463	袱	2516	趋
2199	菱	2252	颅	2305	铝	2358	豚	2411	添	2464	祷	2517	超
2200	勒	2253	虚	2306	铜	2359	脸	2412	鸿	2465	祸	2518	揽
2201	黄	2254	彪	2307	铭	2360	脱	2413	淋	2466	谓	2519	堤
2202	菲	2255	雀	2308	铲	2361	象	2414	涯	2467	谚	2520	提

五、规范标准

2521 博	2575 棚	2628 践	2681 等	2734 痛	2787 窘	2840 搬	
2522 揭	2576 棕	2629 跋	2682 筑	2735 童	2788 遍	2841 摇	
2523 喜	2577 棺	2630 跌	2683 策	2736 竣	2789 雇	2842 搞	
2524 彭	2578 椰	2631 跑	2684 筛	2737 阔	2790 裕	2843 塘	
2525 揣	2579 椭	2632 跛	2685 筒	2738 善	2791 裤	2844 摊	
2526 插	2580 惠	2633 遗	2686 筏	2739 翔	2792 裙	2845 聘	
2527 揪	2581 惑	2634 蛙	2687 答	2740 羡	2793 禅	2846 斟	
2528 搜	2582 逼	2635 蛛	2688 筋	2741 普	2794 禄	2847 蒜	
2529 煮	2583 粟	2636 蜓	2689 筝	2742 粪	2795 谢	2848 勤	
2530 援	2584 棘	2637 蜒	2690 傲	2743 尊	2796 谣	2849 靴	
2531 搀	2585 酣	2638 蛤	2691 傅	2744 奠	2797 谤	2850 靶	
2532 裁	2586 酥	2639 喝	2692 牌	2745 道	2798 谦	2851 鹊	
2533 搁	2587 厨	2640 鹃	2693 堡	2746 遂	2799 犀	2852 蓝	
2534 搓	2588 厦	2641 喂	2694 集	2747 曾	2800 属	2853 墓	
2535 搂	2589 硬	2642 喘	2695 焦	2748 焰	2801 屡	2854 幕	
2536 搅	2590 硝	2643 喉	2696 傍	2749 港	2802 强	2855 蓬	
2537 壹	2591 确	2644 喻	2697 储	2750 滞	2803 粥	2856 蓄	
2538 握	2592 硫	2645 啼	2698 皓	2751 湖	2804 疏	2857 蒲	
2539 搔	2593 雁	2646 喧	2699 皖	2752 湘	2805 隔	2858 蓉	
2540 揉	2594 殖	2647 嵌	2700 粤	2753 渣	2806 隙	2859 蒙	
2541 斯	2595 裂	2648 幅	2701 奥	2754 渤	2807 隘	2860 蒸	
2542 期	2596 雄	2649 帽	2702 街	2755 渺	2808 媒	2861 献	
2543 欺	2597 颊	2650 赋	2703 惩	2756 湿	2809 絮	2862 椿	
2544 联	2598 雳	2651 赌	2704 御	2757 温	2810 嫂	2863 禁	
2545 葫	2599 暂	2652 赎	2705 循	2758 渴	2811 媚	2864 楚	
2546 散	2600 雅	2653 赐	2706 艇	2759 溃	2812 婿	2865 楷	
2547 惹	2601 翘	2654 赔	2707 舒	2760 溅	2813 登	2866 榄	
2548 葬	2602 辈	2655 黑	2708 逾	2761 滑	2814 缅	2867 想	
2549 募	2603 悲	2656 铸	2709 番	2762 湃	2815 缆	2868 槐	
2550 葛	2604 紫	2657 铺	2710 释	2763 渝	2816 缉	2869 榆	
2551 董	2605 凿	2658 链	2711 禽	2764 湾	2817 缎	2870 楼	
2552 葡	2606 辉	2659 销	2712 腊	2765 渡	2818 缓	2871 概	
2553 敬	2607 敞	2660 锁	2713 脾	2766 游	2819 缔	2872 赖	
2554 葱	2608 棠	2661 锄	2714 腋	2767 滋	2820 缕	2873 酪	
2555 蒋	2609 赏	2662 锅	2715 腔	2768 渲	2821 骗	2874 酬	
2556 蒂	2610 掌	2663 锈	2716 腕	2769 溉	2822 编	2875 感	
2557 落	2611 晴	2664 锋	2717 鲁	2770 愤	2823 骚	2876 碍	
2558 韩	2612 睐	2665 锐	2718 猾	2771 慌	2824 缘	2877 碘	
2559 朝	2613 暑	2666 甥	2719 猥	2772 惰	2825 瑟	2878 碑	
2560 辜	2614 最	2667 掰	2720 猴	2773 愕	2826 鹉	2879 碎	
2561 葵	2615 晰	2668 短	2721 觉	2774 愣	2827 瑞	2880 碰	
2562 棒	2616 量	2669 智	2722 然	2775 惶	2828 瑰	2881 碗	
2563 棱	2617 鼎	2670 氮	2723 馈	2776 愧	2829 瑙	2882 碌	
2564 棋	2618 喷	2671 毯	2724 馋	2777 愉	2830 魂	2883 尴	
2565 椰	2619 喳	2672 氯	2725 装	2778 慨	2831 肆	2884 雷	
2566 植	2620 晶	2673 鹅	2726 蛮	2779 割	2832 摄	2885 零	
2567 森	2621 喇	2674 剩	2727 就	2780 寒	2833 摸	2886 雾	
2568 焚	2622 遇	2675 稍	2728 敦	2781 富	2834 填	2887 雹	
2569 椅	2623 喊	2676 程	2729 斌	2782 寓	2835 搏	2888 辐	
2570 椒	2624 遏	2677 稀	2730 痘	2783 窜	2836 塌	2889 辑	
2571 棵	2625 晾	2678 税	2731 痢	2784 窝	2837 鼓	2890 输	
2572 棍	2626 景	2679 筐	2732 痪	2785 窖	2838 摆	2891 督	
2573 椎	2627 畴	2680	2733	2786	2839 携	2892 频	
2574 棉							

[1] 零：与表数目的汉字"一二三四五六七八九"连用时可用"〇"替代。

2893	龄	2946	矮	2999	数	3052	赘	3105	蜻	3158	熔	3211	蔬
2894	鉴	2947	辞	3000	煎	3053	熬	3106	蜡	3159	煽	3212	蕴
2895	睛	2948	稚	3001	塑	3054	墙	3107	蝇	3160	潇	3213	横
2896	睹	2949	稠	3002	慈	3055	墟	3108	蜘	3161	漆	3214	槽
2897	睦	2950	颓	3003	煤	3056	嘉	3109	蝉	3162	漱	3215	樱
2898	瞄	2951	愁	3004	煌	3057	摧	3110	嘛	3163	漂	3216	橡
2899	睫	2952	筹	3005	满	3058	赫	3111	嘀	3164	漫	3217	樟
2900	睬	2953	签	3006	漠	3059	截	3112	赚	3165	滴	3218	橄
2901	嗜	2954	简	3007	滇	3060	誓	3113	锹	3166	漾	3219	敷
2902	鄙	2955	筷	3008	源	3061	境	3114	锻	3167	演	3220	豌
2903	嗦	2956	毁	3009	滤	3062	摘	3115	镀	3168	漏	3221	飘
2904	愚	2957	舅	3010	滥	3063	摔	3116	舞	3169	慢	3222	醋
2905	暖	2958	鼠	3011	滔	3064	撇	3117	舔	3170	慷	3223	醇
2906	盟	2959	催	3012	溪	3065	聚	3118	稳	3171	寨	3224	醉
2907	歇	2960	傻	3013	溜	3066	慕	3119	熏	3172	赛	3225	磕
2908	暗	2961	像	3014	漓	3067	暮	3120	箕	3173	寡	3226	磊
2909	暇	2962	躲	3015	滚	3068	摹	3121	算	3174	察	3227	磅
2910	照	2963	魁	3016	溢	3069	蔓	3122	箩	3175	蜜	3228	碾
2911	畸	2964	衙	3017	溯	3070	蔑	3123	管	3176	寥	3229	震
2912	跨	2965	微	3018	滨	3071	蔡	3124	箫	3177	谭	3230	霄
2913	跷	2966	愈	3019	溶	3072	蔗	3125	舆	3178	肇	3231	霉
2914	跳	2967	遥	3020	溺	3073	蔽	3126	僚	3179	褐	3232	瞒
2915	跺	2968	腻	3021	梁	3074	蔼	3127	僧	3180	褪	3233	题
2916	跪	2969	腰	3022	滩	3075	熙	3128	鼻	3181	谱	3234	暴
2917	路	2970	腥	3023	慎	3076	蔚	3129	魄	3182	隧	3235	瞎
2918	跤	2971	腮	3024	誉	3077	兢	3130	魅	3183	嫩	3236	嘻
2919	跟	2972	腹	3025	塞	3078	模	3131	貌	3184	翠	3237	嘶
2920	遣	2973	腺	3026	寞	3079	槛	3132	膜	3185	熊	3238	嘲
2921	蜈	2974	鹏	3027	窥	3080	榴	3133	膊	3186	凳	3239	嚷
2922	蜗	2975	腾	3028	窟	3081	榜	3134	膀	3187	骡	3240	影
2923	蛾	2976	腿	3029	寝	3082	榨	3135	鲜	3188	缩	3241	踢
2924	蜂	2977	鲍	3030	谨	3083	榕	3136	疑	3189	慧	3242	踏
2925	蜕	2978	猿	3031	褂	3084	歌	3137	孵	3190	撵	3243	踩
2926	嗅	2979	颖	3032	裸	3085	遭	3138	馒	3191	撕	3244	踪
2927	嗡	2980	触	3033	福	3086	酵	3139	裹	3192	撒	3245	蝶
2928	嗓	2981	解	3034	谬	3087	酷	3140	敲	3193	撩	3246	蝴
2929	署	2982	煞	3035	群	3088	酿	3141	豪	3194	趟	3247	蝠
2930	置	2983	雏	3036	殿	3089	酸	3142	膏	3195	撑	3248	蝎
2931	罪	2984	馍	3037	辟	3090	碟	3143	遮	3196	撮	3249	蝌
2932	罩	2985	馏	3038	障	3091	碱	3144	腐	3197	撬	3250	蝗
2933	蜀	2986	酱	3039	媳	3092	碳	3145	瘩	3198	播	3251	蝙
2934	幌	2987	禀	3040	嫉	3093	磁	3146	瘟	3199	擒	3252	嘿
2935	错	2988	痹	3041	嫌	3094	愿	3147	瘦	3200	墩	3253	嘱
2936	锚	2989	廓	3042	嫁	3095	需	3148	辣	3201	撞	3254	幢
2937	锡	2990	痴	3043	叠	3096	辖	3149	彰	3202	撤	3255	墨
2938	锣	2991	痰	3044	缚	3097	辗	3150	竭	3203	增	3256	镇
2939	锤	2992	廉	3045	缝	3098	雌	3151	端	3204	撰	3257	镐
2940	锥	2993	靖	3046	缠	3099	裳	3152	旗	3205	聪	3258	镑
2941	锦	2994	新	3047	缤	3100	颗	3153	精	3206	鞋	3259	靠
2942	键	2995	韵	3048	剿	3101	瞅	3154	粹	3207	鞍	3260	稽
2943	锯	2996	意	3049	静	3102	墅	3155	歉	3208	蕉	3261	稻
2944	锰	2997	誊	3050	碧	3103	嗽	3156	弊	3209	蕊	3262	黎
2945		2998	粮	3051	璃	3104	踊	3157	熄	3210		3263	稿

3264 稼	3298 澜	3332 橘	3366 鲸	3400 霞	3434 臂	3468 瓣
3265 箱	3299 澄	3333 整	3367 磨	3401 瞭	3435 翼	3469 羹
3266 篓	3300 懂	3334 融	3368 瘾	3402 瞧	3436 骤	3470 鳖
3267 箭	3301 憔	3335 瓢	3369 瘸	3403 瞬	3437 藕	3471 爆
3268 篇	3302 懊	3336 醒	3370 凝	3404 瞳	3438 鞭	3472 疆
3269 僵	3303 憎	3337 霍	3371 辨	3405 瞩	3439 藤	3473 鬓
3270 躺	3304 额	3338 霎	3372 辩	3406 蹬	3440 覆	3474 壤
3271 僻	3305 翩	3339 辙	3373 糙	3407 曙	3441 瞻	3475 馨
3272 德	3306 褥	3340 冀	3374 糖	3408 蹋	3442 蹦	3476 耀
3273 艘	3307 谴	3341 餐	3375 糕	3409 蹈	3443 器	3477 躁
3274 膝	3308 鹤	3342 嘴	3376 燃	3410 螺	3444 镰	3478 蠕
3275 膛	3309 憨	3343 踱	3377 濒	3411 蟋	3445 翻	3479 嚼
3276 鲤	3310 慰	3344 蹄	3378 澡	3412 蟀	3446 鳍	3480 嚷
3277 鲫	3311 劈	3345 踩	3379 激	3413 嚎	3447 鹰	3481 巍
3278 熟	3312 履	3346 蟆	3380 懒	3414 赡	3448 瀑	3482 籍
3279 摩	3313 豫	3347 螃	3381 憾	3415 穗	3449 襟	3483 鳞
3280 褒	3314 缭	3348 器	3382 懈	3416 魏	3450 璧	3484 魔
3281 瘪	3315 撼	3349 噪	3383 窿	3417 簧	3451 戳	3485 糯
3282 瘤	3316 擂	3350 鹦	3384 壁	3418 簇	3452 擎	3486 灌
3283 瘫	3317 操	3351 赠	3385 避	3419 繁	3453 擘	3487 譬
3284 凛	3318 擅	3352 默	3386 缰	3420 徽	3454 蘑	3488 蠢
3285 颜	3319 燕	3353 黔	3387 缴	3421 爵	3455 藻	3489 霸
3286 毅	3320 蕾	3354 镜	3388 戴	3422 朦	3456 攀	3490 露
3287 糊	3321 薯	3355 赞	3389 擦	3423 臊	3457 曝	3491 霹
3288 遵	3322 薛	3356 穆	3390 藉	3424 鳄	3458 蹲	3492 躏
3289 憋	3323 薇	3357 篮	3391 鞠	3425 癌	3459 蹭	3493 黯
3290 潜	3324 擎	3358 篡	3392 藏	3426 辨	3460 蹬	3494 髓
3291 澎	3325 薪	3359 篷	3393 貌	3427 羸	3461 巅	3495 赣
3292 潮	3326 薄	3360 篱	3394 檬	3428 糟	3462 簸	3496 囊
3293 潭	3327 颠	3361 儒	3395 檐	3429 糠	3463 簿	3497 镶
3294 鲨	3328 翰	3362 邀	3396 檀	3430 燥	3464 蟹	3498 瓤
3295 澳	3329 噩	3363 衡	3397 礁	3431 懦	3465 颤	3499 罐
3296 潘	3330 橱	3364 膨	3398 磷	3432 豁	3466 靡	3500 矗
3297 澈	3331 橙	3365 雕	3399 霜	3433 臀	3467 癣	

二级字表

3501 乂	3516 仉	3531 艿	3546 仞	3561 弁	3576 圮	3591 旯
3502 乜	3517 仂	3532 札	3547 仨	3562 驭	3577 圯	3592 曳
3503 兀	3518 兮	3533 叵	3548 氐	3563 匡	3578 芊	3593 岌
3504 弋	3519 刈	3534 匝	3549 犰	3564 耒	3579 芍	3594 屺
3505 孑	3520 爻	3535 丕	3550 刍	3565 玎	3580 芄	3595 凼
3506 孓	3521 卞	3536 匜	3551 邝	3566 玑	3581 芨	3596 囡
3507 幺	3522 闩	3537 劢	3552 邙	3567 邢	3582 芑	3597 钇
3508 亓	3523 讣	3538 卟	3553 汀	3568 圩	3583 芎	3598 缶
3509 韦	3524 尹	3539 叱	3554 讦	3569 圬	3584 芗	3599 氘
3510 廿	3525 夬	3540 叻	3555 讧	3570 圭	3585 亘	3600 氖
3511 丏	3526 爿	3541 仨	3556 讪	3571 扦	3586 厍	3601 牝
3512 卅	3527 邗	3542 仕	3557 讫	3572 圪	3587 夼	3602 伎
3513 仄	3528 邛	3543 仟	3558 尻	3573 圳	3588 戍	3603 伛
3514 厄	3529 艽	3544 仡	3559 阡	3574 圹	3589 尥	3604 伢
3515 仃	3530	3545 仫	3560 尕	3575 扪	3590 乩	3605 佤

3606	仟	3659	荒	3712	帏	3765	炀	3818	刭	3871	荥	3924	岜
3607	伥	3660	邯	3713	岐	3766	沣	3819	甬	3872	荑	3925	岬
3608	伧	3661	芸	3714	岈	3767	沅	3820	邰	3873	荜	3926	岫
3609	伉	3662	苈	3715	岘	3768	沔	3821	纭	3874	栃	3927	岻
3610	仝	3663	苊	3716	岑	3769	沤	3822	纰	3875	枇	3928	岣
3611	囟	3664	苣	3717	岚	3770	沌	3823	纾	3876	杪	3929	峁
3612	佘	3665	芮	3718	兕	3771	沏	3824	纶	3877	杳	3930	刿
3613	刖	3666	苋	3719	囵	3772	沚	3825	纻	3878	枧	3931	迥
3614	夙	3667	苌	3720	囫	3773	汩	3826	玮	3879	杵	3932	岷
3615	旮	3668	苁	3721	钊	3774	汩	3827	珏	3880	枨	3933	刽
3616	囡	3669	苁	3722	钋	3775	沂	3828	玳	3881	枞	3934	岐
3617	犷	3670	苁	3723	钉	3776	汾	3829	玷	3882	枋	3935	峄
3618	犸	3671	芩	3724	氙	3777	沨	3830	玢	3883	杻	3936	沓
3619	舛	3672	芪	3725	氚	3778	汴	3831	玥	3884	杷	3937	囹
3620	凫	3673	芡	3726	氘	3779	汶	3832	玦	3885	杼	3938	囝
3621	邬	3674	芰	3727	牝	3780	沆	3833	盂	3886	矸	3939	钍
3622	饧	3675	苄	3728	佞	3781	沩	3834	忝	3887	矽	3940	钎
3623	汕	3676	苎	3729	邱	3782	泐	3835	甄	3888	剀	3941	钏
3624	汔	3677	苡	3730	攸	3783	怃	3836	坩	3889	奄	3942	钒
3625	汐	3678	杌	3731	佚	3784	怄	3837	抨	3890	瓯	3943	钕
3626	汲	3679	杌	3732	佝	3785	忡	3838	拤	3891	殁	3944	钗
3627	汜	3680	杞	3733	佟	3786	忤	3839	坫	3892	郏	3945	邾
3628	汊	3681	杈	3734	佗	3787	忾	3840	拈	3893	轭	3946	迮
3629	忖	3682	忑	3735	伽	3788	怅	3841	垆	3894	郅	3947	牦
3630	忏	3683	孛	3736	彷	3789	忻	3842	抻	3895	鸢	3948	竺
3631	讴	3684	邴	3737	佘	3790	怆	3843	劼	3896	盱	3949	迤
3632	讵	3685	邳	3738	佥	3791	忪	3844	拃	3897	昊	3950	佶
3633	祁	3686	矶	3739	孚	3792	忾	3845	拊	3898	昙	3951	佬
3634	讷	3687	奁	3740	豸	3793	忸	3846	坼	3899	杲	3952	佰
3635	聿	3688	豕	3741	坌	3794	诂	3847	坻	3900	昃	3953	侑
3636	艮	3689	忒	3742	肟	3795	诃	3848	扺	3901	咂	3954	侉
3637	虿	3690	欤	3743	邸	3796	诅	3849	坨	3902	呸	3955	奂
3638	阡	3691	轫	3744	奂	3797	诋	3850	垅	3903	昕	3956	岱
3639	阮	3692	邶	3745	叻	3798	诌	3851	抿	3904	昀	3957	侗
3640	阪	3693	忮	3746	狄	3799	诏	3852	坳	3905	旻	3958	侃
3641	丞	3694	忐	3747	狁	3800	诒	3853	耶	3906	昉	3959	侏
3642	奶	3695	卣	3748	鸠	3801	孜	3854	苷	3907	炅	3960	侩
3643	牟	3696	邺	3749	邹	3802	陇	3855	苯	3908	咔	3961	佾
3644	纤	3697	旰	3750	饨	3803	陀	3856	茏	3909	畀	3962	侪
3645	纩	3698	旴	3751	饩	3804	陂	3857	苫	3910	虮	3963	侨
3646	纥	3699	旵	3752	饪	3805	陉	3858	苦	3911	咀	3964	佼
3647	纨	3700	旸	3753	饫	3806	妍	3859	苜	3912	呷	3965	佯
3648	玕	3701	呔	3754	饬	3807	妩	3860	苴	3913	黾	3966	侬
3649	玙	3702	呖	3755	亨	3808	妪	3861	苒	3914	呱	3967	帛
3650	抟	3703	呃	3756	庑	3809	妣	3862	苘	3915	呤	3968	阜
3651	抔	3704	旸	3757	庋	3810	妊	3863	茌	3916	咚	3969	侔
3652	圩	3705	呗	3758	疔	3811	妗	3864	苻	3917	咆	3970	徂
3653	圬	3706	町	3759	疖	3812	妫	3865	苓	3918	咛	3971	刿
3654	圪	3707	虮	3760	盲	3813	妞	3866	茚	3919	呶	3972	郐
3655	坞	3708	呗	3761	闱	3814	姒	3867	茆	3920	呣	3973	怂
3656	抃	3709	吽	3762	闳	3815	妤	3868	茑	3921	呦	3974	籴
3657	抉	3710	呐	3763	闵	3816	邵	3869	茕	3922	咝	3975	瓮
3658	扨	3711	呦	3764	羌	3817	劭	3870	茔	3923	岢	3976	戗

3977 肼	4030 怍	4083 甾	4136 茹	4189 呕	4242 钣	4295 狁	
3978 胲	4031 怊	4084 珏	4137 荬	4190 哳	4243 铃	4296 狍	
3979 肽	4032 怩	4085 珐	4138 荮	4191 郢	4244 钨	4297 逄	
3980 肱	4033 怫	4086 珂	4139 柰	4192 眇	4245 钫	4298 昝	
3981 胨	4034 怿	4087 珑	4140 栉	4193 眊	4246 钯	4299 饷	
3982 剁	4035 宕	4088 玳	4141 柯	4194 眈	4247 氢	4300 饸	
3983 迩	4036 穹	4089 珀	4142 柘	4195 禺	4248 氟	4301 饹	
3984 郃	4037 宓	4090 顼	4143 栊	4196 哂	4249 牯	4302 胤	
3985 狙	4038 诓	4091 珉	4144 枢	4197 咴	4250 郜	4303 孪	
3986 狎	4039 诔	4092 珈	4145 枰	4198 曷	4251 秕	4304 娈	
3987 狍	4040 诖	4093 拮	4146 栌	4199 昴	4252 秭	4305 弈	
3988 狒	4041 诘	4094 垭	4147 柙	4200 昱	4253 竽	4306 奕	
3989 咎	4042 戾	4095 挢	4148 枵	4201 昵	4254 笈	4307 麻	
3990 炙	4043 诙	4096 垣	4149 柚	4202 咦	4255 笃	4308 疬	
3991 枭	4044 戽	4097 挞	4150 枳	4203 哓	4256 俦	4309 疣	
3992 饯	4045 郓	4098 垤	4151 柞	4204 哔	4257 俨	4310 疥	
3993 饴	4046 衩	4099 赳	4152 柝	4205 畎	4258 俅	4311 疯	
3994 冽	4047 袄	4100 贲	4153 栀	4206 毗	4259 俪	4312 痄	
3995 冼	4048 衲	4101 垱	4154 柢	4207 呲	4260 叟	4313 竑	
3996 庖	4049 衽	4102 垌	4155 栎	4208 胄	4261 垡	4314 彦	
3997 疠	4050 衿	4103 郝	4156 枸	4209 畋	4262 垩	4315 飒	
3998 疝	4051 袂	4104 垧	4157 柈	4210 畈	4263 俣	4316 囡	
3999 疡	4052 诜	4105 垓	4158 柁	4211 虼	4264 俚	4317 囿	
4000 兖	4053 诟	4106 挎	4159 枷	4212 虻	4265 饭	4318 阆	
4001 妾	4054 诠	4107 垠	4160 柽	4213 蛊	4266 俑	4319 阊	
4002 劾	4055 诣	4108 茜	4161 剌	4214 咣	4267 俟	4320 阋	
4003 炜	4056 诤	4109 荚	4162 酊	4215 哕	4268 逅	4321 羑	
4004 炖	4057 诧	4110 荑	4163 郦	4216 剐	4269 徇	4322 迸	
4005 炝	4058 诨	4111 贳	4164 甭	4217 郧	4270 徉	4323 籼	
4006 炻	4059 诩	4112 荜	4165 砗	4218 咻	4271 舢	4324 酋	
4007 烀	4060 戕	4113 莒	4166 砘	4219 囿	4272 俞	4325 炳	
4008 炔	4061 孢	4114 茼	4167 砒	4220 呲	4273 郗	4326 炻	
4009 泔	4062 亟	4115 茴	4168 斫	4221 哌	4274 俎	4327 炯	
4010 沭	4063 陔	4116 茱	4169 砭	4222 哙	4275 郤	4328 烀	
4011 泷	4064 妲	4117 莛	4170 砜	4223 哚	4276 爰	4329 炷	
4012 泸	4065 姁	4118 荞	4171 奎	4224 咯	4277 郛	4330 烃	
4013 泱	4066 姗	4119 茯	4172 耷	4225 咩	4278 瓴	4331 洱	
4014 泅	4067 帑	4120 荏	4173 虺	4226 咤	4279 胨	4332 洹	
4015 泗	4068 弩	4121 荇	4174 殂	4227 哝	4280 胪	4333 洧	
4016 泠	4069 孥	4122 荃	4175 殇	4228 哏	4281 胛	4334 洌	
4017 泺	4070 驽	4123 荟	4176 殄	4229 哞	4282 胂	4335 浃	
4018 泖	4071 虱	4124 荀	4177 殆	4230 峙	4283 胙	4336 洇	
4019 泫	4072 迦	4125 茗	4178 轱	4231 峣	4284 胍	4337 洄	
4020 泮	4073 迨	4126 荠	4179 轲	4232 罘	4285 胗	4338 洙	
4021 沱	4074 绀	4127 茭	4180 轳	4233 帧	4286 朏	4339 涎	
4022 泯	4075 绁	4128 茨	4181 轶	4234 峒	4287 胸	4340 洎	
4023 泓	4076 绂	4129 垩	4182 轸	4235 峤	4288 胫	4341 洫	
4024 泾	4077 驷	4130 荥	4183 蚤	4236 峋	4289 鸨	4342 浍	
4025 怙	4078 驸	4131 荦	4184 毖	4237 峥	4290 匍	4343 洮	
4026 怵	4079 绉	4132 荪	4185 觇	4238 贶	4291 狨	4344 洵	
4027 怦	4080 绌	4133 荩	4186 籴	4239 钚	4292 狯	4345 浒	
4028 怛	4081 驿	4134 剞	4187 喱	4240 钛	4293 飑	4346 浔	
4029 怏	4082 骀	4135 荪	4188 昀	4241 钡	4294 狩	4347 泖	

4348	洳	4401	珥	4454	桤	4507	蚨	4560	笆	4613	亳	4666	窈
4349	恸	4402	珙	4455	梃	4508	蚜	4561	俸	4614	疳	4667	窆
4350	恓	4403	顼	4456	栝	4509	蚍	4562	倩	4615	疴	4668	诹
4351	恹	4404	珰	4457	柏	4510	蚋	4563	俵	4616	疸	4669	冢
4352	恫	4405	珩	4458	桁	4511	蚬	4564	偌	4617	疽	4670	诼
4353	恺	4406	珧	4459	桧	4512	蚝	4565	俳	4618	痈	4671	祖
4354	恻	4407	珣	4460	桡	4513	蚧	4566	俶	4619	疱	4672	袢
4355	恂	4408	珞	4461	栟	4514	唢	4567	倬	4620	痂	4673	祯
4356	恪	4409	珲	4462	桉	4515	圄	4568	倏	4621	痉	4674	诿
4357	恽	4410	珥	4463	栩	4516	唣	4569	恁	4622	衮	4675	谀
4358	宥	4411	敖	4464	逑	4517	唏	4570	倭	4623	凋	4676	谂
4359	扃	4412	恚	4465	逋	4518	盍	4571	倪	4624	颃	4677	谄
4360	衲	4413	埔	4466	彧	4519	唑	4572	俾	4625	恣	4678	谇
4361	衽	4414	埕	4467	鬲	4520	崂	4573	倜	4626	旆	4679	屐
4362	衿	4415	埘	4468	豇	4521	崃	4574	隼	4627	旄	4680	屙
4363	袂	4416	埙	4469	酐	4522	罡	4575	隽	4628	旃	4681	陬
4364	祛	4417	埚	4470	逦	4523	罟	4576	倌	4629	阃	4682	勐
4365	祜	4418	挹	4471	厝	4524	峪	4577	倥	4630	阄	4683	奘
4366	袯	4419	耆	4472	孬	4525	觊	4578	臬	4631	訚	4684	牂
4367	祚	4420	耄	4473	砝	4526	赅	4579	皋	4632	阆	4685	蚩
4368	诮	4421	埒	4474	砹	4527	钰	4580	郫	4633	恙	4686	陲
4369	祗	4422	捋	4475	砺	4528	钲	4581	倨	4634	粑	4687	姬
4370	祢	4423	贽	4476	砧	4529	钴	4582	衄	4635	朔	4688	娠
4371	诰	4424	垸	4477	砷	4530	钵	4583	颀	4636	郫	4689	娌
4372	诳	4425	捃	4478	砟	4531	钹	4584	徕	4637	烜	4690	娉
4373	鸩	4426	盍	4479	砼	4532	钺	4585	舫	4638	烨	4691	娲
4374	昶	4427	荸	4480	砥	4533	钽	4586	釜	4639	烩	4692	娩
4375	郡	4428	莆	4481	砣	4534	钼	4587	奚	4640	烊	4693	娴
4376	咫	4429	莳	4482	剞	4535	钿	4588	衾	4641	剡	4694	娣
4377	弭	4430	莴	4483	砻	4536	铀	4589	胯	4642	郯	4695	娓
4378	柯	4431	莪	4484	轼	4537	铂	4590	胱	4643	烬	4696	婀
4379	胥	4432	莠	4485	轾	4538	铄	4591	胴	4644	涑	4697	畚
4380	陛	4433	莓	4486	辂	4539	铆	4592	胭	4645	浯	4698	逡
4381	陟	4434	荵	4487	鸦	4540	铈	4593	脍	4646	涞	4699	绠
4382	娅	4435	茌	4488	虺	4541	铉	4594	胼	4647	涟	4700	骊
4383	姮	4436	茶	4489	黾	4542	铊	4595	朕	4648	娑	4701	绡
4384	娆	4437	荸	4490	鸪	4543	铋	4596	脒	4649	涅	4702	骋
4385	姝	4438	菱	4491	虔	4544	铌	4597	胺	4650	涠	4703	绥
4386	姣	4439	莸	4492	逍	4545	铍	4598	鸱	4651	涢	4704	绦
4387	姘	4440	荻	4493	眬	4546	铍	4599	玺	4652	涓	4705	绨
4388	姹	4441	莘	4494	唛	4547	铎	4600	鸲	4653	浥	4706	骎
4389	怼	4442	莎	4495	晟	4548	氩	4601	狷	4654	涔	4707	邕
4390	羿	4443	莞	4496	眩	4549	氤	4602	狲	4655	浜	4708	鸶
4391	炱	4444	莨	4497	眙	4550	氦	4603	猁	4656	浠	4709	彗
4392	矜	4445	鸪	4498	哧	4551	毪	4604	狳	4657	浣	4710	耖
4393	绔	4446	莼	4499	哽	4552	舐	4605	猞	4658	浚	4711	焘
4394	骁	4447	桦	4500	唔	4553	秣	4606	逖	4659	悚	4712	舂
4395	骅	4448	栳	4501	晁	4554	秫	4607	桀	4660	悭	4713	琏
4396	绗	4449	郴	4502	晏	4555	盉	4608	袅	4661	悝	4714	琇
4397	绛	4450	桓	4503	鸭	4556	笄	4609	饽	4662	悃	4715	麸
4398	骈	4451	桡	4504	肦	4557	笕	4610	淞	4663	悌	4716	揶
4399	秒	4452	桎	4505	趿	4558	笊	4611	栾	4664	悛	4717	埴
4400	挈	4453	桢	4506	畛	4559	笏	4612	挲	4665	宸	4718	埯

五、规范标准

4719	捯	4772	桔	4825	冕	4878	铪	4931	馗	4984	悸	5037	绻
4720	掳	4773	觋	4826	啭	4879	铫	4932	馃	4985	悱	5038	绾
4721	掴	4774	桴	4827	眭	4880	铬	4933	馄	4986	惝	5039	骖
4722	埸	4775	桷	4828	趺	4881	铮	4934	鸾	4987	悯	5040	缁
4723	埵	4776	梓	4829	啮	4882	铯	4935	孰	4988	悻	5041	秸
4724	赧	4777	梲	4830	跄	4883	铰	4936	庹	4989	惘	5042	琫
4725	埤	4778	桫	4831	蚶	4884	铱	4937	庚	4990	惚	5043	琵
4726	捭	4779	梡	4832	蛄	4885	铳	4938	痔	4991	惇	5044	琶
4727	逑	4780	啬	4833	蛎	4886	铵	4939	痍	4992	惮	5045	琪
4728	埝	4781	鄄	4834	蛆	4887	铷	4940	疵	4993	窕	5046	瑛
4729	堋	4782	匮	4835	蚰	4888	氪	4941	翊	4994	谌	5047	琦
4730	堍	4783	敕	4836	蛊	4889	牾	4942	旌	4995	谏	5048	琥
4731	掬	4784	豉	4837	囵	4890	鸹	4943	旎	4996	扈	5049	琨
4732	鸷	4785	鄂	4838	蚱	4891	秾	4944	袤	4997	皲	5050	靓
4733	掖	4786	黹	4839	蛉	4892	透	4945	阇	4998	谑	5051	琰
4734	捽	4787	酚	4840	蛏	4893	笺	4946	阈	4999	裆	5052	琮
4735	掊	4788	戛	4841	蚴	4894	筇	4947	阉	5000	祫	5053	琯
4736	堉	4789	硎	4842	啁	4895	笪	4948	阊	5001	祼	5054	琬
4737	掸	4790	硭	4843	啕	4896	筌	4949	阋	5002	谒	5055	琛
4738	掞	4791	硒	4844	唿	4897	笫	4950	阌	5003	谔	5056	琚
4739	捯	4792	硖	4845	啐	4898	笠	4951	阍	5004	谕	5057	辇
4740	悫	4793	硗	4846	唼	4899	笥	4952	羟	5005	谖	5058	鼋
4741	埭	4794	硐	4847	唷	4900	笤	4953	粝	5006	谗	5059	揳
4742	埽	4795	硇	4848	唳	4901	笳	4954	粕	5007	谙	5060	堞
4743	掇	4796	硌	4849	啵	4902	笾	4955	敝	5008	谛	5061	搽
4744	掼	4797	鸸	4850	啶	4903	笞	4956	焐	5009	谝	5062	揸
4745	聃	4798	瓠	4851	唪	4904	偾	4957	烯	5010	逯	5063	揠
4746	菁	4799	匏	4852	唳	4905	偃	4958	焓	5011	郿	5064	埴
4747	萁	4800	厩	4853	唰	4906	偕	4959	烽	5012	隈	5065	赳
4748	菘	4801	龚	4854	啜	4907	偈	4960	焖	5013	粜	5066	揖
4749	堇	4802	殒	4855	帻	4908	傀	4961	烷	5014	隍	5067	颉
4750	萘	4803	殓	4856	崚	4909	傩	4962	焗	5015	隗	5068	揶
4751	萋	4804	赉	4857	崦	4910	偻	4963	渍	5016	婧	5069	揿
4752	菽	4805	豭	4858	帼	4911	皑	4964	渚	5017	婺	5070	耋
4753	菖	4806	雩	4859	崮	4912	皎	4965	淇	5018	婕	5071	揄
4754	萜	4807	辄	4860	崞	4913	鸻	4966	淅	5019	娼	5072	蛩
4755	萸	4808	堑	4861	崆	4914	徜	4967	淞	5020	婢	5073	蛰
4756	萑	4809	眭	4862	赇	4915	舸	4968	渎	5021	婵	5074	堙
4757	菝	4810	眦	4863	赈	4916	舻	4969	涿	5022	胬	5075	搠
4758	菲	4811	啧	4864	赊	4917	舴	4970	淖	5023	袈	5076	搡
4759	菟	4812	哺	4865	铑	4918	舷	4971	挲	5024	翌	5077	掾
4760	苕	4813	晤	4866	铒	4919	龛	4972	淠	5025	恿	5078	聒
4761	萃	4814	眺	4867	铗	4920	翎	4973	涸	5026	欸	5079	葑
4762	菏	4815	眵	4868	铙	4921	脬	4974	渑	5027	绫	5080	葚
4763	菹	4816	眸	4869	铟	4922	脘	4975	淦	5028	骐	5081	靰
4764	菪	4817	圊	4870	铠	4923	脲	4976	淝	5029	绮	5082	靸
4765	菅	4818	喏	4871	铡	4924	匐	4977	淬	5030	绯	5083	葳
4766	菀	4819	喵	4872	铢	4925	猗	4978	涪	5031	绱	5084	葺
4767	萦	4820	啉	4873	铣	4926	猡	4979	淙	5032	骒	5085	蕙
4768	菰	4821	勖	4874	铤	4927	猞	4980	涫	5033	绲	5086	萼
4769	菡	4822	晞	4875	铧	4928	猝	4981	渌	5034	绶	5087	葆
4770	梵	4823	唵	4876	铨	4929	斛	4982	淄	5035	绺	5088	葩
4771	桲	4824	哈	4877	铩	4930	猕	4983	惬	5036	绶	5089	葶

5090	萎	5143	蜣	5196	犊	5249	馊	5302	寐	5355	摁	5408	椽
5091	萱	5144	蛏	5197	犄	5250	裒	5303	谟	5356	蜇	5409	裘
5092	戟	5145	蛳	5198	犋	5251	裔	5304	扉	5357	撅	5410	剽
5093	葭	5146	蛐	5199	鹄	5252	裒	5305	裢	5358	搛	5411	甄
5094	楮	5147	蛔	5200	犍	5253	痣	5306	裎	5359	搔	5412	酮
5095	棼	5148	蛞	5201	嵇	5254	痨	5307	祠	5360	搛	5413	酰
5096	椟	5149	蛴	5202	黍	5255	痦	5308	裱	5361	搠	5414	酯
5097	棹	5150	蛟	5203	稃	5256	痤	5309	祺	5362	摈	5415	酪
5098	椤	5151	蛘	5204	稂	5257	痫	5310	觇	5363	毂	5416	蜃
5099	棰	5152	喁	5205	筚	5258	痧	5311	幂	5364	榖	5417	碛
5100	赍	5153	喟	5206	筵	5259	赓	5312	谡	5365	搦	5418	碓
5101	椋	5154	啾	5207	筌	5260	竦	5313	谥	5366	搡	5419	硼
5102	椁	5155	嗖	5208	傣	5261	瓿	5314	谧	5367	蓁	5420	碉
5103	椪	5156	喑	5209	傈	5262	啻	5315	遐	5368	戡	5421	碚
5104	棣	5157	嗟	5210	舄	5263	颉	5316	孱	5369	蓍	5422	碇
5105	椐	5158	喽	5211	胲	5264	颃	5317	弼	5370	鄞	5423	碜
5106	鹁	5159	嗞	5212	觎	5265	鹇	5318	巽	5371	靳	5424	鹌
5107	覃	5160	喀	5213	傧	5266	阗	5319	鹜	5372	蓐	5425	辏
5108	酤	5161	喔	5214	遑	5267	阕	5320	媪	5373	蓦	5426	龃
5109	酢	5162	喙	5215	傩	5268	阒	5321	媛	5374	鹋	5427	龅
5110	酡	5163	嵘	5216	遁	5269	粞	5322	婷	5375	蒽	5428	訾
5111	鹂	5164	嵖	5217	徨	5270	遒	5323	巯	5376	蓓	5429	粲
5112	厥	5165	崴	5218	媭	5271	孳	5324	翚	5377	蒎	5430	虞
5113	殚	5166	遄	5219	畲	5272	焯	5325	皴	5378	蓊	5431	睚
5114	殛	5167	詈	5220	弑	5273	焜	5326	婺	5379	蒯	5432	嗪
5115	雯	5168	崽	5221	颌	5274	焙	5327	骛	5380	蓟	5433	韪
5116	雱	5169	嵬	5222	翕	5275	焱	5328	缂	5381	蓑	5434	嗷
5117	辊	5170	嵛	5223	釉	5276	鹈	5329	缃	5382	蒿	5435	嗉
5118	辋	5171	嵫	5224	鹆	5277	湛	5330	缄	5383	蒺	5436	睨
5119	椠	5172	嵯	5225	舜	5278	渫	5331	彘	5384	蔀	5437	睢
5120	辍	5173	嵝	5226	貂	5279	湮	5332	缇	5385	蒟	5438	雎
5121	辎	5174	嵫	5227	腈	5280	湎	5333	缈	5386	蒡	5439	脾
5122	斐	5175	崾	5228	腌	5281	湜	5334	缌	5387	蒹	5440	嘟
5123	晴	5176	嵋	5229	腓	5282	渭	5335	猴	5388	蒴	5441	嗑
5124	睑	5177	赕	5230	腆	5283	湍	5336	缒	5389	蒗	5442	嗫
5125	晬	5178	铻	5231	腴	5284	湫	5337	缗	5390	蓥	5443	嗬
5126	唆	5179	铼	5232	腑	5285	溲	5338	飨	5391	颐	5444	嗔
5127	戢	5180	铿	5233	腚	5286	湟	5339	耢	5392	楔	5445	嗝
5128	喋	5181	锃	5234	腱	5287	溆	5340	瑚	5393	楠	5446	戥
5129	嗒	5182	锂	5235	鱿	5288	湲	5341	瑁	5394	楂	5447	嘎
5130	喃	5183	锆	5236	鲀	5289	湔	5342	瑜	5395	楝	5448	煦
5131	喱	5184	锇	5237	鲂	5290	湉	5343	瑷	5396	楫	5449	暄
5132	喹	5185	锉	5238	颖	5291	湄	5344	瑄	5397	楸	5450	遏
5133	晷	5186	铜	5239	猢	5292	滁	5345	瑕	5398	椴	5451	暌
5134	喈	5187	锑	5240	猹	5293	滂	5346	遨	5399	槌	5452	跬
5135	跖	5188	锒	5241	猥	5294	愠	5347	骜	5400	楯	5453	跶
5136	跗	5189	锔	5242	飓	5295	惺	5348	韫	5401	皙[1]	5454	跸
5137	跞	5190	锕	5243	觞	5296	愦	5349	髡	5402	榈	5455	跐
5138	跚	5191	掣	5244	觚	5297	惴	5350	塬	5403	槎	5456	跣
5139	跎	5192	矬	5245	猱	5298	愀	5351	鄢	5404	榉	5457	跹
5140	跏	5193	氰	5246	颍	5299	愎	5352	趔	5405	楦	5458	跻
5141	跆	5194	毳	5247	飧	5300	惜	5353	趑	5406	楣	5459	蛸
5142	蛱	5195	毽	5248	馇	5301	啬	5354	摅	5407	椹	5460	蜊

[1] 皙：义为人的皮肤白。不再作为"晳"的异体字。

五、规范标准 · 165 ·

5461	蜍	5514	猁	5567	溱	5620	糇	5673	酶	5726	嶂	5779	墊
5462	蜉	5515	貉	5568	溘	5621	璈	5674	酹	5727	幛	5780	麼
5463	蜣	5516	颔	5569	溻	5622	瑶	5675	斲	5728	赙	5781	瘌
5464	畹	5517	媵	5570	滢	5623	瑭	5676	碡	5729	罂	5782	瘊
5465	蛹	5518	腩	5571	溥	5624	摎	5677	碴	5730	骷	5783	瘘
5466	嗣	5519	腼	5572	溧	5625	觏	5678	碣	5731	骶	5784	瘙
5467	嗯	5520	腭	5573	潯	5626	慝	5679	碲	5732	鹊	5785	廖
5468	嗥	5521	腧	5574	裟	5627	蓥	5680	碥	5733	锲	5786	韶
5469	嗲	5522	塍	5575	滠	5628	韬	5681	臧	5734	锴	5787	旖
5470	嗳	5523	媵	5576	漖	5629	嫒	5682	豨	5735	锶	5788	膂
5471	嗡	5524	詹	5577	滗	5630	髦	5683	殡	5736	锷	5789	阖
5472	嗍	5525	鲅	5578	潍	5631	摽	5684	霆	5737	锸	5790	鄢
5473	嗨	5526	鲆	5579	溴	5632	墁	5685	霁	5738	锹	5791	夤
5474	嗜	5527	鲇	5580	滏	5633	撂	5686	辕	5739	镁	5792	粿
5475	嗤	5528	鲈	5581	滃	5634	摞	5687	蜚	5740	镂	5793	粽
5476	嗵	5529	稣	5582	滦	5635	撄	5688	裴	5741	犒	5794	糁
5477	罨	5530	鲋	5583	溏	5636	嘉	5689	翡	5742	箐	5795	槊
5478	嵊	5531	鲐	5584	滂	5637	赵	5690	龇	5743	簧	5796	鹚
5479	嵩	5532	肄	5585	滓	5638	摭	5691	龈	5744	箧	5797	鹛
5480	嵴	5533	鸽	5586	溟	5639	墉	5692	睿	5745	箍	5798	熘
5481	骰	5534	颾	5587	潆	5640	墒	5693	睽	5746	箸	5799	熥
5482	锗	5535	舣	5588	愫	5641	豰	5694	瞍	5747	箬	5800	潢
5483	锛	5536	遛	5589	慑	5642	蓁	5695	嘞	5748	算	5801	漕
5484	锜	5537	馑	5590	慊	5643	蔫	5696	嘈	5749	箔	5802	滹
5485	锝	5538	鹑	5591	鲨	5644	蔷	5697	嘌	5750	箜	5803	漯
5486	锞	5539	亶	5592	骞	5645	靺	5698	喊	5751	箢	5804	漶
5487	锟	5540	瘃	5593	窦	5646	靼	5699	嘎	5752	箫	5805	潋
5488	锢	5541	痱	5594	窠	5647	鞅	5700	暧	5753	毓	5806	潴
5489	锨	5542	痼	5595	窣	5648	勒	5701	暝	5754	僖	5807	漪
5490	锩	5543	痿	5596	裱	5649	薏	5702	跶	5755	儆	5808	漉
5491	锭	5544	瘐	5597	褚	5650	蒐	5703	跟	5756	僳	5809	漳
5492	锱	5545	瘁	5598	裨	5651	蒺	5704	蜞	5757	僭	5810	漩
5493	雉	5546	疹	5599	裾	5652	蔺	5705	蜥	5758	劁	5811	澉
5494	氲	5547	麂	5600	裰	5653	戬	5706	蜮	5759	僮	5812	潍
5495	犏	5548	裔	5601	禊	5654	蕙	5707	蝈	5760	僖	5813	慵
5496	歆	5549	歆	5602	谩	5655	蔻	5708	蜴	5761	魃	5814	搴
5497	稞	5550	旒	5603	谪	5656	蓿	5709	蜱	5762	魆	5815	窨
5498	秤	5551	雍	5604	嫱	5657	斡	5710	蜩	5763	睾	5816	寤
5499	稔	5552	阖	5605	嫫	5658	鹕	5711	蜷	5764	舳	5817	綮
5500	筇	5553	阒	5606	媲	5659	蓼	5712	蜿	5765	鄱	5818	潜
5501	筘	5554	阙	5607	嫒	5660	榛	5713	螂	5766	膈	5819	褡
5502	筮	5555	羧	5608	嫔	5661	榧	5714	蜢	5767	膑	5820	褙
5503	筲	5556	豢	5609	媸	5662	榻	5715	嘘	5768	鲑	5821	褓
5504	筱	5557	粳	5610	缙	5663	榫	5716	嘡	5769	鲔	5822	褛
5505	牒	5558	猷	5611	缜	5664	榭	5717	鹗	5770	鲛	5823	褊
5506	煲	5559	煳	5612	缛	5665	榱	5718	嘣	5771	鲟	5824	谯
5507	敫	5560	煜	5613	辔	5666	槔	5719	嘤	5772	獐	5825	谰
5508	媱	5561	煨	5614	骝	5667	槁	5720	嘚	5773	獍	5826	谲
5509	愆	5562	煅	5615	缟	5668	槟	5721	嗾	5774	觫	5827	暨
5510	艄	5563	煊	5616	缡	5669	榆	5722	嘧	5775	雒	5828	屣
5511	觎	5564	煸	5617	缢	5670	榷	5723	罴	5776	夤	5829	鹛
5512	舭	5565	煺	5618	缣	5671	毂	5724	罱	5777	馑	5830	嫣
5513	貊	5566	滟	5619	骟	5672	酽	5725	幔	5778	銮	5831	嫱

5832 嫖	5885 械	5938 颥	5991 糌	6044 磬	6097 螨	6150 邂
5833 嫦	5886 樸	5939 幞	5992 糍	6045 颞	6098 蟒	6151 鹀
5834 嫚	5887 樘	5940 幡	5993 糅	6046 蕻	6099 螈	6152 廨
5835 嫘	5888 樊	5941 嶙	5994 熜	6047 鞘	6100 螅	6153 赘
5836 嫡	5889 槲	5942 嶝	5995 熵	6048 颠	6101 螭	6154 獠
5837 鼐	5890 醌	5943 骱	5996 熠	6049 薤	6102 蛹	6155 廪
5838 翟	5891 醇	5944 骼	5997 澍	6050 薨	3103 螟	6156 瘿
5839 叠	5892 厣	5945 骸	5998 澉	6051 檠	6104 噱	6157 瘵
5840 鹜	5893 魇	5946 锲	5999 潸	6052 薏	6105 噬	6158 瘴
5841 骠	5894 餍	5947 锷	6000 潦	6053 蕤	6106 噫	6159 癃
5842 缥	5895 碡	5948 锸	6001 潲	6054 薜	6107 噻	6160 瘳
5843 缦	5896 磙	5949 锹	6002 鋈	6055 薅	6108 噼	6161 斓
5844 缧	5897 霈	5950 镏	6003 潟	6056 樾	6109 罹	6162 麇
5845 缨	5898 輥	5951 镒	6004 潼	6057 橛	6110 圜	6163 麈
5846 骢	5899 龉	5952 镓	6005 潺	6058 橇	6111 镨	6164 赢
5847 缪	5900 龊	5953 镔	6006 憬	6059 樵	6112 镖	6165 甕
5848 缫	5901 觑	5954 稷	6007 憧	6060 檎	6113 镗	6166 羲
5849 耦	5902 瞌	5955 箴	6008 寮	6061 橹	6114 镘	6167 糗
5850 耧	5903 瞋[1]	5956 篑	6009 窳	6062 樽	6115 镚	6168 瞥
5851 瑾	5904 瞑	5957 篁	6010 裥	6063 樨	6116 镛	6169 甑
5852 璜	5905 嘭	5958 篌	6011 褴	6064 橼	6117 镝	6170 燎
5853 璀	5906 噎	5959 篆	6012 褟	6065 墼	6118 镞	6171 燠
5854 璎	5907 噶	5960 牖	6013 褫	6066 橐	6119 镠	6172 燔
5855 璁	5908 颙	5961 儋	6014 谵	6067 翮	6120 氇	6173 燧
5856 璋	5909 逞	5962 徵	6015 熨	6068 醛	6121 氆	6174 濑
5857 璇	5910 噘[2]	5963 磐	6016 屦	6069 醐	6122 憩	6175 濉
5858 奭	5911 踔	5964 虢	6017 嬉	6070 醍	6123 穑	6176 潞
5859 髯	5912 踝	5965 鹞	6018 瘫	6071 醚	6124 篝	6177 澧
5860 髫	5913 踟	5966 膘	6019 戮	6072 磲	6125 篥	6178 澹
5861 撷	5914 蹉	5967 縢	6020 蝥	6073 赝	6126 篚	6179 澥
5862 撅	5915 踬	5968 鲠	6021 缬	6074 飙	6127 篯	6180 澶
5863 赭	5916 踣	5969 鲡	6022 缮	6075 殪	6128 篙	6181 濂
5864 撸	5917 踯	5970 鲢	6023 缯	6076 霖	6129 盥	6182 褰
5865 鋆	5918 踺	5971 鲣	6024 骠	6077 霏	6130 劓	6183 寰
5866 撙	5919 踞	5972 鲥	6025 畿	6078 霓	6131 翱	6184 褰
5867 撺	5920 蟒	5973 鲦	6026 耩	6079 錾	6132 魉	6185 褶
5868 墀	5921 蝶	5974 鲧	6027 耪	6080 辚	6133 魈	6186 禧
5869 聩	5922 蝻	5975 猸	6028 蓐	6081 臻	6134 徼	6187 襞
5870 觐	5923 蝰	5976 獠	6029 璞	6082 遽	6135 歙	6188 犟
5871 鞒	5924 蝮	5977 觯	6030 璟	6083 氅	6136 膳	6189 隰
5872 蕙	5925 蝌	5978 憝	6031 靛	6084 暸	6137 膦	6190 嬗
5873 鞯	5926 蝓	5979 馔	6032 璠	6085 瞠	6138 膙	6191 颡
5874 蕈	5927 蝣	5980 麾	6033 璘	6086 瞰	6139 鲮	6192 缱
5875 蕨	5928 蝼	5981 麈	6034 螯	6087 嚆	6140 鲱	6193 缫
5876 蕤	5929 噗	5982 瘛	6035 螓	6088 嘴	6141 鲲	6194 缳
5877 蕞	5930 嗫	5983 瘼	6036 髻	6089 噤	6142 鲳	6195 璨
5878 蕺	5931 颞	5984 瘢	6037 髭	6090 暾	6143 鲴	6196 璩
5879 薯	5932 噍	5985 瘠	6038 髹	6091 蹀	6144 鲵	6197 璐
5880 蕃	5933 噢	5986 廑	6039 擗	6092 踹	6145 鲷	6198 璪
5881 蕲	5934 噙	5987 羯	6040 熹	6093 踵	6146 鲻	6199 螯
5882 颉	5935 噜	5988 羰	6041 憝	6094 踽	6147 獴	6200 擤
5883 槿	5936 噌	5989 糌	6042 撽	6095 蹉	6148 獭	6201 壕
5884 樯	5937 噔	5990 邋	6043 彀	6096 蹁	6149 獬	6202 觳

[1] 瞋：义为发怒时睁大眼睛。不再作为"嗔"的异体字。

[2] 噘：义为噘嘴。不再作为"撅"的异体字。

五、规范标准

6203	罄	6246	镢	6289	膺	6332	蹜	6375	醮	6418	骥	6461	鏊
6204	擢	6247	镣	6290	癍	6333	蹚[1]	6376	醯	6419	缵	6462	犀
6205	薹	6248	镦	6291	麋	6334	鹭	6377	鄹	6420	瓒	6463	蠹
6206	鞑	6249	镧	6292	澨	6335	蟛	6378	霪	6421	攘	6464	糖
6207	鞯	6250	镩	6293	濡	6336	蟪	6379	霭	6379	霭	6465	懿
6208	薷	6251	镪	6294	濮	6337	蟠	6380	霨	6423	蘸	6466	蘸
6209	薰	6252	镫	6295	濞	6338	蟮	6381	黼	6424	醴	6467	鹳
6210	薛	6253	镩	6296	濠	6339	鹨	6382	瞿	6425	酺	6468	霾
6211	藁	6254	黏	6297	濯	6340	黚	6383	蹰	6426	酆	6469	氍
6212	橄	6255	簌	6298	謇	6341	黟	6384	蹶	6427	蹙	6470	饕
6213	檩	6256	篾	6299	謇	6342	髁	6385	蹽	6428	曦	6471	蹴
6214	懋	6257	筻	6300	邃	6343	髂	6386	蹼	6429	躅	6472	髑
6215	醢	6258	簖	6301	褴	6344	镲	6387	蹴	6430	鼍	6473	镱
6216	翳	6259	簋	6302	檗	6345	镭	6388	蹾	6431	巉	6474	穰
6217	磴	6260	黜	6303	擘	6346	镯	6389	蹿	6432	黻	6475	饔
6218	磴	6261	黛	6304	孺	6347	馥	6390	蠖	6433	黥	6476	鬻
6219	鹩	6262	儡	6305	嬖	6348	罨	6391	蠓	6434	黪	6477	鬓
6220	鳕	6263	鸺	6306	嬷	6349	簪	6392	蟾	6435	镰	6478	趱
6221	醒	6264	鼾	6307	孟	6350	鼬	6393	蠊	6436	镳	6479	攫
6222	圙	6265	鼢	6308	鹬	6351	雕	6394	骏	6437	鬵	6480	攥
6223	壑	6266	魍	6309	鍪	6352	艟	6395	髋	6438	篡	6481	颧
6224	豁	6267	龠	6310	鍪	6353	鳎	6396	髌	6439	鏖	6482	蹟
6225	嚏	6268	繇	6311	鳌	6354	鳏	6397	镲	6440	龉	6483	艨
6226	嚅	6269	貘	6312	鬈	6355	鳐	6398	簪	6441	膦	6484	瘫
6227	蹊	6270	邀	6313	鬃	6356	癞	6399	簌	6442	鳜	6485	麟
6228	蹒	6271	邈	6314	瞀	6357	癔	6400	鼩	6443	鳝	6486	蠋
6229	蹊	6272	膦	6315	鞯	6358	癜	6401	魈	6444	鳟	6487	蠹
6230	蟥	6273	膻	6316	鞨	6359	癣	6402	藤	6445	獾	6488	蹊
6231	蟥	6274	臆	6317	鞠	6360	糟	6403	蟛	6446	孀	6489	衢
6232	螺	6275	臃	6318	鞫	6361	鏊	6404	鳔	6447	骧	6490	鑫
6233	瞳	6276	鲮	6319	鞣	6362	鎏	6405	鳕	6448	瓘	6491	灏
6234	螳	6277	鲽	6320	藜	6363	懵	6406	鳗	6449	鼙	6492	攀
6235	蟑	6278	鳀	6321	薹	6364	彝	6407	鳙	6450	醺	6493	纛
6236	嚓	6279	鳃	6322	藩	6365	邋	6408	麒	6451	礴	6494	鬣
6237	鞨	6280	鳅	6323	醪	6366	鬏	6409	鏖	6452	犟	6495	攮
6238	廨	6281	鳇	6324	蘑	6367	擢	6410	蠃	6453	囊	6496	囔
6239	罾	6282	鳊	6325	礓	6368	攒	6411	犏	6454	鳢	6497	馕
6240	巇	6283	螽	6326	熬	6369	鞲	6412	瀚	6455	癫	6498	戆
6241	黜	6284	燮	6327	饕	6370	鞴	6413	瀣	6456	麂	6499	爨
6242	黝	6285	鹭	6328	瞿	6371	藿	6414	瀛	6457	糜	6500	齉
6243	髁	6286	襄	6329	曛	6372	蘧	6415	襦	6458	熠
6244	髀	6287	縻	6330	颢	6373	蘅	6416	谶	6459	灏
6245	镡	6288	縻	6331	曜	6374	麓	6417	襞	6460	襄

[1] 蹚：义为蹚水、蹚地，读 tāng。不再作为"趟（tàng）"的异体字。

三级字表

6501	丁	6506	丱	6511	气	6516	汋	6521	扨	6526	芃	6531	吒
6502	九	6507	冊	6512	伋	6517	氾	6522	扞	6527	杌	6532	吖
6503	彳	6508	邗	6513	仝	6518	㕇	6523	圲	6528	杁	6533	屼
6504	卬	6509	戋	6514	江	6519	充	6524	垞	6529	邾	6534	屾
6505	殳	6510	釭	6515	氿	6520	讦	6525	芏	6530	邨	6535	迅

6536 钆	6588 芈	6640 驭	6692 牻	6745 迖	6798 枮	6851 斜
6537 佅	6589 盱	6641 纥	6693 俥	6746 叕	6799 柃	6852 矧
6538 伲	6590 昃	6642 纨	6694 垈	6747 驮	6800 柊	6853 秬
6539 伈	6591 咇	6643 驯	6695 佹	6748 驵	6801 枹	6854 俫
6540 舡	6592 咝	6644 纩	6696 侹	6749 驷	6802 柰	6855 垕
6541 甪	6593 岍	6645 玤	6697 佸	6750 䌷	6803 柖	6856 俜
6542 邠	6594 岈	6646 玞	6698 佺	6751 驹	6804 郚	6857 俙
6543 犴	6595 岠	6647 玱	6699 佴	6752 驺	6805 剄	6858 俍
6544 冱	6596 岜	6648 玟	6700 伲	6753 绋	6806 鸱	6859 垕
6545 邡	6597 杏	6649 邽	6701 侂	6754 绐	6807 迺	6860 衎
6546 闩	6598 囫	6650 郏	6702 佽	6755 耆	6808 庨	6861 舣
6547 汧	6599 贬	6651 坦	6703 佗	6756 耔	6809 庥	6862 拿
6548 汋	6600 呑	6652 坰	6704 邜	6757 罄	6810 砑	6863 俞
6549 圻	6601 伾	6653 坬	6705 舠	6758 垤	6811 砆	6864 鸧
6550 讻	6602 伭	6654 垲	6706 邰	6759 垝	6812 砯	6865 胩
6551 讦	6603 伭	6655 奉	6707 邰	6760 坤	6813 叁	6866 胠
6552 孖	6604 伲	6656 聇	6708 敆	6761 珑	6814 癸	6867 胎
6553 纼	6605 佁	6657 郉	6709 胁	6762 聊	6815 䡄	6868 胲
6554 纩	6606 佲	6658 苋	6710 胏	6763 玹	6816 轵	6869 胩
6555 玑	6607 飑	6659 苊	6711 胁	6764 珌	6817 轹	6870 胞
6556 玓	6608 狚	6660 苧	6712 狅	6765 珨	6818 轺	6871 胐
6557 玘	6609 闶	6661 茋	6713 狄	6766 敉	6819 禺	6872 飑
6558 圽	6610 泔	6662 苠	6714 伱	6767 垚	6820 覎	6873 飓
6559 划	6611 浒	6663 柯	6715 於	6768 垯	6821 眬	6874 饻
6560 圬	6612 沅	6664 枫	6716 扵	6769 垱	6822 眒	6875 庤
6561 圳	6613 沣	6665 枘	6717 炂	6770 垱	6823 眲	6876 疢
6562 坉	6614 沄	6666 枍	6718 炗	6771 埏	6824 哐	6877 炯
6563 坋	6615 沘	6667 矼	6719 泙	6772 垍	6825 昳	6878 炟
6564 坋	6616 沨	6668 砀	6720 泂	6773 耇	6826 昣	6879 烟
6565 坋	6617 汭	6669 匼	6721 洞	6774 垗	6827 哒	6880 洭
6566 抵	6618 汶	6670 甿	6722 泒	6775 垎	6828 昤	6881 洘
6567 扔	6619 沇	6671 昢	6723 泃	6776 堖	6829 眴	6882 涑
6568 毐	6620 忮	6672 眄	6724 迦	6777 垟	6830 昡	6883 浻
6569 苊	6621 忳	6673 昕	6725 恓	6778 挓	6831 哐	6884 浈
6570 苯	6622 忺	6674 昇	6726 诰	6779 垜	6832 昪	6885 泚
6571 苉	6623 诶	6675 眅	6727 叁	6780 垵	6833 轩	6886 涢
6572 苣	6624 祸	6676 咖	6728 役	6781 垾	6834 虷	6887 浉
6573 苽	6625 调	6677 驴	6729 祊	6782 拯	6835 峒	6888 浼
6574 苈	6626 邺	6678 唤	6730 调	6783 荖	6836 岷	6889 洪
6575 芰	6627 诎	6679 呲	6731 诶	6784 葺	6837 峈	6890 浖
6576 芴	6628 诐	6680 哈	6732 郹	6785 莜	6838 岿	6891 洰
6577 芤	6629 邥	6681 姞	6733 胪	6786 茈	6839 崿	6892 洚
6578 扰	6630 驱	6682 崇	6734 弢	6787 荋	6840 峣	6893 洺
6579 杕	6631 驺	6683 岨	6735 驺	6788 茀	6841 岍	6894 洨
6580 杍	6632 岊	6684 岞	6736 陑	6789 荌	6842 帡	6895 浐
6581 杠	6633 邮	6685 岭	6737 陉	6790 荛	6843 钘	6896 浕
6582 枵	6634 妯	6686 峒	6738 陈	6791 荷	6844 铁	6897 洴
6583 尪	6635 妘	6687 囷	6739 脅	6792 荆	6845 钜	6898 洣
6584 尨	6636 妧	6688 钋	6740 鮠	6793 茳	6846 钘	6899 恔
6585 轪	6637 邥	6689 钐	6741 岬	6794 茛	6847 钗	6900 戾
6586 轫	6638 纮	6690 钏	6742 妭	6795 茛	6848 铃	6901 奄
6587 坒	6639 驲	6691 钖	6743 姈	6796 茬	6849 钪	6902 昈
				6744 姪	6797 柑	6850 钦	6903 祎

6904	祐	6957	栻	7010	甞	7063	洽	7116	桱	7169	翱	7222	庳
6905	祐	6958	桠	7011	牲	7064	浼	7117	壶	7170	崧	7223	痤
6906	祕	6959	梜	7012	第	7065	浡	7118	椯	7171	崟	7224	鸡
6907	㱙	6960	栊	7013	郫	7066	浼	7119	聍	7172	崚	7225	㽏
6908	陧	6961	栢	7014	倩	7067	恓	7120	菝	7173	崒	7226	埕
6909	陲	6962	梅	7015	脩	7068	悃	7121	择	7174	崛	7227	阆
6910	娀	6963	梴	7016	倮	7069	悢	7122	菥	7175	崮	7228	羝
6911	姞	6964	栒	7017	倕	7070	宭	7123	莿	7176	铏	7229	羕
6912	娇	6965	酎	7018	倞	7071	宧	7124	莕	7177	铓	7230	娟
6913	姤	6966	酏	7019	俾	7072	宽	7125	勚	7178	铗	7231	烺
6914	姶	6967	颀	7020	倓	7073	窀	7126	莗	7179	铕	7232	焌
6915	姽	6968	砵	7021	倧	7074	窎	7127	荦	7180	钛	7233	淇
6916	枲	6969	砠	7022	砅	7075	廖	7128	莴	7181	铖	7234	涠
6917	绖	6970	砱	7023	虒	7076	戾	7129	莶	7182	铘	7235	洴
6918	骊	6971	砬	7024	舡	7077	袪	7130	莰	7183	铚	7236	溯
6919	绚	6972	砨	7025	舯	7078	袗	7131	莛	7184	铞	7237	滗
6920	骕	6973	恶	7026	舥	7079	袯	7132	莒	7185	铥	7238	滜
6921	绠	6974	翃	7027	砯	7080	桃	7133	荬	7186	铴	7239	涅
6922	绌	6975	翈	7028	舋	7081	崔	7134	莅	7187	牸	7240	涘
6923	彖	6976	轪	7029	鸧	7082	蚩	7135	梼	7188	牻	7241	棱
6924	骉	6977	辂	7030	胩	7083	阢	7136	栱	7189	秴	7242	悃
6925	恝	6978	轾	7031	胱	7084	阽	7137	梓	7190	笱	7243	悇
6926	珪	6979	硱	7032	胲	7085	陬	7138	梾	7191	筮	7244	惊
6927	珥	6980	刳	7033	虓	7086	烝	7139	桯	7192	傻	7245	悰
6928	珹	6981	赀	7034	衄	7087	䂮	7140	梣	7193	僋	7246	惴
6929	珋	6982	唪	7035	狴	7088	甬	7141	棂	7194	鸺	7247	寋
6930	耻	6983	咀	7036	猛	7089	哿	7142	哏	7195	偭	7248	逭
6931	珖	6984	啀	7037	狻	7090	翀	7143	敉	7196	偲	7249	谭
6932	勋	6985	唝	7038	䝨	7091	豣	7144	厣	7197	偶	7250	诚
6933	珽	6986	唽	7039	悚	7092	劆	7145	磽	7198	皝	7251	裕
6934	珣	6987	哼	7040	勍	7093	骎	7146	磋	7199	鄅	7252	祼
6935	琉	6988	哥	7041	疟	7094	绤	7147	砷	7200	偓	7253	裎
6936	珺	6989	晔	7042	痃	7095	绤	7148	硚	7201	徛	7254	诨
6937	珥	6990	晐	7043	疴	7096	骍	7149	硖	7202	衒	7255	谀
6938	珢	6991	晖	7044	旬	7097	绥	7150	硍	7203	舳	7256	谐
6939	珞	6992	眂	7045	殺	7098	耆	7151	硇	7204	舲	7257	艴
6940	珝	6993	蚄	7046	舡	7099	琅	7152	鸳	7205	鸼	7258	弸
6941	埡	6994	蚆	7047	粩	7100	珸	7153	硁	7206	忿	7259	弶
6942	埗	6995	郫	7048	敉	7101	珵	7154	逴	7207	龛	7260	陾
6943	埕	6996	幠	7049	焗	7102	珺	7155	唪	7208	瓵	7261	隃
6944	垺	6997	崁	7050	炯	7103	珜	7156	啫	7209	豿	7262	婷
6945	埙	6998	崏	7051	烶	7104	玱	7157	翗	7210	膈	7263	媷
6946	埩	6999	崞	7052	烓	7105	珥	7158	眼	7211	脞	7264	媶
6947	埌	7000	崘	7053	焊	7106	挼	7159	晙	7212	脬	7265	媖
6948	埔	7001	帨	7054	涍	7107	埈	7160	時	7213	脷	7266	婳
6949	莰	7002	崀	7055	浡	7108	埼	7161	颀	7214	觖	7267	婍
6950	苴	7003	赈	7056	浭	7109	埼	7162	趼	7215	猇	7268	媤
6951	萬	7004	铢	7057	浬	7110	堉	7163	跂	7216	猊	7269	媦
6952	郜	7005	钜	7058	湾	7111	埘	7164	蚋	7217	猇	7270	婤
6953	荟	7006	铲	7059	涓	7112	堌	7165	蛚	7218	觖	7271	媠
6954	荤	7007	钟	7060	浥	7113	晳	7166	蛛	7219	惠	7272	婠
6955	荩	7008	铝	7061	涮	7114	埠	7167	蚺	7220	庼	7273	绣
6956	莙	7009	铒	7062	液	7115	掞	7168	啴	7221	顾	7274	綀

7275 骓	7324 椓	7373 锛	7422 焞	7471 瑳	7520 曼	7569 馐
7276 骒	7325 桦	7374 锜	7423 焊	7472 瑂	7521 晅	7570 裹
7277 绹	7326 榍	7375 铳	7424 欹	7473 熬	7522 晊	7571 廒
7278 综	7327 鸦	7376 铽	7425 渍	7474 璈	7523 蜘	7572 瘀
7279 绰	7328 椆	7377 铼	7426 溚	7475 迺	7524 蜎	7573 瘅
7280 骈	7329 棓	7378 锔	7427 溁	7476 髦	7525 嵊	7574 廓
7281 骎	7330 棬	7379 铞	7428 湝	7477 塥	7526 赗	7575 鹇
7282 絷	7331 棪	7380 铳	7429 澕	7478 埕	7527 骱	7576 廊
7283 琵	7332 椀	7381 铜	7430 溘	7479 赪	7528 䲠	7577 麂
7284 琲	7333 楗	7382 铭	7431 滟	7480 摘	7529 锞	7578 鄞
7285 琡	7334 鹈	7383 锓	7432 渟	7481 搒	7530 锘	7579 阃
7286 瑾	7335 棰	7384 犇	7433 溠	7482 搕	7531 锳	7580 阑
7287 琔	7336 酦	7385 颈	7434 溇	7483 摁	7532 锫	7581 椹
7288 琭	7337 觌	7386 稌	7435 溇	7484 蒲	7533 锪	7582 煓
7289 塅	7338 厪	7387 笙	7436 潽	7485 蒨	7534 锌	7583 煴
7290 堑	7339 酳	7388 筘	7437 湉	7486 蔌	7535 锫	7584 煋
7291 揕	7340 硪	7389 筜	7438 滃	7487 蔀	7536 锬	7585 煟
7292 埂	7341 欤	7390 笞	7439 愊	7488 荫	7537 锬	7586 煓
7293 壭	7342 奢	7391 筅	7440 愃	7489 藁	7538 稑	7587 溇
7294 喆	7343 辌	7392 傃	7441 敦	7490 蓢	7539 稙	7588 溍
7295 堨	7344 辒	7393 傉	7442 甯	7491 蒇	7540 穋	7589 溓
7296 塅	7345 裴	7394 僇	7443 桀	7492 棋	7541 䅞	7590 漏
7297 塝	7346 斲	7395 傒	7444 戾	7493 楪	7542 箪	7591 溰
7298 槃	7347 龁	7396 傕	7445 裣	7494 替	7543 箕	7592 溦
7299 嵝	7348 粝	7397 舾	7446 裸	7495 楒	7544 筩	7593 溛
7300 塥	7349 掌	7398 畬	7447 媥	7496 榵	7545 筦	7594 溽
7301 蒉	7350 晬	7399 颍	7448 媛	7497 楞	7546 筤	7595 溘
7302 甚	7351 晫	7400 臌	7449 媞	7498 椵	7547 傺	7596 溶
7303 萹	7352 晪	7401 腒	7450 媹	7499 椋	7548 鹅	7597 漟
7304 葙	7353 晱	7402 腘	7451 媓	7500 樾	7549 僇	7598 愷
7305 軒	7354 踌	7403 腙	7452 婷	7501 林	7550 馀	7599 愷
7306 葳	7355 蛘	7404 腒	7453 媄	7502 歉	7551 鮘	7600 愔
7307 蕨	7356 晙	7405 颏	7454 毹	7503 酨	7552 馶	7601 墊
7308 䓛	7357 罨	7406 鲃	7455 裔	7504 碃	7553 貆	7602 禩
7309 鄚	7358 喤	7407 鹆	7456 骑	7505 碚	7554 腽	7603 裼
7310 蒉	7359 尌	7408 鹜	7457 骓	7506 碏	7555 腨	7604 裡
7311 菁	7360 堪	7409 猵	7458 缊	7507 磋	7556 腈	7605 褆
7312 萩	7361 嵮	7410 猹	7459 缐	7508 碚	7557 鲉	7606 褅
7313 蒐	7362 嵳	7411 馉	7460 骙	7509 鄂	7558 鲊	7607 禓
7314 葰	7363 嵗	7412 溧¹	7461 椿	7510 辐	7559 鲌	7608 谪
7315 葎	7364 嵝	7413 鄐	7462 琪	7511 辑	7560 鲖	7609 鹈
7316 鄠	7365 嶔	7414 廞	7463 瑅	7512 辁	7561 鲍	7610 颡
7317 蒗	7366 翙	7415 庹	7464 瑆	7513 辂	7562 鲍	7611 慭
7318 葵	7367 颉	7416 麀	7465 鹊	7514 䯖	7563 鲏	7612 嫄
7319 葑	7368 圙	7417 廊	7466 瑕	7515 觜	7564 雏	7613 媱
7320 蒎	7369 圆	7418 棻	7467 瑝	7516 鄧	7565 猺	7614 戡
7321 楷	7370 赑	7419 逌	7468 璖	7517 暕	7566 飐	7615 勠³
7322 棽	7371 惢	7420 旇	7469 瑀	7518 鹍	7567 鮭	7616 戣
7323 椷	7372 睭	7421 闱	7470 琦	7519 噁²	7568 媵	7617 骣

¹ 溧：义为寒冷。不再作为"栗"的异体字。
² 噁：化学名词用字，读è，如"二噁英"等。
³ 勠：义为合力、齐力。不再作为"戮"的异体字。

7618	骡	7671	鹝	7724	潆	7777	噂	7830	遹	7884	塍	7937	镆
7619	缤	7672	鼐	7725	溇	7778	噢	7831	骟	7885	鲭	7938	镁
7620	耤	7673	跽	7726	溟	7779	嘪	7832	璇	7886	鲯	7939	镖
7621	瑧	7674	蜾	7727	漼	7780	嶲	7833	璲	7887	鲰	7940	镭
7622	璃	7675	幖	7728	漈	7781	嶓	7834	璒	7888	鲷	7941	镥
7623	瑨	7676	嶒	7729	耷	7782	崽	7835	懿	7889	鲹	7942	镛
7624	瑱	7677	圙	7730	潾	7783	嶟	7836	擐	7890	馕	7943	镞
7625	瑷	7678	锆	7731	滫	7784	嶒	7837	鄹	7891	馏	7944	镪
7626	瑢	7679	锤	7732	漻	7785	镁	7838	蕴	7892	癀	7945	镨
7627	斠	7680	锒	7733	慬	7786	镈	7839	鞔	7893	瘭	7946	镩
7628	撺	7681	锽	7734	窬	7787	锐	7840	黇	7894	鹙	7947	镫
7629	墕	7682	锞	7735	婺	7788	锋	7841	颟	7895	瓤	7948	稷
7630	勩	7683	锾	7736	槊	7789	鋈	7842	蕗	7896	精	7949	穜
7631	墐	7684	锬	7737	谬	7790	镕	7843	薜	7897	燋	7950	穄
7632	墘	7685	镒	7738	褕	7791	稹	7844	蕹	7898	熵	7951	箣
7633	撏	7686	锴	7739	禛	7792	儇	7845	槵	7899	燊	7952	篌
7634	銎	7687	锏	7740	禚	7793	皞	7846	樛	7900	燚	7953	篦
7635	墝	7688	觟	7741	澳	7794	皛	7847	橦	7901	燏	7954	僬
7636	墘	7689	鹙	7742	嫕	7795	鹠	7848	醑	7902	澧	7955	魆
7637	撤	7690	箨	7743	嫮	7796	艎	7849	觱	7903	澾	7956	鹛
7638	塛	7691	箖	7744	嫱	7797	艏	7850	磡	7904	濠	7957	艚
7639	鞯	7692	剡	7745	嫪	7798	鹞	7851	磹	7905	濂	7958	鹬
7640	鞍	7693	僬	7746	缤	7799	鲵	7852	磙	7906	濅	7959	谿
7641	蕨	7694	僦	7747	瑧	7800	鲦	7853	豬	7907	潍	7960	鲭
7642	蕈	7695	僖	7748	麹	7801	鲲	7854	辙	7908	澼	7961	鳓
7643	蒓	7696	僎	7749	膠	7802	鲴	7855	齮	7909	憝	7962	鲲
7644	敻	7697	槃	7750	藜	7803	橥	7856	齯	7910	憯	7963	鲢
7645	薄	7698	銎	7751	碟	7804	觭	7857	蹉	7911	懔	7964	鳌
7646	嘏	7699	鲒	7752	璞	7805	鹠	7858	麇	7912	黉	7965	鳁
7647	楂	7700	鲔	7753	墦	7806	鹡	7859	噫	7913	嬛	7966	鳂
7648	槫	7701	鲕	7754	墡	7807	稵	7860	曌	7914	鹨	7967	鳈
7649	槚	7702	鲖	7755	劋	7808	翦	7861	疃	7915	罻	7968	鳉
7650	榥	7703	鲥	7756	奭	7809	鹟	7862	曒	7916	缱	7969	獴
7651	樠	7704	鲘	7757	螶	7810	鲰	7863	蹉	7917	璈	7970	廑
7652	榍	7705	鲙	7758	彊	7811	熛	7864	蹑	7918	璱	7971	臧
7653	熹	7706	鲖	7759	肅	7812	熯	7865	蟥	7919	璆	7972	襕
7654	鸥	7707	鲍	7760	樆	7813	滗	7866	螗	7920	璮	7973	襆
7655	醐	7708	鮟	7761	鹠	7814	潵	7867	螃	7921	氅	7974	暨
7656	醻	7709	夐	7762	礋	7815	澉	7868	嵘	7922	撷	7975	蟹
7657	酶	7710	獍	7763	磉	7816	澂	7869	嵘	7923	蕙	7976	嬖
7658	酾	7711	飑	7764	殣	7817	潞	7870	巘	7924	藻	7977	嬬
7659	碶	7712	骘	7765	憝	7818	塗	7871	嶂	7925	櫩	7978	嬟
7660	磅	7713	嘶	7766	霅	7819	潜	7872	镨	7926	榶	7979	缥
7661	碘	7714	廜	7767	暝	7820	潾	7873	镄	7927	檞	7980	缧
7662	碨	7715	廞	7768	暲	7821	濄	7874	镦	7928	醨	7981	瑞
7663	碣	7716	瘞	7769	暶	7822	憬	7875	酵	7929	縶	7982	虉
7664	碹	7717	瘥	7770	畸	7823	憕	7876	穋	7930	磾	7983	罃
7665	碥	7718	瘕	7771	踣	7824	謇	7877	篚	7931	磻	7984	燕
7666	剽	7719	鲞	7772	蜨	7825	戭	7878	篯	7932	瞫	7985	鞥
7667	觜	7720	鄳	7773	蝻	7826	裲	7879	筺	7933	瞵	7986	鞮
7668	鹕	7721	熇	7774	蜊	7827	裯	7880	觎	7934	蹒	7987	藕
7669	夥	7722	潙	7775	蜏	7828	谖	7881	衡	7935	蟒	7988	蘁
7670	暌	7723	潋	7776	噇	7829	嫽	7882	盦	7936	嚠	7989	蘑

7990	蘪	8007	篯	8024	翿	8041	鼗	8058	巆	8075	瓊	8092	鷁
7991	鷙	8008	簽	8025	瀔	8042	鯼	8059	鄽	8076	瓌	8093	躔
7992	檫	8009	簰	8026	瀖	8043	鰊	8060	䯅	8077	鬌	8094	矒
7993	鹰	8010	齙	8027	瀗	8044	鰂	8061	犨	8078	趯	8095	稣
7994	礞	8011	齣	8028	襜	8045	鰑	8062	鱚	8079	蘳	8096	箮
7995	礌	8012	皦	8029	鵩	8046	麛	8063	鎏	8080	罍	8097	薹
7996	碟	8013	臑	8030	繻	8047	麇	8064	爔	8081	鯖	8098	籥
7997	蹢	8014	朦	8031	譇	8048	贏	8065	爜	8082	鱴	8099	䁖
7998	蹯	8015	鰟	8032	欂	8049	嬷	8066	瀾	8083	鳢	8100	鬣
7999	蟫	8016	鰊	8033	鬷	8050	嬧	8067	瀹	8101	玃
8000	蟚	8017	孆	8034	醭	8051	鬘	8068	瀼	8084	爟	8102	醾
8001	嚚	8018	鶺	8035	蹯	8052	囊	8069	瀵	8085	爖	8103	艫
8002	髑	8019	瘸	8036	蠋	8053	欂	8070	䘿	8086	爙	8104	觿
8003	镮	8020	翶	8037	翾	8054	醲	8071	孅	8087	濯	8105	蠸
8004	镱	8021	旞	8038	鳘	8055	颥	8072	骦	8088	韃
8005	鄽	8022	翱	8039	儳	8056	甋	8073	繾	8089	虆
8006	醞	8023	輾	8040	儴	8057	酃	8074	穰	8090	蘼
									8091	礹	

六、语言文字法律法规与规范知识自测题

一、语言文字法律法规自测题

请在下列题目空格内填上正确答案

1.《中华人民共和国宪法》第19条第五款规定：_____。
   A. 国家推广普通话
   B. 推广全国通用的普通话
   C. 国家推广全国通用的普通话

2. 2000年10月31日，九届全国人大常务委员会第十八次会议通过的《中华人民共和国国家通用语言文字法》从_____起实施。
   A. 2000年1月1日   B. 2000年12月1日   C. 2001年1月1日

3. 国家通用语言文字的使用应当有利于维护国家主权和民族尊严，有利于国家统一和民族团结，有利于社会主义_____。
   A. 法制建设   B. 现代化建设   C. 物质文明和精神文明建设

4. 依据《中华人民共和国宪法》和《中华人民共和国国家通用语言文字法》的规定，各民族都有_____自己的语言文字的自由。
   A. 使用   B. 发展   C. 使用和发展

5.《中华人民共和国国家通用语言文字法》主要体现了_____。
   A. 国家通用语言文字的政策
   B. 民族语言政策、方言的政策
   C. 国家通用语言文字的政策、民族语言政策、方言的政策、繁体字的政策

6.《中华人民共和国国家通用语言文字法》主要是对语言文字使用中的_____方面进行管理。
   A. 政府行为
   B. 大众传媒
   C. 政府行为和大众传媒、公共场合的用语用字

7. 上海市鼓励机关、企业、事业单位、社会团体、其他社会组织和_____参与国家通用语言文字的规范化、标准化建设。
   A. 公民   B. 教师   C. 公务员

8. 普通话以_____为标准音，以北方话为基础方言，以典范的现代白话文著作为语法规范。
   A. 北京话   B. 北京语音   C. 北方话

9.《中华人民共和国国家通用语言文字法》所称的"公共场所的设施"包括_____。
   A. 山、川、河流等地名标志，行政区划名称标志
   B. 山、川、河流等地名标志，行政区划名称标志，居民地名称及路名、街名、站名、建筑物名称标志，名胜古迹、纪念地、游览地标志
   C. 山、川、河流等地名标志，行政区划名称标志，居民地名称及路名、街名、站名、建筑物名称标志，名胜古迹、纪念地、游览地标志和企业事业单位名称

10. 实现语言文字规范化奋斗目标，_____应发挥带头作用。
    A. 教育部门和学校   B. 党政机关   C. 新闻出版、广播影视等媒体

11. 《上海市实施〈中华人民共和国国家通用语言文字法〉办法》由上海市第十二届人民代表大会常务委员会第二十五次会议通过，自_____起施行。
    A. 2006年1月1日   B. 2006年3月1日   C. 2006年5月1日
12. 市和区、县语言文字工作委员会的主要职责不包括_____。
    A. 编制、组织实施本行政区域内国家通用语言文字工作规划
    B. 协调、指导、监督各部门、各行业的语言文字工作
    C. 组织语言文字规范化宣传教育活动
    D. 组织开展普通话和规范汉字应用的培训和水平测试
13. 法人和其他组织的名称牌中含有手书繁体字、异体字的，应当在适当的位置配放_____书写的名称牌。
    A. 规范汉字   B. 当地通用文字   C. 简体字
14. 汉语文出版物、国家机关公文中需要使用外国语言文字的，应当用_____做必要的注释。
    A. 国家通用语言文字   B. 出版单位当地通用文字   C. 英文
15. _____不得单独使用外国文字或者汉语拼音，确需配合使用的，应当采用以规范汉字为主、外国文字或者汉语拼音为辅的形式。
    A. 公共场所用字   B. 公共设施用字   C. 公共场所和公共设施用字
16. 市和区、县语言文字工作委员会应当对本行政区域内有关单位的语言文字工作进行_____，其结果可以向社会公示。
    A. 检查   B. 考核   C. 评估
17. 市和区、县人民政府应当加强对国家通用语言文字工作的领导，将推广普通话、推行规范汉字纳入_____和精神文明建设的内容。
    A. 领导职绩   B. 业务工作   C. 城市管理
18. 市和区、县人民政府应当对国家通用语言文字工作所需人员和_____予以保证。
    A. 办公   B. 编制   C. 经费
19. 我国的语言文字立法主要解决：_____。
    A. 用法律的形式确定普通话、规范汉字作为我国国家通用语言文字的地位
    B. 用法律形式确定公民在国家通用语言文字方面的权利，以及部分行业从业人员在使用国家通用语言文字方面的义务
    C. 语言文字的社会应用进行管理
    D. 用法律的形式确定普通话、规范汉字作为我国国家通用语言文字的地位、确定公民在国家通用语言文字方面的权利，以及部分行业从业人员在使用国家通用语言文字方面的义务，并对语言文字的社会应用进行管理
20. 普通话和规范汉字是_____。
    A. 国家法定语言文字   B. 国家通用语言文字   C. 国家通行语言文字
21. 国家推广普通话，推行_____。
    A. 规范汉字   B. 通用汉字   C. 标准汉字
22. 公民有学习和使用国家通用语言文字的_____。
    A. 义务   B. 权利   C. 责任

23. 国家为公民学习和使用国家通用语言文字提供_____。
A. 便利　　　　　　　B. 条件　　　　　　　C. 培训
24. 推广普通话是促使公民普遍具备普通话应用能力,_____。
A. 在任何场合都说普通话,不说方言
B. 在正式场合和公共交际场合说普通话
C. 只在学校里说普通话
25. 凡以普通话作为工作语言的岗位,其工作人员应当_____。
A. 会说标准的普通话　　B. 会说流畅的普通话　　C. 具备说普通话的能力
26. 学校及其他教育机构通过_____教授普通话和规范汉字。
A. 汉语文课程　　　　B. 语文课程　　　　C. 各种课程
27. 公共服务行业_____以普通话为服务用语。
A. 规定　　　　　　　B. 提倡　　　　　　　C. 要求
28. 各级人民政府及其_____应当采取措施,推广普通话和推行规范汉字。
A. 语言文字工作部门　　B. 教育行政部门　　C. 有关部门
29. 国家奖励为国家通用语言文字事业做出_____的组织和个人。
A. 成绩　　　　　　　B. 突出贡献　　　　　C. 一定贡献
30. 少数民族语言文字的使用依据_____及其他法律的有关规定。
A. 宪法、民族区域自治法　B. 宪法　　　　　　C. 民族区域自治法
31. 国家机关以_____为公务用语用字。
A. 汉语和汉字　　　　B. 普通话和规范汉字　　C. 中文
32. 汉语文出版物以及信息处理和信息技术产品中使用的国家通用语言文字应当符合国家通用语言文字的_____。
A. 法律和规定　　　　B. 方针和政策　　　　C. 规范和标准
33. 广播电台、电视台以普通话为基本的播音用语。需要使用外国语言为播音用语的,须经_____批准。
A. 国务院语言文字工作部门
B. 国务院广播电视部门
C. 国务院外事工作部门
34. 公共服务行业以_____为基本服务用字。
A. 规范汉字　　　　　B. 通用汉字　　　　　C. 常用汉字
35. 提倡公共服务行业以_____为服务用语。
A. 普通话　　　　　　B. 当地方言　　　　　C. 普通话和当地方言
36. 语言文字社会应用监督检查的重点领域有四个方面,除了学校、机关、新闻出版和广播影视,还有_____。
A. 公共服务行业和公共场所
B. 信息技术产品
C. 商品的包装与说明
D. 商店招牌和广告
37. 因公共服务需要,招牌、广告、告示、标志牌等使用外国文字并同时使用中文的,应

当使用_____。

　　A. 简化汉字　　　　　B. 印刷体汉字　　　　C. 规范汉字

38. _____在需要使用方言时可以使用方言。

　　A. 各种艺术形式　　　B. 戏曲、影视等艺术形式　　C. 话剧、影视等艺术形式

39. 国家推行规范汉字，并不是要废止或消灭繁体字、异体字，只是把繁体字、异体字的使用限制在_____。

　　A. 特定范围内　　　　B. 古籍研究中　　　　C. 书法艺术中

40. 在文物古迹、书法、篆刻等艺术作品中可以保留或使用_____。

　　A. 繁体字　　　　　　B. 异体字　　　　　　C. 繁体字、异体字

41. 招牌、告示、标志牌等需要使用外国文字的，应当用_____标注。

　　A. 汉语拼音　　　　　B. 外文缩写　　　　　C. 规范汉字

42. 异体字在_____中可以保留或使用。

　　A. 地名　　　　　　　B. 姓名　　　　　　　C. 姓氏

43. 以普通话作为工作语言的播音员、节目主持人、影视话剧演员和_____的普通话水平应当分别达到国家规定的等级标准。

　　A. 教师、公共服务行业的员工
　　B. 教师、国家机关工作人员
　　C. 国家机关工作人员、公共服务行业的员工

44. 以普通话作为工作语言的播音员、节目主持人和影视话剧演员、教师、国家机关工作人员的普通话水平，应当分别达到国家规定的等级标准；对尚未达到国家规定的普通话等级标准的_____。

　　A. 分别情况进行培训　　B. 不作要求　　　　　C. 适当降低等级

45. 广播电台、电视台以普通话为基本播音用语，但_____可以使用方言。

　　A. 确需使用方言时　　B. 随时　　　　　　　C. 经国务院广播电视部门或省级广播电视部门批准

46. 国家机关公文、教科书不得使用不符合现代汉语词汇和语法规范的_____。

　　A. 网络语言　　　　　B. 网络语法　　　　　C. 网络语汇

47. 上海新进国家机关工作人员普通话等级应达到_____以上。

　　A. 二级甲等　　　　　B. 二级乙等　　　　　C. 三级甲等

48. 各级各类学校里，除教师必须参加普通话水平测试外，还对_____提出了普通话水平等级要求。

　　A. 行政、后勤人员　　B. 校级领导和职工　　C. 学校管理人员

49. 学校及其他教育机构中除教师以外的其他管理人员的普通话水平应达到_____以上。

　　A. 二级乙等　　　　　B. 三级甲等　　　　　C. 三级乙等

50. 《上海市实施〈中华人民共和国国家通用语言文字法〉办法》规定"直接面向公众服务的工作人员的普通话水平达到三级甲等以上，其中广播员、解说员、话务员等特殊岗位人员的普通话水平达到_____以上。"

　　A. 二级甲等　　　　　B. 二级乙等　　　　　C. 三级甲等

51. 普通高等学校、中等职业学校的学生普通话水平应当分别达到＿＿＿＿以上水平。
    A. 一级乙等　　　　B. 二级甲等　　　　C. 二级乙等
52. 国家和省级电台电视台的播音员、节目主持人的普通话等级应达到＿＿＿＿水平。
    A. 一级甲等　　　　B. 一级乙等　　　　C. 二级甲等
53. 国家机关工作人员、教师、＿＿＿＿、编辑记者、中文字幕制作人员、校对人员以及誊印、牌匾、广告制作业文案工作人员等的汉字应用水平，应当分别达到国家规定的要求。
    A. 普通高等学校学生　　B. 播音员　　　　C. 公共服务人员
54. 申请认定教师资格者的普通话水平应当符合＿＿＿＿规定的等级要求。
    A. 国家通用语言文字法　　　　B. 义务教育法
    C. 教师法　　　　　　　　　　D.《教师资格条例》实施办法
55. 初等教育＿＿＿＿进行汉语拼音教学。
    A. 可以　　　　　　B. 应当　　　　　　C. 根据需要决定是否
56. 国家通用语言文字工作由国务院＿＿＿＿工作部门负责规划指导、管理监督。
    A. 计划发展　　　　B. 语言文字　　　　C. 文化教育
57. ＿＿＿＿依法对企业名称、商品名称以及广告的用语用字进行监督和管理。
    A. 县级以上各级人民政府
    B. 县级以上各级人民政府语言文字工作部门
    C. 县级以上各级人民政府工商行政管理部门
58. 城市公共场所的设施和招牌、广告用字违反《中华人民共和国国家通用语言文字法》有关规定的，由有关行政管理部门责令改正；拒不改正的，＿＿＿＿。
    A. 予以警告，并督促其限期改正
    B. 督促其改正，并处以罚款
    C. 由有关部门处理
59. 违反《中华人民共和国国家通用语言文字法》规定，干涉他人学习和使用国家通用语言文字的，由＿＿＿＿责令其限期改正，并予以警告。
    A. 有关行政管理部门　　B. 司法部门　　　　C. 教育部门
60. 全国语言文字工作实施＿＿＿＿的管理体制。
    A. 各司其职、齐抓共管
    B. 政府主导、语委统筹、部门支持、社会参与
    C. 工商把关、语委监测、城管执法
    D. 规范标准制定为核心，以语言工程建设和科学研究为支撑，以评测认证为抓手
61. 乡、镇人民政府和街道办事处应当根据区、县人民政府的要求和部署，负责做好＿＿＿＿内国家通用语言文字的相关工作。
    A. 本单位　　　　　　B. 本区域　　　　　　C. 本市
62. 市政、市容环卫、绿化、地名和公安等行政管理部门负责对本市＿＿＿＿的设施的语言文字使用进行管理和监督。
    A. 特定场所　　　　　B. 各自部门　　　　　C. 公共场所
63. 公共场所的招牌、设施等的用字违反国家通用语言文字使用规定的，由＿＿＿＿责令改正；拒不改正的，予以警告，并督促其限期改正。

A. 城市管理行政执法部门　B. 工商行政管理部门　C. 质量技术监督部门

64. 企业名称、商品名称以及广告用字违反国家通用语言文字使用规定的，由＿＿＿＿依法处理。

A. 工商行政管理部门　B. 城市管理行政执法部门　C. 质量技术监督部门

65. 公共服务行业应在＿＿＿＿范围内必须使用规范汉字。

A. 公共服务行业的公文、公章、名称牌、票据、报表、标牌、指示牌、说明书、电子屏幕、广告、宣传材料、公共场所设施的标志牌

B. 医院、学校、商店

C. 公共服务行业的公文、公章、名称牌、票据、报表、标牌、指示牌、说明书、电子屏幕、广告、宣传材料、公共场所设施的标志牌以及企事业组织名称等

66. ＿＿＿＿负责对学校及其他教育机构的语言文字使用进行管理和监督，将语言文字规范化纳入教育督导、检查、评估的内容。

A. 语委办公室　　　B. 督导室　　　C. 教育行政管理部门

67. ＿＿＿＿负责将普通话和汉字应用水平纳入有关职业技能训练与鉴定的基本内容。

A. 人事行政管理部门

B. 劳动和社会保障行政管理部门

C. 语言文字工作部门

68. 市和区、县＿＿＿＿应当对本行政区域内有关单位的语言文字工作进行检查评估，评估结果应当向社会公示。

A. 人民政府　　　B. 教育部门　　　C. 语言文字工作委员会

69. 经＿＿＿＿批准，每年9月份第三周是全国推广普通话宣传周。

A. 中共中央　　　B. 国务院　　　C. 中共中央、国务院

70. 全国推广普通话宣传周是由国务院第134次总理办公会议批准，从＿＿＿＿年开始实施。

A. 1950　　　B. 1997　　　C. 1998

71. 2005年9月11日至9月17日是第＿＿＿＿届全国推广普通话宣传周。

A. 八　　　B. 七　　　C. 六

72. 第十届全国推广普通话宣传周活动的主题是＿＿＿＿。

A. 构建和谐语言生活

B. 弘扬中华优秀文化

C. 构建和谐语言生活，弘扬中华优秀文化

73. 当前国家推广普通话的方针是＿＿＿＿。

A. 大力提倡、重点推行、逐步普及

B. 大力推行、重点普及、逐步提高

C. 大力推行、积极普及、逐步提高

74. 《中华人民共和国国家通用语言文字法》规定，＿＿＿＿是中国人名、地名和中文文献罗马字母拼写法的统一规范，并用于汉字不便或不能使用的领域。

A.《汉语拼音方案》　B. 注音字母　　　C. 国语罗马字

75. 国家通用语言文字法以_____作为拼写和注音工具。
   A. 《汉语拼音方案》   B. 注音字母   C. 国语罗马字
76. 依照国家专利法规定提交的各种文件_____。
   A. 使用中文或英文   B. 可以使用英文   C. 必须使用中文
77. 我国居民身份证必须使用规范汉字和符合国家标准的数字符号填写,而民族自治地方的自治机关,可以根据本地区的实际情况,对居民身份证用汉字登记的内容,可以决定_____。
   A. 使用实行区域自治的民族的文字或者选用一种当地通用的文字
   B. 使用规范汉字和符合国家标准的数字符号填写
   C. 同时使用实行区域自治的民族的文字或者选用一种当地通用的文字
78. 在少数民族聚居或者多民族共同居住的地区,人民法院应当用_____语言进行审讯,用_____文字发布判决书、布告和其他文件。
   A. 普通话/规范汉字
   B. 普通话和当地方言/规范汉字和当地文字
   C. 当地民族通用的/当地民族通用的
79. 凡有损我国领土主权和民族尊严的,带有民族歧视性质和妨碍民族团结的,带有侮辱劳动人民性质和极端庸俗的,以及其他_____的地名,必须更名。
   A. 书写不便利   B. 群众不接受   C. 违背国家方针、政策
80. 民族自治地区的文物保护单位的标志说明,应当同时用_____书写。
   A. 规范汉字
   B. 当地通用的少数民族文字
   C. 规范汉字和当地通用的少数民族文字
81. 民族乡的中小学可以使用_____语言文字教学,同时推广全国通用的普通话。
   A. 当地教育部门指定的   B. 学校教师选定的   C. 当地少数民族通用的
82. 幼儿园应当使用_____开展教学。
   A. 当地教育部门指定的语言
   B. 学校特色教学需要的语言
   C. 全国通用的普通话
83. 申请认定教师资格者的教育教学能力其中应当符合下列要求:_____。
   A. 普通话水平应当达到二级乙等以上标准
   B. 普通话水平应当达到二级甲等以上标准
   C. 普通话水平应当达到三级甲等以上
84. 社会团体印章印文中的汉字,使用_____字并应用国务院公布实行的简化字。
   A. 宋体   B. 楷体   C. 仿宋体
85. 民族自治地区社会团体的印章,应当使用_____。
   A. 汉文
   B. 当地通用的民族文字
   C. 并列刊汉文和当地通用的民族文字
86. 企业、事业单位职工、城镇居民个人脱盲的标准中规定的识字量是_____。

A. 1000 字   B. 2000 字   C. 2500 字

87.《国家中长期语言文字事业改革和发展规划纲要(2012—2020年)》提出的中长期"重点工作"包括_____个方面,具体有_____项。

A. 4/7   B. 4/6   C. 6/16   D. 8/8

88.《上海市语言文字工作委员会关于贯彻落实〈国家中长期语言文字事业改革和发展规划纲要(2012—2020年)〉的实施意见》共列_____大工程_____个项目。

A. 7/12   B. 8/16   C. 12/49   D. 16/49

89. 根据《上海市语言文字工作委员会关于贯彻落实〈国家中长期语言文字事业改革和发展规划纲要(2012—2020年)〉的实施意见》的规定,上海将努力提高市民的多语能力,其中的"多语能力"包括:_____。

A. 国家通用语言文字和外语

B. 普通话、方言和英语

C. 普通话、方言和外语

D. 普通话、汉语拼音、文言文和方言

90. 为有效推动示范校创建活动,要求各级各类学校将普及普通话和语言文字规范化的要求纳入_____目标和_____管理之中。

A. 行政/工作   B. 教学/教学   C. 培养/常规

91. 省、自治区、直辖市语言文字测试机构接受省级_____工作部门及其_____的行政管理和国家测试机构的业务指导,对本地区测试业务工作进行指导,组织实施测试,对测试质量进行监督和检查,开展测试科学研究和业务培训。

A. 主管/上级部门

B. 普通话、汉字测试/主管部门

C. 语言文字/办事机构

92. 申请国家级测试员证书者,一般应具有_____级以上专业技术职务和_____年以上省级测试员资历,具有一定的测试科研能力和较强的普通话教学能力。

A. 初/一   B. 中/两   C. 高/三

93. 应接受普通话水平测试人员的普通话达标等级,由国家_____规定。

A. 语委   B. 教育部门   C. 行业主管部门

94. 应试人再次申请接受普通话水平测试同前次接受测试的间隔应不少于_____个月。

A. 1   B. 3   C. 6

二、语言文字规范知识自测题

(一)请在每道试题的空格内填上正确答案

95.《党政机关公文处理工作条例》适用于各级党政机关公文处理工作,其他机关和单位的公文处理工作,_____参照本条例执行。《党政机关公文格式》是一项国家标准。该标准适用于各级党政机关制发的公文。其他机关和单位的公文_____参照执行。

A. 可以/可以   B. 不可以/不可以

C. 可以/不可以   D. 不可以/可以

96. 公文发文字号编排在发文机关标志下空二行位置,居中排布。年份、发文顺序号用阿拉伯数字标注;年份应标全称,用_____括入。
    A. 圆括号"( )"   B. 方括号"[ ]"   C. 尖括号"〈 〉"   D. 六角括号"〔 〕"

97. 公文标题一般用_____字,编排于红色分隔线下空二行位置,分一行或多行居中排布;回行时,要做到词意完整,排列对称,长短适宜,间距恰当,标题排列应当使用梯形或菱形。
    A. 2号小标宋体   B. 2号小标楷体   C. 2号小标仿宋体   D. 2号小标黑体

98. 公文首页必须显示正文。一般用_____字,编排于主送机关名称下一行,每个自然段左空二字,回行顶格。
    A. 3号宋体   B. 3号楷体   C. 3号仿宋体   D. 3号黑体

99. 公文文中结构层次序数依次可以用_____标注;一般第一层用黑体字、第二层用楷体字、第三层和第四层用仿宋体字标注。
    A. "一、""(一)、""1.""(1)."
    B. "一、""(一)""1.""(1)"
    C. "一、""(一)""1""(1)"
    D. "一、""(一)""1.""(1)"

100. 公文种类主要有15种,以下不属于公文的是_____。
    A. 请示   B. 通知   C. 报告   D. 记录

101. _____在公文之列。
    A. 方案   B. 总结   C. 纪要   D. 纲要

102. 决议。适用于会议讨论通过的_____事项。
    A. 重大决策   B. 决策   C. 重大决定

103. 决定。适用于对重要事项作出决策和部署、_____有关单位和人员、变更或者撤销下级机关不适当的决定事项。
    A. 奖励   B. 惩罚   C. 奖惩

104. 命令(令)。适用于公布行政法规和规章、宣布施行_____措施、批准授予和晋升衔级、嘉奖有关单位和人员。
    A. 强制性   B. 重大强制性   C. 规范性

105. 公报。适用于公布_____决定或者_____事项。
    A. 一般/重要   B. 重大/一般   C. 重要/重大

106. 公告。适用于向_____宣布重要事项或者法定事项。
    A. 国内   B. 国外   C. 国内外

107. 通告。适用于在_____公布应当遵守或者周知的事项。
    A. 一定范围内   B. 大的范围内   C. 小的范围内

108. 意见。适用于对_____问题提出见解和处理办法。
    A. 大的   B. 重要   C. 一般

109. 通知。适用于发布、传达要求_____机关执行和有关单位周知或者执行的事项,批转、转发公文。
    A. 上级   B. 下级   C. 其他

110. 通报。适用于_____先进、批评错误、传达重要精神和告知重要情况。
    A. 鼓励   B. 激励   C. 表扬   D. 表彰

111. 报告。适用于向_____机关汇报工作、反映情况,回复_____机关的询问。
   A. 上级/上级　　B. 上级/下级　　C. 下级/上级　　D. 下级/下级

112. 请示。适用于向_____机关请求指示、批准。
   A. 上级　　　　B. 下级　　　　C. 不相隶属

113. 批复。适用于答复_____机关请示事项。
   A. 上级　　　　B. 下级　　　　C. 不相隶属

114. 议案。适用于各级人民政府按照法律程序向_____人民代表大会或者人民代表大会常务委员会提请审议事项。
   A. 上级　　　　B. 下级　　　　C. 同级　　　　D. 各级

115. 函。适用于_____机关之间商洽工作、询问和答复问题、请求批准和答复审批事项。
   A. 上级　　　　B. 下级　　　　C. 同级　　　　D. 不相隶属

116. 纪要。适用于记载会议_____情况和议定事项。
   A. 重要　　　　B. 一般　　　　C. 主要

117. 《公共场所英文译写规范》为上海市地方标准,适合于_____使用。
   A. 长江三角洲地区　B. 上海市　　　C. 江苏省　　　D. 浙江省

118. 《公共场所英文译写规范》分为_____个部分。
   A. 5　　　　　　B. 7　　　　　　C. 8　　　　　　D. 10

119. 公共场所的英文译写应当符合《中华人民共和国国家通用语言文字法》,在首先使用_____的前提下进行译写。
   A. 汉语　　　　B. 国家通用语言文字　　C. 英语

120. 英文译写涉及中国人名、地名的用_____拼写。但表示国际、国家、大区的名称可以用_____。
   A. 汉语拼音/英文译写　　　　　B. 英文译写/汉语拼音
   C. 英文译写/英文译写　　　　　D. 汉语拼音/汉语拼音

121. 《通用规范汉字表》由_____组织制定。
   A. 国务院　　　　　　　　　B. 教育部
   C. 国家语委　　　　　　　　D. 教育部和国家语委

122. 《通用规范汉字表》于2013年6月5日由_____公布。
   A. 国务院　　　　　　　　　B. 教育部
   C. 国家语委　　　　　　　　D. 教育部和国家语委

123. 《通用规范汉字表》是贯彻《_____》,适应新形势下社会各领域汉字应用需要的重要汉字规范。
   A. 中华人民共和国宪法　　　　　　B. 中华人民共和国教育法
   C. 中华人民共和国国家通用语言文字法　D. 中华人民共和国教师法

124. 《通用规范汉字表》收字8105个,分为三级:一级字表为常用字集,收字_____个,主要满足基础教育和文化普及的基本用字需要。二级字表收字_____个,使用度仅次于一级字。一、二级字表合计6500字,主要满足出版印刷、辞书编撰和信息处理等方面的一般用字需要。三级字表收字1605个,主要满足信息化时代与大众生活密切相关的专门领域的用字需要。

A. 3000/3500　　　B. 3500/3000　　　C. 3250/3250

（二）请找出以下各题中注音错误的一项

125. A. 不禁 bùjīn　　B. 地壳 dìqiào　　C. 混合 hǔnhe　　D. 赋予 fùyǔ
126. A. 给予 gěiyǔ　　B. 即日 jírì　　C. 侮辱 wǔrǔ　　D. 曲折 qūzhé
127. A. 处理 chùlǐ　　B. 骨头 gǔ·tou　　C. 忏悔 chànhuǐ　　D. 间隔 jiàngé
128. A. 皈依 guīyī　　B. 畸形 qíxíng　　C. 拥趸 yōngdǔn　　D. 妨碍 fáng'ài
129. A. 分泌 fēnmì　　B. 削弱 xuēruò　　C. 与其 yǔqí　　D. 号召 hàozhao
130. A. 挫折 cuōzhé　　B. 适当 shìdàng　　C. 匕首 bǐshǒu　　D. 富庶 fùshù
131. A. 苍劲 cāngjìng　　B. 漂染 piǎorǎn　　C. 符合 fǔhé　　D. 妊娠 rènshēn
132. A. 兴奋 xìngfèn　　B. 龋齿 qǔchǐ　　C. 间隙 jiànxì　　D. 顷刻 qǐngkè
133. A. 夙愿 sùyuàn　　B. 潜在 qiánzài　　C. 痉挛 jìngluán　　D. 囹圄 língyǔ
134. A. 跻身 jīshēn　　B. 按照 ānzhào　　C. 讣告 fùgào　　D. 倏然 shūrán
135. A. 笨拙 bènzhuō　　B. 揣摩 chuǎimó　　C. 白桦 báihuà　　D. 字帖 zìtiē
136. A. 杀戮 shālù　　B. 骨髓 gǔsuǐ　　C. 贻误 yíwù　　D. 舷窗 xuánchuāng
137. A. 画卷 huàjuàn　　B. 赝本 yànběn　　C. 补给 bǔgěi　　D. 纰漏 pīlòu
138. A. 渣滓 zhā·zǐ　　B. 不屑 bùxuè　　C. 阿谀 ēyú　　D. 踉跄 liàngqiàng
139. A. 罹难 línàn　　B. 贬黜 biǎnchù　　C. 炽烈 zhìliè　　D. 糟粕 zāopò
140. A. 例如 lìrú　　B. 蛊惑 gǔhuò　　C. 孑然 jiérán　　D. 杉木 shānmù
141. A. 愤慨 fènkǎi　　B. 拈阄儿 niānjiūr　　C. 结婚 jiēhūn　　D. 辍学 chuòxué
142. A. 从容 cóngróng　　B. 哺乳 pǔrǔ　　C. 比较 bǐjiào　　D. 外埠 wàibù
143. A. 粗犷 cūkuàng　　B. 档次 dàngcì　　C. 思忖 sīcǔn　　D. 箴言 zhēnyán
144. A. 漂泊 piāopō　　B. 篡夺 cuànduó　　C. 谥号 shìhào　　D. 戏谑 xìxuè
145. A. 觊觎 jìyú　　B. 答辩 dābiàn　　C. 缉拿 jīná　　D. 针砭 zhēnbiān
146. A. 呆板 dāibǎn　　B. 不肖 bùxiào　　C. 狙击 jūjī　　D. 怪癖 guàipǐ
147. A. 胆怯 dǎnquè　　B. 攒动 cuándòng　　C. 因为 yīn·wèi　　D. 揶揄 yéyú
148. A. 吮吸 shǔnxī　　B. 缜密 zhěnmì　　C. 堵塞 dǔsāi　　D. 绯闻 fēiwén
149. A. 旋转 xuánzhuǎn　　B. 惩罚 chéngfá　　C. 眼眶 yǎnkuàng　　D. 发酵 fāxiào
150. A. 反刍 fǎnchú　　B. 愤懑 fènmèn　　C. 复杂 fǔzá　　D. 豆豉 dòuchǐ
151. A. 梵文 Fànwén　　B. 复辟 fùbì　　C. 撇开 piě·kāi　　D. 省亲 xǐngqīn
152. A. 妨害 fánghài　　B. 商贾 shānggǔ　　C. 模板 móbǎn　　D. 栈桥 zhànqiáo
153. A. 贿赂 huìlù　　B. 绰号 chuōhào　　C. 休憩 xiūqì　　D. 绮丽 qǐlì
154. A. 拂晓 fóxiǎo　　B. 溘然 kèrán　　C. 道观 dàoguàn　　D. 狡黠 jiǎoxiá
155. A. 负荷 fùhè　　B. 对峙 duìzhì　　C. 投奔 tóubēn　　D. 盘桓 pánhuán
156. A. 诸侯 zhūhóu　　B. 剔除 tīchú　　C. 粳米 jīngmǐ　　D. 掀开 xiānkāi
157. A. 联袂 liánmèi　　B. 痤疮 cuóchuāng　　C. 雇佣 gùyòng　　D. 豇豆 jiāngdòu
158. A. 阐释 chǎnshì　　B. 挟持 xiéchí　　C. 疑难 yínán　　D. 粘连 niānlián
159. A. 寒颤 hánchàn　　B. 友谊 yǒuyì　　C. 混淆 hùnxiáo　　D. 附着 fùzhuó
160. A. 巷道 xiàngdào　　B. 结合 jiéhé　　C. 咀嚼 jǔjué　　D. 事迹 shìjì

161. A. 晕车 yùnchē   B. 召开 zhāokāi   C. 着重 zhuózhòng   D. 动弹 dòng·tan
162. A. 化纤 huàxiān   B. 卑鄙 bēibǐ   C. 按捺 ànnài   D. 标的 biāodì
163. A. 混沌 húndùn   B. 慰藉 wèijiè   C. 摒弃 bìngqì   D. 不啻 bùchì
164. A. 富饶 fùráo   B. 萃取 cuìqǔ   C. 遏止 èzhǐ   D. 豁免 huōmiǎn
165. A. 好恶 hàowù   B. 干涸 gānhé   C. 即使 jìshǐ
     D. 涮羊肉 shuànyángròu
166. A. 甲壳 jiǎqiào   B. 荸荠 bí·qi   C. 讳言 huìyán   D. 教诲 jiàohuǐ
167. A. 刹那 chànà   B. 粘贴 niāntiē   C. 晦气 huì·qì   D. 泯灭 mǐnmiè
168. A. 傀儡 kuǐlěi   B. 酝酿 yùnniàng   C. 尽管 jìnguǎn   D. 冗长 rǒngcháng
169. A. 矿藏 kuàngzàng   B. 嫉妒 jídù   C. 胴体 dòngtǐ   D. 奢侈 shēchǐ
170. A. 框架 kuàngjià   B. 埋怨 máiyuàn   C. 缴纳 jiǎonà   D. 市侩 shìkuài
171. A. 滞留 zhìliú   B. 哽咽 gěngyè   C. 咆哮 páoxiào   D. 瞭望 liáowàng
172. A. 排挤 páijǐ   B. 拘泥 jūnì   C. 绿林 lùlín   D. 奇葩 qípā
173. A. 魔爪 mózhuǎ   B. 盘踞 pánjù   C. 执拗 zhíniù   D. 伺机 sìjī
174. A. 山冈 shāngāng   B. 配角 pèijué   C. 模样 móyàng   D. 田亩 tiánmǔ
175. A. 与会 yùhuì   B. 卓越 zhuōyuè   C. 渲染 xuànrǎn   D. 歼灭 jiānmiè
176. A. 铜臭 tóngxiù   B. 恶劣 èluè   C. 丑角 chǒujué   D. 挨近 āijìn
177. A. 宁愿 nìngyuàn   B. 炮制 páozhì   C. 俘虏 fúlú   D. 嫔妃 pínfēi
178. A. 气馁 qìlěi   B. 顾长 qícháng   C. 拓本 tàběn   D. 削减 xuējiǎn
179. A. 生肖 shēngxiào   B. 专横 zhuānhèng   C. 着想 zháoxiǎng   D. 棕榈 zōnglǘ
180. A. 奢靡 shēmí   B. 抨击 pēngjī   C. 作祟 zuòsuì   D. 倔强 juèjiàng
181. A. 荠菜 qícài   B. 哈达 hǎdá   C. 叱咤 chìzhà   D. 女红 nǚgōng
182. A. 禅让 shànràng   B. 乘车 chèngchē   C. 刁难 diāonàn   D. 分娩 fēnmiǎn
183. A. 拖累 tuōlěi   B. 骰子 tóu·zi   C. 血液 xuěyè   D. 成绩 chéngjì
184. A. 旋涡 xuànwō   B. 搭讪 dā·shàn   C. 潜力 qiánlì   D. 翘首 qiáoshǒu
185. A. 矩形 jǔxíng   B. 猜度 cāiduó   C. 星宿 xīngxiù   D. 剽窃 piáoqiè
186. A. 确凿 quèzáo   B. 狩猎 shòuliè   C. 果脯 guǒpǔ   D. 摇曳 yáoyè
187. A. 翘楚 qiáochǔ   B. 纤维 qiānwéi   C. 符号 fúhào   D. 蒙骗 mēngpiàn
188. A. 诤言 zhèngyán   B. 角色 juésè   C. 期中 qízhōng   D. 乘客 chéngkè
189. A. 儒家 Rújiā   B. 强求 qiǎngqiú   C. 压轴 yāzhòu   D. 机械 jījiè
190. A. 悄然 qiǎorán   B. 水泵 shuǐbèng   C. 中肯 zhòngkěn   D. 着急 zhāojí
191. A. 挑衅 tiǎoxìn   B. 喷香 pènxiāng   C. 隽永 jùnyǒng   D. 蹂躏 róulìn
192. A. 吐血 tùxiě   B. 肖像 xiāoxiàng   C. 相间 xiāngjiàn   D. 污秽 wūhuì
193. A. 镌刻 juānkè   B. 威吓 wēihè   C. 羞怯 xiūquè   D. 眩晕 xuànyùn
194. A. 挨饿 āi'è   B. 泄露 xièlòu   C. 供奉 gòngfèng   D. 熏陶 xūntáo
195. A. 台州 Táizhōu   B. 涪陵 Fúlíng   C. 东莞 Dōngguǎn   D. 临汾 Línfén
196. A. 盱眙 Xūyí   B. 番禺 Pānyú   C. 汶水 Wènshuǐ   D. 六安 Liù'ān
197. A. 棱角 léngjiǎo   B. 笑靥 xiàoyè   C. 血型 xuěxíng
     D. 蒲公英 púgōngyīng

198. A. 提防 dī·fang   B. 佣金 yòngjīn   C. 造诣 zàozhǐ   D. 憎恶 zēngwù
199. A. 削价 xiāojià   B. 择菜 zháicài   C. 占卜 zhānbǔ   D. 症结 zhēngjié
200. A. 爪牙 zhuǎyá   B. 重担 zhòngdàn   C. 着落 zhuóluò   D. 粗糙 cūcāo
201. A. 当做 dàngzuò   B. 尽快 jìnkuài   C. 氯气 lùqì   D. 偶尔 ǒu'ěr
202. A. 皑皑 ái'ái   B. 跋涉 páshè   C. 婢女 bìnǚ   D. 脖颈儿 bógěngr
203. A. 编撰 biānzhuàn B. 编纂 biānzuǎn C. 矗立 chùlì   D. 供给 gōnggěi
204. A. 恪守 kèshǒu   B. 载体 zǎitǐ   C. 迷惘 míwǎng   D. 涟漪 liányī
205. A. 勒索 lèsuǒ   B. 角逐 juézhú   C. 尽早 jǐnzǎo   D. 剽悍 biāohàn
206. A. 躯干 qūgàn   B. 毛坯 máopēi   C. 娱乐 yúlè   D. 染坊 rǎnfáng
207. A. 参差 cēncī   B. 看护 kānhù   C. 横财 héngcái   D. 句读 jùdòu
208. A. 庶民 shùmín   B. 沼气 zhǎoqì   C. 眼睑 yǎnliǎn   D. 依偎 yīwēi
209. A. 什么 shén·me   B. 走穴 zǒuxuè   C. 附和 fùhè   D. 创口 chuāngkǒu
210. A. 汤匙 tāngshí   B. 轧钢 zhágāng   C. 校对 jiàoduì   D. 寒噤 hánjìn
211. A. 隘口 àikǒu   B. 驰骋 chíchěng   C. 咱俩 zánliǎng   D. 祛除 qūchú
212. A. 沤肥 òuféi   B. 榫头 sǔn·tou   C. 赘述 zhuìshù   D. 呜咽 wūyān
213. A. 籼米 shānmǐ   B. 正月 zhēngyuè   C. 俯瞰 fǔkàn   D. 谄媚 chǎnmèi
214. A. 等于 děngyú   B. 契机 qièjī   C. 切除 qiēchú   D. 祈求 qíqiú
215. A. 中看 zhōngkàn B. 酗酒 xiōngjiǔ   C. 骁勇 xiāoyǒng D. 瞥见 piējiàn
216. A. 召唤 zhàohuàn   B. 磨坊 mòfáng   C. 瑕疵 xiácī   D. 脚癣 jiǎoxiǎn
217. A. 殷红 yīnhóng   B. 匮乏 kuìfá   C. 龋齿 jiùchǐ   D. 静谧 jìngmì
218. A. 吞噬 tūnshì   B. 卡壳 qiǎké   C. 锯齿 jùchǐ   D. 候鸟 hóuniǎo
219. A. 砾石 lìshí   B. 缄默 jiānmò   C. 木讷 mùnà   D. 冉冉 rǎnrǎn
220. A. 强劲 qiángjìng   B. 吝啬 lìnsè   C. 请帖 qǐngtiē   D. 横亘 hénggèn
221. A. 枯燥 kūcào   B. 铿锵 kēngqiāng   C. 嗔怒 chēnnù   D. 痞子 pǐ·zi
222. A. 被褥 bèirù   B. 驰骋 chíchěng   C. 称职 chènzhí   D. 藩镇 pānzhèn
223. A. 蟾蜍 chánchú   B. 屏息 píngxī   C. 魁梧 kuí·wu   D. 商榷 shāngquè
224. A. 媲美 pìměi   B. 怅惘 chàngwǎng   C. 处女 chǔnǚ   D. 诙谐 huīxié
225. A. 充塞 chōngsāi   B. 内省 nèixǐng   C. 矜持 jīnchí   D. 累赘 léi·zhui
226. A. 赡养 shànyǎng   B. 惬意 qièyì   C. 谬论 miàolùn   D. 吝啬 lìnsè
227. A. 亲家 qìng·jia   B. 间断 jiànduàn   C. 糜烂 mílàn   D. 树冠 shùguàn
228. A. 即便 jíbiàn   B. 琴弦 qínxuán   C. 煽动 shāndàng   D. 怂恿 sǒngyǒng
229. A. 荫庇 yìnbì   B. 下载 xiàzǎi   C. 紊乱 wěnluàn   D. 湍急 tuānjí
230. A. 相称 xiāngchèn   B. 特赦 tèshè   C. 繁衍 fányán   D. 亵渎 xièdú
231. A. 蚝油 máoyóu   B. 龟裂 jūnliè   C. 鱼肚 yúdǔ   D. 坍塌 tāntā
232. A. 破绽 pòzhàn   B. 劣势 lièshì   C. 莅临 wèilín   D. 怅惋 chàngwǎn
233. A. 戛然 jiárán   B. 横祸 hènghuò   C. 穴位 xuéwèi   D. 伫立 chùlì
234. A. 着凉 zháoliáng   B. 脊梁 jǐ·liang   C. 当作 dàngzuò   D. 漂染 piāorǎn
235. A. 脑髓 nǎosuǐ   B. 闷葫芦 mēnhú·lu   C. 济南 Jǐnán   D. 揣测 chuǎicè
236. A. 躯壳 qūqiào   B. 婆娑 pósuō   C. 应届 yìngjiè   D. 拨冗 bōrǒng

237. A. 亚洲 Yǎzhōu B. 哀恸 āitòng C. 肄业 yìyè D. 不逊 bùxùn
238. A. 背债 bēizhài B. 包庇 bāopì C. 媒妁 méishuò D. 啜泣 chuòqì
239. A. 沼气 zhǎoqì B. 甲胄 jiǎzhòu C. 袅娜 niǎonuó D. 卑鄙 bēibǐ
240. A. 汲取 jíqǔ B. 谙熟 ānshú C. 氛围 fènwéi D. 内疚 nèijiù
241. A. 撒气 sāqì B. 脚踝 jiǎoluǒ C. 楔子 xiē·zi D. 驾驭 jiàyù
242. A. 档案 dǎng'àn B. 夹攻 jiāgōng C. 滂沱 pāngtuó
     D. 创伤 chuāngshāng
243. A. 恫吓 dònghè B. 冒昧 màomèi C. 靛蓝 diànlán D. 讪笑 shānxiào
244. A. 鞭笞 biānchī B. 熟稔 shúrěn C. 血脂 xuězhī D. 胚胎 pēitāi
245. A. 解剖 jiěpū B. 浣纱 huànshā C. 猝死 cùsǐ D. 庵堂 āntáng
246. A. 绑扎 bǎngzā B. 痕迹 hénjī C. 外埠 wàibù D. 纰漏 pīlòu
247. A. 帖子 tiě·zi B. 夹袄 jiā'ǎo C. 穴道 xuédào D. 摒弃 bìngqì
248. A. 瑰丽 guīlì B. 感召 gǎnzhào C. 伺候 sì·hou D. 空地 kòngdì
249. A. 烘焙 hōngpéi B. 斗胆 dǒudǎn C. 两栖 liǎngqī D. 腼腆 miǎntiǎn
250. A. 起哄 qǐhòng B. 诸位 zhūwèi C. 挨打 áidǎ D. 违约 wéiyuē
251. A. 适当 shìdàng B. 掮客 jiānkè C. 围绕 wéirào D. 反哺 fǎnbǔ
252. A. 红晕 hóngyùn B. 关卡 guānqiǎ C. 尽管 jìnguǎn D. 掀起 xiānqǐ
253. A. 供奉 gòngfèng B. 喧嚣 xuānxiāo C. 俨然 yǎnrán D. 邂逅 xièɡòu
254. A. 玫瑰 méi·gui B. 夹心 jiáxīn C. 予以 yǔyǐ D. 目的 mùdì
255. A. 不着边际 bùzháo-biānjì B. 断壁残垣 duànbì-cányuán
     C. 虚与委蛇 xūyǔwēiyí D. 觥筹交错 gōngchóu-jiāocuò
256. A. 龙潭虎穴 lóngtán-hǔxué B. 头晕目眩 tóuyūn-mùxuàn
     C. 数见不鲜 shùjiàn-bùxiān D. 千载难逢 qiānzǎi-nánféng
257. A. 饮鸩止渴 yǐnzhèn-zhǐkě B. 优胜劣汰 yōushèng-lièkài
     C. 釜底抽薪 fǔdǐ-chōuxīn D. 丢三落四 diūsān-luòsì
258. A. 稗官野史 bàiguān-yěshǐ B. 大腹便便 dàfù-biànbiàn
     C. 片言只字 piànyán-zhīzì D. 风流倜傥 fēngliú-tìtǎng
259. A. 拾遗补阙 shíyí-bǔquē B. 卓尔不群 zhuó'ěr-bùqún
     C. 诲人不倦 huìrén-bùjuàn D. 多难兴邦 duōnàn-xīngbāng
260. A. 博闻强识 bówén-qiángshí B. 有的放矢 yǒudì-fàngshǐ
     C. 潜移默化 qiányí-mòhuà D. 窥豹一斑 kuībào-yībān
261. A. 宁死不屈 nìngsǐ-bùqū B. 呱呱坠地 guāguā-zhuìdì
     C. 怒不可遏 nùbùkě'è D. 拈轻怕重 niānqīng-pàzhòng
262. A. 姹紫嫣红 chàzǐ-yānhóng B. 不绝如缕 bùjué-rúlǚ
     C. 面面相觑 miànmiàn-xiāngqù D. 风驰电掣 fēngchí-diànzhì
263. A. 毛遂自荐 máosuì-zìjiàn B. 情不自禁 qíngbùzìjīn
     C. 丢卒保车 diūzú-bǎochē D. 否极泰来 pǐjí-tàilái
264. A. 咄咄逼人 duóduó-bīrén B. 荷枪实弹 hèqiāng-shídàn
     C. 鞭辟入里 biānpì-rùlǐ D. 汗流浃背 hànliú-jiābèi

265. A. 嗟来之食 jiēláizhīshí B. 前仆后继 qiánfū-hòujì
    C. 刚愎自用 gāngbì-zìyòng D. 目瞪口呆 mùdèng-kǒudāi
266. A. 不胫而走 bùjìng'érzǒu B. 诸如此类 zhūrú-cǐlèi
    C. 扑朔迷离 pūsù-mílí D. 草菅人命 cǎojiān-rénmìng
267. A. 脍炙人口 kuàizhì-rénkǒu B. 自怨自艾 zìyuàn-zì'ài
    C. 咫尺天涯 zhǐchǐ-tiānyá D. 居心叵测 jūxīn-pǒcè
268. A. 鳞次栉比 líncì-zhìbǐ B. 独辟蹊径 dúpì-xījìng
    C. 混为一谈 hùnwéiyītán D. 矫揉造作 jiāoróu-zàozuò
269. A. 咎由自取 jiūyóuzìqǔ B. 妄自菲薄 wàngzì-fěibó
    C. 如释重负 rúshìzhòngfù D. 供不应求 gōngbùyìngqiú

(三) 请在每道试题的空格内填上正确答案
270. 用大写字母拼写电视栏目"今日新闻"，正确的是_____。
    A. JINRIXINWEN B. JINRI XINWEN C. JIN RI XIN WEN
271. 用汉语拼音拼写"孤陋寡闻"，正确的是_____。
    A. gūlòu-guǎwén B. gū lòu guǎ wén C. Gūlòugguǎwén
272. 用汉语拼音拼写"纷纷扬扬"，正确的是_____。
    A. fēnfēnyángyáng B. fēnfēn yángyáng C. fēn fēn yáng yáng
273. 用汉语拼音拼写"收拾收拾"，正确的是_____。
    A. shōushishōushi B. shōushi shōushi C. shōu shi shōu shi
274. 用汉语拼音拼写"沪宁高速公路"，正确的是_____。
    A. Hù-Níng Gāosù Gōnglù B. Hù-Níng Gāosùgōnglù C. HùNíngGāosùGōnglù
275. 用汉语拼音拼写"黄浦江上"，正确的是_____。
    A. Huángpǔ Jiāng shàng B. huáng pǔ jiāng shàng C. huángpǔjiāng shàng
276. 用汉语拼音拼写"二〇一四年"，正确的是_____。
    A. èrlíngyīsì nián B. èrlíng yīsì nián C. èr líng yī sì nián
277. 用汉语拼音拼写"838舰"，正确的是_____。
    A. bāsānbājiàn B. 838 jiàn C. bābǎisānshíbāhào jiàn
278. 用汉语拼音拼写"第八十九"，正确的是_____。
    A. dì bā shí jiǔ B. dì bāshí jiǔ C. dì-bāshíjiǔ
279. 用汉语拼音拼写"五四青年节"，正确的是_____。
    A. Wǔ. sì Qīngnián Jié B. Wǔ-Sì Qīngnián Jié C. Wǔ-Sì qīngniánjié
280. 用汉语拼音拼写"十几岁"，正确的是_____。
    A. shí jǐsuì B. shí-jǐ suì C. shíjǐ suì
281. 用汉语拼音拼写"八九个"，正确的是_____。
    A. bājiǔgè B. bā-jiǔ gè C. bā jiǔ gè
282. 用汉语拼音拼写"丑媳妇总得见公婆"，正确的是_____。
    A. chǒu xí fù zǒng de jiàn gōng pó
    B. chǒuxífù zǒngdé jiàngōngpó
    C. chǒu xífù zǒngděi jiàn gōngpó

283. 用汉语拼音拼写"孙中山",正确的是_____。
    A. Sūnzhōngshān　　　B. Sūn Zhōng Shān　　　C. Sūn Zhōngshān
284. 用汉语拼音拼写"刘老师",正确的是_____。
    A. Liú lǎoshī　　　B. Liú Lǎoshī　　　C. Liúlǎoshī
285. 用汉语拼音拼写"孔子",正确的是_____。
    A. Kǒngzǐ　　　B. Kǒng zǐ　　　C. Kǒng Zǐ
286. 用汉语拼音拼写"上海市",正确的是_____。
    A. ShàngHǎi Shì　　　B. Shànghǎi Shì　　　C. Shànghǎishì
287. 用汉语拼音拼写"马克思(Marx)",正确的是_____。
    A. Mǎkèsī　　　B. Mǎ kèsī　　　C. Mǎ Kè Sī
288. 用汉语拼音拼写"浦东新区",正确的是_____。
    A. Pǔdōng Xīnqū　　　B. Pǔdōng xīnqū　　　C. Pǔdōngxīnqū
289. 用汉语拼音拼写"伊斯兰教",正确的是_____。
    A. Yīsīlán Jiào　　　B. Yīsīlánjiào　　　C. yī sī lán jiào
290. "北京"的汉语拼音缩写不正确的是_____。
    A. BJ　　　B. B. J.　　　C. B. j
291. "张光北"的汉语拼音缩写不正确的是_____。
    A. Zhāng G. b　　　B. Zhāng G. B.　　　C. ZHANG G. B.
292. 用汉语拼音拼写"上海科学技术文献出版社",正确的是_____。
    A. Shànghǎi kēxuéjìshù wénxiàn chūbǎnshè
    B. Shànghǎi Kēxué Jìshù Wénxiàn Chūbǎnshè
    C. ShàngHǎi kēxuéjìshù wénxiàn chūbǎn shè
293. 根据《汉语拼音正词法基本规则》,"解放日报"不可标注成_____。
    A. JIEFANG RIBAO　　　B. Jiěfàng rìbào　　　C. Jiěfàng Rìbào
294. 用汉语拼音拼写"世贸组织",正确的是_____。
    A. Shìmào Zǔzhī　　　B. Shìmàozǔzhī　　　C. Shì Mào zǔzhī

(四) 请找出下列句子中的别字,并将正确的词组写在括号内
295. 原定下午5时前,完成按装任务试车,谁知在这节骨眼上,碰上了停电。(　　)
296. 单在这座城市里,就有50万琴童,随着钢琴热的兴起,冒出了一批滥芋充数的钢琴教师。(　　)
297. 苗医生按着病人的脉膊,根据病情的轻重,或点头或摇头,于是民间便有"轧苗头"的说法。(　　)
298. 这座大楼的设计别具一格,既和周围的风格协调,又突出了现代色彩,一到晚上,华灯齐明,美仑美奂。(　　)
299. 人家可是市队的,在全国都拿过名次,遇到这样的高手,你只能甘败下风。(　　)
300. 人生是一场马拉松,前面的路还长着呢,怎么能一场考试不理想就自抱自弃呢?(　　)
301. "春晚"上的这个小品,对那些奉行"有礼走遍天下"的人,作了善意的针贬,收到了很好的"笑果"。(　　)

302. 这条街上,据说全是泊来品,一家接一家,风情万种,炫耀着异样的繁华。(   )
303. 古人说:"文武之道,一张一驰。"没有节奏,就谈不上效率。坚硬如金属,也会产生疲劳呢!(   )
304. 诊断已经明确了,可是动手术的钱在哪里?为了这一笔钱,全家人一愁莫展。(   )
305. "艺考"的第一天,校园里穿流不息的,是一张张青春的脸庞、一双双期盼的眼睛,和一套套特立独行的打扮。(   )
306. 这堵墙的建立,不仅防碍了通行,而且隔断了和小区居民的联系。它是地面上的一堵墙,也是情感上的一堵墙。(   )
307. 在第一次董事会上,便立下了公司未来发展的目标:立足上海,幅射全国,走向世界。(   )
308. 一个人要懂得克制,懂得收敛,任意渲泄自己的情绪,是一种不成熟的表现。(   )
309. 这出传奇大戏,颠覆了演员以往的形象,有的坏到极致,有的爱得痴情,有的老奸巨猾,让人大跌眼镜。(   )
310. 历史上留下很多精品,比如刘禹锡的《陋室铭》,总共八十一个字,却写得言简意骇,神完气足,千古传诵。(   )
311. 这个瘦老头,看上去貌不惊人,但轮到他登场时,顿时让人觉得气慨非凡,有一股常人不具备的气场。(   )
312. 为了满足学员的心愿,老画家春节期间闭门不出,一股作气画了八幅作品。(   )
313. 学习是一个艰苦的过程,可以摸索规律,寓教于乐,但悬梁刺骨的精神,还是不能丢弃的。(   )
314. 他是一个在山区长大的孩子,黝黑的皮肤,宽阔的背脊,透露出了内心的粗旷。(   )
315. "舌尖"一词的流行,说明"食不裹腹"早已成为历史,今天的人们追求的是品味,是文化。(   )
316. 最让我震撼的,是一对男女的舞蹈表演。他们一个缺少左臂,一个缺少右腿,但舞蹈跳得完美无缺。(   )
317. 一位高人说过,大部分婚姻都是凑和着过的,其中既有迁就和忍让,也有理解和宽容,未尝不是一种人生境界。(   )
318. 在"春运"的列车上,每一个人都显得迫不急待,恨不得一步赶到家里,喊一声爹妈,亲一下儿女。(   )
319. 天南海北的两个人,说起来素味平生,但共同的经历,却让他们一见如故。(   )
320. 古代的御医不好当,既使你身怀绝技,也是拎着脑袋干活。华佗被曹操杀掉,便是一个例子。(   )
321. 兰根是一位天才,他的智商比爱因斯坦还高,但他一如继往地保持着低调,不为外界所知。(   )
322. 封建官吏都能做到"衙斋卧听萧萧竹,疑是民间疾苦声",作为一名人民法院的法

官,怎么能草管人命呢?( )
323. 正常的商业竞争,应该是比质量,比服务,比信用,而不是相互挖墙角,剥夺消费者的知情权。( )
324. 在他幼小的心灵里,种下了一棵报仇血恨的种子,随着他一天天长大,这颗种子也会生根发芽。( )
325. 这一恶搞的消息不径而走,人们信以为真,昔日人头攒动的两家酒楼,如今门可罗雀。( )
326. 在当地政府关心下,教学楼如期峻工,迎来了第一批学生,每当上课的钟声响起时,村民都会侧耳聆听。( )
327. 陈老师的课充满创意,每一堂课的开场白,都能做到因时制宜,不落巢臼。( )
328. 艾青被打成右派后,在诗坛销声匿迹,但他就像一块深埋在地下的煤,复出以后熊熊燃烧,写下了一批烩炙人口的作品。( )
329. 大仲马的作品具有传奇性,他以出奇不意的情节,让人紧张得透不过气来。马克思也说喜欢他的作品。( )
330. 百折不回的坚韧,和死皮癞脸的纠缠,是完全不同的两回事。该出手时就出手,和该松手时就松手,同样是人生智慧。( )
331. 大草原一望无际,湛兰的天空下面,一群群羊在悠闲地吃草,仿佛白云朵朵。( )
332. 新文学发展初期,胡适的《文学改良雏议》,曾引起极大的关注。( )
333. 体委领导亲临比赛现场,鼓励队员们再接再励,拿下最后一仗。( )
334. 由于交通不便,游人罕至,这座小山村至今没有受到现代工业的污染,是名副其实的世外桃园。( )
335. 毛泽东一挥手,"百万雄师过大江",粉碎了国民党以长江为界的黄梁美梦,吹响了解放全中国的进军号。( )
336. 在抗战时期,这棵大树是一座了望哨,小八路们就躲在树顶上,眺望着村前大路上的动静。( )
337. 创作是需要积累的。作家写作,如果像水笼头一样,打开就哗哗不止,那不是欺骗读者,就是欺骗自己。( )
338. 在档案馆里,又发现了一批日本侵略者残酷杀戳中国民众的照片,再一次证实了他们犯下了滔天罪行。( )
339. 老人手脚痉孪,一声不吭地歪倒在座位上,乘客们急忙招呼司机停车,有人拨通了"120"急救电话。( )
340. 与其说是报告会,不如说是"脱口秀",谈起改革开放以来的社会变化,报告人妙语连珠,谈笑风声,会场里响起一阵阵掌声。( )
341. 鲁迅笔下的那两棵枣树,看似罗唆,其实却是神来之笔,有木刻般的入木三分的效果。( )
342. 再狡猾的罪犯,也会留下蛛丝蚂迹。发生的事实是无法掩盖的。"若要人不知,除非己莫为",说的就是这个道理。( )
343. 在无名烈士墓前,每天都有老师带着学生前来献花,洒怀为民族解放事业英勇献

身的英雄。（   ）

344. 这不同于一般的名信片,它是经过艺术家精心设计的,让人一眼看去,便有一种赏心悦目的感觉。（   ）

345. 市场永远是属于创新者的,只有创新,才能让市场充满活力。默守成规者必然会被市场冷落,直至淘汰出局。（   ）

346. 什么叫自信呢? 就是相信自己的选择,相信自己的能力。人有时要自己给自己竖大姆指。（   ）

347. 春天山里的溪水流下来,我和小伙伴们总喜欢卷起裤管淌过河去。我很怀念这种和自然亲近的日子。（   ）

348. 炼字炼句是中国诗歌创作的传统。豪放如李白,雕琢如李贺,都留下了沤心沥血的创作故事。（   ）

349. 城市雕塑是需要眼光的,设计得好可以凭添秀色,设计得不好,也可能大煞风景。（   ）

350. 马路修好后,电线杆却没有及时移走,那摇摇欲坠的样子,让行路人提心掉胆。（   ）

351. 趁老人住院,子女们把旧屋修茸一新,老人出院回家时,瞪大了惊奇的眼睛:这是我住了 80 年的家吗? （   ）

352. 新款手机之所以受到年轻人的亲睐,除了款式的新颖之外,更重要的是功能的强大。（   ）

353. 在学校里,李老师以温柔钝厚著称,他从不疾言厉色,但也从不在错误面前眼开眼闭。（   ）

354. 这个无恶不作的黑社会团伙,终于受到了法律的严惩,当地民众无不额首称庆,在公判大会召开那天敲锣打鼓。（   ）

355. 他们是老年大学的第一批学员,刚入学连 ABC 也写不好,现在已能用英语寒喧。（   ）

356. 据可靠资料证明,杭州的棉纺织业虽发展在拱墅区,其发韧地则在下城区的江山弄。（   ）

357. 整整一天,他在敬老院里喂老人吃饭,帮老人整理内务,忙得汗流夹背,但她觉得过得很充实。（   ）

358. 心理学中有所谓"皮格马里翁效应",用欣尝的眼光看人,往往会产生意想不到的激励效果。（   ）

359. 在古代诗词中,月亮无处不在,一轮浩月当空,勾起的是无限的乡愁。（   ）

360. 人情事故是一门大学问,古人早有明训:"世事洞明皆学问,人情练达即文章。"（   ）

361. 这些所谓的评奖机构,为什么会有持无恐呢? 无非是有那么几个"大人物",在做他们的保护伞,身为"大人物",不能不慎之又慎。（   ）

362. 打价格战,依靠降价刺激消费,虽然短时间里可能见效,但很可能是饮鸩止渴,扰乱市场秩序。（   ）

363. 主任的想法,是希望再试一次,为力争做到两全齐美。（   ）

364. 这是一个十年寒窗、金榜提名的俗套故事,但演员的表演丝丝入扣,评委打了高分。(　　)
365. 凡物皆有名,但这名到底是怎么来的,一般人说不清楚。本书便以追朔名称来源为宗旨,既富有知识性,又富有趣味性。(　　)
366. 比赛空前激烈,一分一分咬得很紧,直到零晨一时,才最后分出胜负。(　　)
367. 她的歌唱一板一眼,收放自如,高亢激越,炉火纯清,有人说堪比当年的孟小冬。(　　)
368. 鸟类的迁徙,不是一种被动的逃避行为,而是主动的,看上去像有周密计划的旅行。(　　)
369. 背景是红色的,体现的是中国文化,红色代表红火喜庆,婚纱是白色的,体现的是西方文化,白色代表洁白无暇。(　　)
370. "青青的山岭松涛翻滚,亮亮的歌声飞上九宵……"一踏进森林的入口处,便听到了半山腰传来的歌声。(　　)
371. 《申报》老板史量才先生走路脚跟不着地,看上去一跳一跳的,尤如雀跃一般,因此得名"麻雀先生"。(　　)
372. 大海并不是取之不竭的,这些年来海产品的日趋单调,正是对人类的竭泽而鱼的疯狂行为的惩罚。(　　)
373. 当工作组把调查材料摊在他面前时,他终于承认了自己的贪污行为,并交代了转移脏款的事实。(　　)
374. 如今电视节目丰富多彩,到了节日,更是让人目不暇接,手里的摇控器,不知如何选择。(　　)
375. 只听门外大吼一声:"古人说齐家治国平天下,你怎么只知道泅酒,连齐家的责任心都没有呢?"(　　)
376. "眼内有尘三界窄,心头无事一床宽。"只有心头无事,你才能感受到大海的浩翰,宇宙的无垠。(　　)
377. 他的诗歌里有着非常浓厚的乡村情节,虽然在大城市里已生活多年,但他的内心深处,仍忘不了故乡茅屋的一缕炊烟。(　　)
378. 在县工程队的帮助下,经过三个月的奋战,大桥终于顺利合拢。(　　)
379. 节日的前夜,南京路上流光异彩,车水马龙,两个初来乍到的年轻人,顺着人流涌向外滩。(　　)
380. 洞庭湖区的人鼠博奕,以人的胜利暂告一段落,但潜在的危险,仍然让人惴惴不安。(　　)
381. 不论站立、行走,还是微笑、迎送,亦或摆台、上菜,每一个姿势都要极尽优雅,每一丝微笑都要莞尔动人。(　　)
382. 她们春风拂面的笑魇,荡气回肠的歌声,闭月羞花的舞姿,就如吐鲁番的葡萄一样,永远让人觉得清新。(　　)
383. 在这人情关系泛滥、循私舞弊无孔不入的大环境下,能否坚守财会人员的道德底线,便成了一个严峻的考验。(　　)
384. 几家公司在同一座大楼办公,一到上班高峰时间,几部电梯就如同京城的交通网,

堵得水泄不通。（　）

385. 面对着这一张张充满热望的面孔,陈医生总是温和而安祥地说:"让我们一起来创造奇迹。"（　）

386. 作品恢宏的构图,深邃的意境,娴熟的笔法,深深打动了观众,每天都有人久久伫立不愿离去。（　）

387. 比赛一开始,小选手便捉对撕杀,棋盘上硝烟滚滚。（　）

388. 春节的地位非其他节日可比,仿佛一位贵妇人,雍荣华贵,花团锦簇,居高临下,八方来朝。（　）

389. 诺大的大厅里,放着百余张饭桌,领导和群众随意组合,没有特意布置席卡,其乐也融融。（　）

390. 在当今民族唱法中,她的唱法可谓凤毛鳞角,有人甚至认为她的出现,填补了国内民歌原创歌手的空白。（　）

391. 这些新鲜的玩乐方法,当然不乏感观刺激,但其中也有着情感体验和人生感悟。（　）

392. 正如他的产品常遭到非议一样,他本人也充满矛盾。本书便是以大量生动故事来揭示这位时尚巨擘的人生经历。（　）

（五）请在下列句子的括号中选用合适的字

393. "山雨欲来风满楼",楼前的几棵柳树就（　）醉汉一样,在风中摇摇摆摆。
　　A. 象　　　　　　　　　　B. 像

394. 公司的凝聚力,往往就看在遇到挑战的时候,员工能否一心,群策群力,同舟共济,共（　）难关。
　　A. 度　　　　　　　　　　B. 渡

395. 就画的真伪问题,法庭上展开了新一轮的唇枪舌（　）,但双方依旧难分高下。
　　A. 剑　　　　　　　　　　B. 箭

396. 秃鹫有"（　）山雕"之称,这时正在上空盘旋,随时准备俯冲下来。
　　A. 坐　　　　　　　　　　B. 座

397. 文章以犀利的笔法,发出了战斗的怒吼,在当时的大后方,起到了（　）聋发聩的作用。
　　A. 振　　　　　　　　　　B. 震

398. 营销人员是需要（　）性的,一旦发现目标顾客,就要"贴身紧逼"。这既是一种毅力也是一种自信。
　　A. 粘　　　　　　　　　　B. 黏

399. 爷爷斜倚在树（　）上,阳光从树丛中洒落下来,那或明或暗的效果,颇似一幅油画。
　　A. 干　　　　　　　　　　B. 杆

400. 随着电视的播出,这家小吃店声名（　）起,每天早晨门前都排起了长队。
　　A. 雀　　　　　　　　　　B. 鹊

401. 他曾写过一篇关于爱情的散文,一开头便引用了《诗经》中的两句:"关关（　）鸠,在河之洲。"
　　A. 睢　　　　　　　　　　B. 雎

402. 别说图案的别致,结构的精巧,单看这款产品的外（　）,就能一眼看出曹总的风格。

        A. 形   B. 型

403. 在风平浪静的大海中，我们常会看到一种晶莹透明、身披轻纱的浮游动物，像一顶降落伞一样飘来飘去，那就是海（　　）。

        A. 蜇   B. 蛰

404. 太阳落山，余晖万里，一阵风吹过，麦浪上下翻滚，在人们眼前展现的是一（　　）丰收的景象。

        A. 幅   B. 副

405. 这场音乐会，可谓高潮（　　）起，场子里不断爆发出山呼海啸般的声音。

        A. 迭   B. 叠

406. 真正的成功者是谦和的，包容的，即使遭到了别人的误解，也应该善于（　　）通，而不是一味地自以为是。

        A. 勾   B. 沟

407. 一个夏天的苦练，竟因一个小小的意外，导致前功尽弃。这对姊妹花下场时，神情有点（　　）然。

        A. 暗   B. 黯

408. 我记忆中的（　　）发户形象，戴着手指粗的金项链，拿着砖头般的"大哥大"，名牌西装的袖口上，还故意贴着醒目的商标。

        A. 暴   B. 爆

409. 一定是谁走漏了风声，调查组人员当晚入（　　）酒店，还没和该公司联系，就接到了公司负责人的电话。

        A. 住   B. 驻

410. 民间有"春（　　）秋冻"的说法，虽说这几天气温骤升，也别忙着丢掉棉衣。

        A. 捂   B. 焐

411. 他的许多著作，早已（　　）没无闻。现在我们只能靠从日本影印回来的一鳞半爪，来拼凑对这位前辈伟人的认识。

        A. 淹   B. 湮

412. 这块牌匾上，写着"九（　　）清晏"四个大字，原来这是故宫的藏品，平时是无缘得见的。

        A. 州   B. 洲

413. 身为画家的他，有着精细的观察力。他有时会目不转睛地盯着草丛中的蚱蜢，蚱蜢的每一次伸腿，都会让他高兴得不能自（　　）。

        A. 己   B. 已

414. 老张想，城市毕竟是城市，不像自己老家的寨子，一到晚上漆黑一片。这里的每一盏灯，都闪耀着让人目（　　）的光芒。

        A. 炫   B. 眩

415. 这种作伪的手法，只会暴露出无良的品格，早为人们所不（　　）。

        A. 齿   B. 耻

416. 这类散文，一不靠编造故事，二不靠文字华丽，全凭真情流露，任何（　　）揉造作，都会留下破绽。

        A. 娇   B. 矫

六、语言文字法律法规与规范知识自测题

417. 中医和中餐,是中华文化的两大瑰宝。古代称中医为"(　　)黄之术",和黄帝等人联系在一起,可见历史之悠久。
　　　A. 岐　　　　　　　　　　　　B. 歧

418. 文字差错也和电脑有关。电脑字库各行其(　　),错了也无人过问,出现了文化管理上的盲区。
　　　A. 事　　　　　　　　　　　　B. 是

419. 我是第一次到这所学校,但仿佛回到了自己的家,所到之处,(　　)感亲切。
　　　A. 倍　　　　　　　　　　　　B. 备

420. 老(　　)口成了空巢老人,电话成了他们最大的精神寄托,但电话却像哑了似的,十天半月不响一次。
　　　A. 两　　　　　　　　　　　　B. 俩

421. 电视里最卖力的广告是化妆品,今天又推出一款,说是撷取了某种植物的精(　　),有返老还童的功效。
　　　A. 萃　　　　　　　　　　　　B. 粹

422. 大雁是(　　)鸟,在长途迁徙时,喜欢在山崖下面过夜。
　　　A. 侯　　　　　　　　　　　　B. 候

423. 中医和西医不同,讲究的是望闻问切,同样的病也许会开出不同的方子,这就叫(　　)证施治。
　　　A. 辨　　　　　　　　　　　　B. 辩

424. 二十年相会,我说他丰(　　)依旧,她得意地唱了起来:"革命人永远最年轻……"
　　　A. 采　　　　　　　　　　　　B. 彩

425. 现在一切要以大局为重,挽狂澜于既倒,已经到了这(　　)上了,你还考虑什么个人恩怨!
　　　A. 分　　　　　　　　　　　　B. 份

426. 成千上万把伞,在广场上摆开,恰如满园繁花迎春绽放,一眼望去,气势恢(　　)。
　　　A. 宏　　　　　　　　　　　　B. 洪

427. 1936年10月,各路红军队伍在陕北胜利(　　)合,完成了中国革命中的伟大创举——长征。
　　　A. 会　　　　　　　　　　　　B. 汇

428. 网络上不时爆发商战,为了争夺客源,商家使出(　　)身解数,甚至不惜亏本经营。
　　　A. 混　　　　　　　　　　　　B. 浑

429. 上世纪30年代,黄侃应邀到金陵大学讲课,但他提出的附加条件是:"下雨不来,降雪不来,刮风不来。"这在当时是(　　)无仅有的。
　　　A. 决　　　　　　　　　　　　B. 绝

430. 现在流行说"二",有些人以"二"为荣,不知这个含义丰富的"二"字,是否是从"二(　　)子"来的。
　　　A. 愣　　　　　　　　　　　　B. 楞

431. 为了党的利益,他只能一声不响,委(　　)求全,并竭力做好周围同事的工作,防止事态的进一步发展。

　　A. 曲　　　　　　　　　　B. 屈

432. 词的上（　）以"明月几时有"发向，排空直入，笔力奇崛，中间回旋曲折，跌宕多姿，堪称千古雄篇。

　　A. 阙　　　　　　　　　　B. 阕

433. 皮肤（　）痒，看似小病，却让人寝食难安，而且治疗的难度不小，要从全身的状况着眼。

　　A. 搔　　　　　　　　　　B. 瘙

434. 白云观就是他纳贿的机关，高道士就是他作恶的心腹，京外的官员哪个不趋之若（　）呢？

　　A. 鹜　　　　　　　　　　B. 鹜

435. 小沈是她的闺（　），两个人无话不谈，可不知怎么回事，如今竟闹到了对簿公堂的地步。

　　A. 秘　　　　　　　　　　B. 密

436. 作为国际问题研究专家，他经常作为嘉宾到电视台（　）客，就国际热点问题发表自己的见解。

　　A. 作　　　　　　　　　　B. 做

437. 牛奶、鸡蛋，还有新鲜蔬菜，这些对于正在发育的学生来说，都是必（　）的。

　　A. 须　　　　　　　　　　B. 需

438. 下午接到报警，在三阳路口转弯处，一辆疾驰的轿车，（　）死了一位正在过横道线的老人。

　　A. 压　　　　　　　　　　B. 轧

439. 张伯伯喜欢记（　），记了整整六十年，这本簿子已成了我们社会经济生活的一个缩影，有着特殊的史料价值。

　　A. 帐　　　　　　　　　　B. 账

440. 我是不速之客，外孙女见到我，先是一愣，马上就像燕子似（　），奔跑着扑过来。

　　A. 的　　　　　　　　　　B. 地

（六）请将下列句子中的异形词改为推荐词形

441. 编报编刊，要善于发挥案语的作用。一则好的案语，既可以表明编者立场，又可以激发读者的阅读兴趣。（　　）

442. 如果你是和尚，"做一天和尚撞一天钟"，那就是守住了本份。最可怕的是，身为和尚都不撞钟。（　　）

443. 汉字字形整理以后，笔划有所改变。比如"象"字旧字形是 12 划，新字形是 11 划。（　　）

444. 丰子恺每次见到弘一法师，都是必恭必敬。在他们那一代人身上，师道确实是尊严的。（　　）

445. 当年的补钉，是贫穷的标志；如今的补钉，却成了时尚的标志。分明是名牌新衣，有时偏要打上一个补钉。（　　）

446. 在食品中搀假，首先是因为不法商人在良心上搀假。他们其实已经没有良心，只

有被金钱熏透了的黑心。（　　）

447. 这是一节老式车箱,车开动的时候,一路摇摇晃晃,还伴随着哐啷哐啷,让人浮想联翩。（　　）

448. 今年春节,最趁心的事,是回了一次故乡,见到了童年的小伙伴。（　　）

449. 这套磁器,还是曾祖父传下来的,很想送上电视里的鉴宝台,看看有多大的收藏价值。（　　）

450. 所谓衙门作风,就是办事拖拉,敷衍塞责,爱摆拒人于千里之外的臭架子。一封简单的投诉信,有时一年不给答覆。这是老百姓最痛恨的。（　　）

451. 人死如灭灯。披麻带孝只是一种形式。真正的孝心体现在父母健在时的感恩和善待。（　　）

452. 每天上班单程近两个小时！我很耽心,宝贵的生命,大好的青春,就消失在这滚滚车流之中。（　　）

453. 今天碰上了倒楣的事。停电,好不容易爬上十八楼,正要打开包掏钥匙时,发现这包是同事的！（　　）

454. 小王网购成瘾,一打开电脑就进网店,一见到广告就下定单。（　　）

455. 这种表演方法,有点类似于独脚戏,一人多角,又说又唱,还善于触及时事。（　　）

456. "人倒了还能扶起来；人心要是倒了,想扶都扶不起来了。"——这话是发人深醒的。（　　）

457. 孩子在成长过程中,发现性格缺陷,家长要及时干与；一旦定型,纠正的难度是很大的。（　　）

458. 老板看这小伙子,说话虽然有点冲,但是个梗直的人,便决定把店托付给他。（　　）

459. 据说,骨感是美。为了追求骨感,有些女孩子从节食到厌食,到头来得到的不是骨感,而是骨瘦如豺。（　　）

460. 当年,一盆名贵的兰花,能买一栋别墅。这事曾引起巨大的哄动。如今泡沫破裂,再名贵的兰花不过1000元。（　　）

461. 在威尼斯,我看到一个印度的游客,用一个老掉牙的傻瓜相机在拍照。但他泰然自若,一点也不觉得寒伧。（　　）

462. 当年老编辑审稿,不但逐字逐句地读,碰到疑难问题,还会一本书一本书地查。这是一种值得宏扬的文化精神。（　　）

463. 这里青山与绿水相应,白云与绿树共影,是难得的避暑胜地。（　　）

464. 做人要学会平和,不要一遇事就头脑发热,激忿难忍。所谓"大事化小,小事化了,""化"是一种处事的哲学。（　　）

465. 同样一件皮茄克,街边小店卖800,大商场卖8000。老板说:这就是市场！（　　）

466. 契诃夫曾说过:简炼是才能的姊妹。作文就像雕刻,要善于把一块块多余的东西去掉。（　　）

467. 一个好的主持人,除了伶牙俐齿之外,更重要的是现场驾御能力。这和无礼打断嘉宾的发言,完全不是一回事了。（　　）

468. 闻一多在清华讲《楚辞》，很有架式地打开讲义，却不立即开讲，而是慢条斯理地掏出烟盒，笑着问同学："哪位吸？"（　　）
469. 《燕山夜话》里有一个故事，说某人拾到一个鸡蛋，偷偷放到别人家里去孵，目的是想混水摸鱼。（　　）
470. 林子里有一座小池塘，野花盛开，群鸟嬉戏，一派生机，让人留连忘返。（　　）
471. 市场是应该有门坎的。没有门坎，谁都可以进入，最后必然会乱成一团。（　　）
472. 李逵性格虽可爱，但毕竟太卤莽，动不动就靠三斧头解决问题。在现代职场中，这种性格往往会成事不足，败事有余。（　　）
473. 为了让学生熟悉考场的规则，适应考场的气氛，学校精心组织了一场摹拟考试。（　　）
474. 在一个单位里，人与人之间难免会发生磨擦，但只要大家坦诚相待，矛盾是不难解决的。（　　）
475. 事实证明，内哄是最容易影响战斗力的。特别是体育运动，简直是致命伤。再强的队伍，也会因为内哄一败涂地。（　　）
476. 毛泽东说过，人是要有一点精神的。一个要干事业的机构，决不能迁就疲塌作风。（　　）
477. 他从小到处飘泊，饱受冷眼，养成了一种桀骜不驯的性格。（　　）
478. "小区故事会"，说的都是小区的人，小区的事，充满了正能量，听得人们心头热呼呼的。（　　）
479. 诗人李白都说过，"天生我材必有用"。是金子，总是会发光的；是人材，总是有施展的舞台的。（　　）
480. 我经历的那次日蚀是很奇特的，本是一个阳光明媚的日子，突然之间，太阳被天狗吞食，光线越来越弱，直至天昏地暗。（　　）
481. 随着电脑的普及，写信的人越来越少，传统的书柬简直成了文物，在网上高价拍卖。（　　）
482. 这个黑社会团伙，有着严密的组织形式，"老大"为了让兄弟们死心踏地地跟着他，采取的是恩威兼施的手法。（　　）
483. 关于普世价值，这篇文章是讲得最透澈的。把普世价值说成"共同价值"，也许更准确，更科学。（　　）
484. 历史上有文字游戏，现在有些人却是在游戏文字，把语言当成了玩艺儿。（　　）
485. 在疑点分析会上，大家争执不下，最后还是老局长一槌定音：从调查一双新皮鞋入手。（　　）
486. "手莫伸，伸手必被捉。"老共产党人早已发出了告戒，你们为什么不听呢？（　　）
487. 潘梓年先生一次在会场签名，不知什么原故，竟想不起来自己是谁，别人提醒他说"姓潘"，他问："哪个潘呀？"（　　）
488. 小姑娘打开门来，见老人不停地颤栗，赶忙把他扶到家中坐下。她哪里知道扶的是一位大财神呢？（　　）
489. 林语堂任教东吴大学，一次给新生上课，他整理了一下衣著，竟掏出一包花生来。他说："花生又叫长生果。诸君第一天上课，请吃我的长生果。祝诸君长生不老。"（　　）

(七) 请改正下列句子中的标点符号错误

490. 那年,在西湖边上,他徘徊了一个通宵,终于下定了决心,第二天凌晨,他乘车回到公司,召开全体员工大会。
491. 如果作者能在五月前交稿,编辑抓紧审读,美编提前介入。那么,赶在上海书展亮相是可能的。
492. 我的窗外是一个小花园,园里种着五颜六色的花,去年春天,这里开过一个小型花展,吸引了不少居民前来观看。
493. 我走在村前的小路上。天苍苍,野茫茫。朔风刺骨,荒坟处处。我不知道这条路通向何方?
494. 关于谁是工会主席候选人?我还没有和书记通气,明天告诉大家吧。
495. 杨老师声情并茂的朗读,全场听得鸦雀无声。她面带微笑地说:"请告诉我这是谁的作品?"
496. 会议结束后,张秘过来问我:"您是跟大部队一起走呢？还是自己开车过去?"
497. "这照片还拍不拍？我的大摄影家。"她一脸怒气地站在门口问。
498. 他生于1950年,父母是农民,走出山区后长期漂泊,现在是一位音乐教师!
499. 探视的人络绎不绝,见到孩子的人都会发出一声惊叹:"多漂亮啊! 这孩子。"
500. 经过两天讨论,最大的收获是,明白了为什么改革,怎么样改革,改革的前途等等。
501. 检察官读完了训导词,他顿时有一种如释重负如遇大赦的感觉。
502. 我有三个外孙,大外孙去年考上了大学,读的是计算机专业;二外孙刚上高中,他的理想是做运动员;小外孙还在读小学。
503. 《雅量》是一篇杂文,矛头直指一言堂;《苹果树下》是一首诗,很有当年郭小川的特点;《女儿,女儿》则是小说,情节婉转动人,这几篇都获得了全票。
504. 海燕在高空飞翔,向暴风雨挑战,梅花在寒冬绽放,向冰雪挑战。
505. 追求文学性的同时,是否还应追求一点哲学性、思想性、或是其他什么性呢?
506. 区委书记、副区长严平、区长高晓刚等人,出席了上午的座谈会。
507. 杂文犀利、散文轻灵、书信朴实,不同的文体展现出不同的风格。
508. 巴豆为常绿乔木,以种子入药,有泻寒,清肿,祛痰,杀虫等功效。
509. 民营公司策划的各类畅销书,如文学领域的《杜拉拉升职记》《盗墓笔记》、历史领域的《明朝那些事儿》《历史是个什么玩意儿》,均受到了社会的广泛欢迎。
510. 演出引起了轰动。这使他很快成为俄国钢琴学派的最后一位大师,尼古拉耶夫的门下。
511. 走进商场,琳琅满目,家用电器空调、冰箱、电视、录音机、……可谓应有尽有。
512. 在谈论新闻事件时,常用到"发酵"一词。比如,"钓鱼岛争端再次发酵""校长奸淫学生案连续发酵"。
513. 苏珊爱斯蒂文,可是看到他大把、大把地花钱,又很担心。
514. 在中国现代文学史上,《子夜》(茅盾)《骆驼祥子》(老舍)《倪焕之》(叶圣陶),都是著名的现实主义作品。
515. 这位选手看上去只有十七、八岁,但在他的歌声里,却有着挥之不去的沧桑感。
516. 第一次逛水果市场,桃啊、梨啊、香蕉啊、买了一大堆。

517. 一群中、小学生,正在街头为灾区人民募捐。
518. 一要笨鸟先飞。要比别人花更多的时间,流更多的汗水;二要敢于攻坚。要有啃硬骨头的精神,知难而上;三要持之以恒。要"咬定青山不放松",不达目的,决不罢休。
519. 头戴太阳帽;手拿照相机;身背大行囊的自助游者,一个个显得个性十足。
520. 这一措施,不仅体现了改革的风险性;而且体现了改革的必要性。
521. 刘心武的《班主任》;蒋子龙的《乔厂长上任记》;卢新华的《伤痕》,是新时期文学的第一批收获。
522. "不论成功还是失败,"王书记说:"在我们面前只有华山一条路——拼命向前。"
523. 18岁的女儿患上白血病后,一贫如洗的母亲发出:"谁救我的女儿,我一辈子为谁打工"的承诺。
524. 上海的母亲河:黄浦江在夜色中静静地流淌。
525. 老师告诉我们说:有两种不足为训的读书方法:一种是书橱式,一种是漏斗式。
526. 毛泽东的名言:"宜将剩勇追穷寇,不可沽名学霸王",大大鼓舞了我们的勇气。
527. 来人提出了一个要求:即在月底前交出全部资料。
528. 一念起"举头望明月,低头思故乡,"内心的波动便不可抑止。
529. 站在屈子祠前,我脑子里想到的是:"路漫漫其修远兮,吾将上下而求索"。
530. 费孝通先生在他的著作《乡土中国》中说:"从基层上看去,中国社会是泥土性的。……乡下人离不开泥土","土是他们的命根子。"
531. 大约在10世纪末11世纪初,中国诞生了纸币,有力地推动了经济的发展。(当时称交子或钞)
532. 我家只有一个忙月(全年最忙的时候,一般在七月。)
533. "……大家取得共同的意见,作出共同的决定。(毛泽东:如果意见不一致,就少数服从多数)。"
534. 几乎每星期都会收到他的信,信封上总是端端正正地写着,"郑川老师(收)"。
535. 在另一些领域中,人却超过了自然力,如发明了飞机、火箭、电视……等等。
536. 电视里在放《篱笆·女人和狗》,她跟着哼起了那熟悉的旋律。
537. 巴金老人以其说真话的勇气,赢得了世人的尊重,就在那一年,他获得了《但丁奖》。
538. 正是"新概念作文大赛",让《萌芽月刊》走上了中兴之路,赢得了一大批中学生读者。
539. 鲁迅先生告诉我们:作为一个青年作家,第一、不能趋时;第二、不能苟安。只有这样,才能让创作和时代同步。

(八)请改正下列数字用法中的错误

540. 等你的365天
541. 飞流直下3000尺
542. 面积为一百二十 m^2
543. 邮政编码:二〇〇〇四三
544. 买一款三G手机
545. 甲午年2月18日
546. 明万历19年
547. 15的月亮分外圆
548. 看上去17、8岁
549. 报名的有20几人
550. 数10人买票进场
551. 20世纪3、40年代

552. 24 史之一
553. 买了二本书
554. 今天星期 5
555. 8 国联军留下的罪证
556. 畅销华东 6 省 1 市
557. "3·8"国际妇女节
558. 18 届 3 中全会胜利召开
559. 定期举行 6 方会谈
560. 早已酒过 3 巡
561. 年过 8 旬的老教授
562. 老汉我今年 80 有 2
563. 本姑娘年方 28
564. 定于二〇一四年底举行
565. 二〇一四年 2 月 20 日
566. 出国进修 1 个半月
567. 共支付叁拾陆元五角
568. 造价为 40～45 亿元
569. 利润 500～600 万元
570. 排放量减少 15～18％

571. 节省数千余元
572. 孩子为 1 岁 6～8 个月
573. 发文日期：2008-8
574. 签发日：2014、2、20
575. 80 年前读小学
576. 写于 1996-99 年间
577. 8：30，火箭点火升空
578. 大会于 9:30 分开幕
579. 全程耗时：5:30
580. 请于晚 19 时前入场
581. "五·四"青年节联欢
582. "3.15"消费者权益日
583. 一百〇八将
584. 公元二零一四年
585. 看上去都是"九零后"
586. 一桌菜 4 百元
587. 总价为 1 亿 6 千 5 百万元
588. 生源减少了一倍
589. 从 2 亿到 8 亿,翻了四番

三、语言文字法律法规与规范知识自测题参考答案

1. C	2. C	3. C	4. C	5. C	6. C	7. A	8. B	9. C
10. B	11. B	12. D	13. A	14. A	15. C	16. C	17. C	18. C
19. D	20. B	21. A	22. B	23. C	24. C	25. C	26. A	27. B
28. C	29. B	30. A	31. B	32. C	33. B	34. A	35. A	36. A
37. C	38. C	39. C	40. C	41. C	42. C	43. B	44. A	45. C
46. C	47. B	48. C	49. B	50. B	51. C	52. C	53. A	54. D
55. C	56. B	57. C	58. A	59. A	60. B	61. B	62. C	63. A
64. A	65. C	66. C	67. B	68. C	69. B	70. C	71. A	72. C
73. C	74. C	75. C	76. C	77. C	78. C	79. C	80. C	81. C
82. C	83. A	84. C	85. C	86. B	87. C	88. C	89. C	90. C
91. C	92. C	93. C	94. B	95. A	96. D	97. A	98. C	99. C
100. D	101. C	102. A	103. C	104. B	105. C	106. C	107. A	
108. B	109. B	110. D	111. A	112. A	113. B	114. C	115. D	
116. C	117. A	118. D	119. B	120. C	121. D	122. C	123. C	
124. B	125. C	126. A	127. C	128. C	129. D	130. C	131. C	
132. A	133. C	134. B	135. D	136. D	137. C	138. B	139. C	
140. D	141. C	142. B	143. A	144. A	145. B	146. D	147. A	

148.	C	149.	D	150.	C	151.	C	152.	C	153.	B	154.	A	155.	C
156.	A	157.	C	158.	D	159.	A	160.	A	161.	B	162.	C	163.	A
164.	D	165.	C	166.	C	167.	B	168.	C	169.	A	170.	B	171.	D
172.	C	173.	A	174.	C	175.	B	176.	B	177.	C	178.	A	179.	C
180.	D	181.	A	182.	B	183.	C	184.	C	185.	D	186.	C	187.	B
188.	C	189.	D	190.	C	191.	C	192.	B	193.	C	194.	A	195.	A
196.	D	197.	C	198.	C	199.	A	200.	A	201.	B	202.	B	203.	D
204.	B	205.	D	206.	B	207.	C	208.	C	209.	B	210.	A	211.	C
212.	D	213.	A	214.	B	215.	B	216.	C	217.	A	218.	D	219.	C
220.	C	221.	A	222.	C	223.	B	224.	C	225.	A	226.	C	227.	D
228.	B	229.	B	230.	C	231.	A	232.	C	233.	C	234.	D	235.	B
236.	C	237.	A	238.	B	239.	D	240.	C	241.	B	242.	A	243.	C
244.	C	245.	A	246.	B	247.	B	248.	C	249.	A	250.	D	251.	C
252.	C	253.	D	254.	B	255.	A	256.	C	257.	D	258.	B	259.	C
260.	A	261.	B	262.	D	263.	C	264.	A	265.	C	266.	C	267.	B
268.	D	269.	A	270.	C	271.	B	272.	C	273.	B	274.	A	275.	A
276.	C	277.	B	278.	C	279.	B	280.	C	281.	B	282.	C	283.	C
284.	A	285.	A	286.	B	287.	A	288.	A	289.	B	290.	C	291.	A
292.	B	293.	B	294.	A											

295.	安装	296.	滥竽充数	297.	脉搏	298.	美轮美奂
299.	甘拜下风	300.	自暴自弃	301.	针砭	302.	舶来品
303.	一张一弛	304.	一筹莫展	305.	川流不息	306.	妨碍
307.	辐射	308.	宣泄	309.	颠覆	310.	言简意赅
311.	气概	312.	一鼓作气	313.	悬梁刺股	314.	粗犷
315.	食不果腹	316.	震撼	317.	凑合	318.	迫不及待
319.	素昧平生	320.	即使	321.	一如既往	322.	草菅人命
323.	挖墙脚	324.	报仇雪恨	325.	不胫而走	326.	竣工
327.	不落窠臼	328.	脍炙人口	329.	出其不意	330.	死皮赖脸
331.	湛蓝	332.	刍议	333.	再接再厉	334.	世外桃源
335.	黄粱美梦	336.	瞭望	337.	水龙头	338.	杀戮
339.	痉挛	340.	谈笑风生	341.	啰唆	342.	蛛丝马迹
343.	缅怀	344.	明信片	345.	墨守成规	346.	大拇指
347.	蹚过河	348.	呕心沥血	349.	平添	350.	提心吊胆
351.	修葺	352.	青睐	353.	温柔敦厚	354.	额手称庆
355.	寒暄	356.	发轫	357.	汗流浃背	358.	欣赏
359.	皓月	360.	人情世故	361.	有恃无恐	362.	饮鸩止渴
363.	两全其美	364.	金榜题名	365.	追溯	366.	凌晨
367.	炉火纯青	368.	迁徙	369.	洁白无瑕	370.	九霄
371.	犹如	372.	竭泽而渔	373.	赃款	374.	遥控器

375. 酗酒	376. 浩瀚	377. 情结		378. 合龙	
379. 流光溢彩	380. 博弈	381. 抑或		382. 笑靥	
383. 徇私	384. 水泄不通	385. 安详		386. 深邃	
387. 厮杀	388. 雍容华贵	389. 偌大		390. 凤毛麟角	
391. 感官	392. 巨擘				
393. B	394. B	395. A	396. A	397. A	398. B
399. A	400. B	401. B	402. A	403. B	404. A
405. A	406. B	407. B	408. A	409. A	410. A
411. B	412. A	413. B	414. B	415. B	416. B
417. A	418. B	419. B	420. A	421. B	422. B
423. A	424. B	425. B	426. A	427. A	428. B
429. B	430. B	431. A	432. B	433. B	434. A
435. B	436. B	437. B	438. B	439. B	440. A

441. 按语　　　　　442. 本分　　　　　443. 笔画12画11画　　444. 毕恭毕敬
445. 补丁　　　　　446. 掺假　　　　　447. 车厢　　　　　　448. 称心
449. 瓷器　　　　　450. 答复　　　　　451. 戴孝　　　　　　452. 担心
453. 倒霉　　　　　454. 订单　　　　　455. 独角戏　　　　　456. 发人深省
457. 干预　　　　　458. 耿直　　　　　459. 骨瘦如柴　　　　460. 轰动
461. 寒碜　　　　　462. 弘扬　　　　　463. 相映　　　　　　464. 激愤
465. 夹克　　　　　466. 简练　　　　　467. 驾驭　　　　　　468. 架势
469. 浑水摸鱼　　　470. 流连　　　　　471. 门槛　　　　　　472. 鲁莽
473. 模拟　　　　　474. 摩擦　　　　　475. 内讧　　　　　　476. 疲沓
477. 漂泊　　　　　478. 热乎乎　　　　479. 人才　　　　　　480. 日食
481. 书简　　　　　482. 死心塌地　　　483. 透彻　　　　　　484. 玩意儿
485. 一锤定音　　　486. 告诫　　　　　487. 缘故　　　　　　488. 战栗
489. 衣着

490. "决心"后的逗号应为句号。　　　　　491. "介入"后句号应为逗号
492. "五颜六色的花"后逗号应为句号　　　493. 句末问号应为句号
494. 首句问号应为逗号　　　　　　　　　495. 末句问号应为句号
496. 前一个问号应为逗号　　　　　　　　497. 引号中问号应为逗号，句号应为问号
498. 句末叹号应为句号　　　　　　　　　499. 引号中叹号应为逗号，句号应为叹号
500. "等等"前应加逗号　　　　　　　　　501. "如释重负"后应加顿号
502. "三个外孙"后逗号应为冒号　　　　　503. "婉转动人"后逗号应为冒号
504. 第二个逗号应为分号　　　　　　　　505. "或者"前的顿号应删去或改为逗号
506. "严平"后顿号改为逗号　　　　　　　507. 两个顿号应改为逗号
508. "泻寒""消肿""祛痰"后逗号均应为顿号　509. 句中顿号应为逗号
510. "大师"后逗号应删去　　　　　　　　511. 省略号前顿号应删去
512. 两个引号之间应加逗号　　　　　　　513. "大把""大把"之间的顿号应删去
514. "（茅盾）"和"（老舍）"后应加顿号　515. "十七、八岁"顿号应删去

516. 句中顿号应为逗号
517. "中、小学生"顿号应删去
518. 前三个句号改为逗号，或者两个分号改为句号
519. 两个分号均应改为顿号
520. 分号应改为逗号
521. 分号均应改为逗号
522. 冒号应改为逗号
523. "发出"后冒号应删去
524. "母亲河"后冒号应删去
525. 前一个冒号改为逗号或破折号
526. "名言"后冒号应删去
527. 冒号改为逗号
528. 引号内的后一个逗号应在引号外
529. 句末的句号应在引号内
530. 句末的句号应在引号外
531. 括号及括号中的内容应置于"纸币"后
532. 括号中句号应该在括号外
533. 句末的句号应在括号内
534. "收"字上的括号应删去
535. 省略号应删去，或"等等"应删去
536. 间隔号应改为顿号（这是片名本身的错）
537. "但丁奖"的书名号应删去或改为引号
538. "《萌芽月刊》"应改为"《萌芽》月刊"
539. "第一""第二"后顿号应为逗号
540. 三百六十五天
541. 三千尺
542. 120 m²
543. 200043
544. 3G
545. 二月十八日
546. 十九年
547. 十五的月亮
548. 十七八岁
549. 二十几人
550. 数十人
551. 二十世纪三四十年代
552. 二十四史之一
553. 两本书
554. 星期五
555. 八国联军
556. 六省一市
557. "三八"
558. 十八届三中
559. 六方会谈
560. 三巡
561. 八旬
562. 八十有二
563. 年方二八
564. 二〇一四年
565. 2014 年 2 月 20 日
566. 一个半月
567. 叁拾陆元伍角
568. 40 亿～45 亿元
569. 500 万～600 万元
570. 15%～18%
571. 数千元
572. 1 岁 6 个月～1 岁 8 个月
573. 2008 年 8 月
574. 2014-02-20
575. 1980 年前
576. 1996—1999 年间
577. 8:30
578. 9:30
579. 5 时 30 分
580. 7 时
581. "五四"
582. "3·15"
583. 一百零八将
584. 二〇一四年
585. "九〇后"
586. 400 元
587. 1.65 亿元
588. 50%
589. 两番

附 录

1. 校对符号及其用法

本标准规定的符号及用法,适用于出版印刷业中文(包括各少数民族文字)各类校样的校对工作。

编号	符号形态	符号作用	符号在文中和页边用法示例	说明
			一、字符的改动	
1		改 正	增高出版物质量。 提	
2		删 除	提高出版物物质质量。	
3		增 补	要搞好校工作。 对	增补的字符较多,圈起来有困难时,可用线画清增补的范围。
4		换损污字	坏字和模糊的字要调换。	
5		改正上下角	$16 = 4^2$ H_2SO_4 尼古拉·费欣 $0.25 + 0.25 = 0.5$ 举例 $2 \times 3 = 6$ $X : Y = 1 : 2$	
			二、字符方向位置的移动	
6		转 正	字符颠倒要转正。	
7		对 调	认真经验总结, 认真总结经验。	
8		转 移	校对工作,提高出版物质量要重视。	
9		接 排	要重视校对工作 提高出版物质量。	
10		另起段	完成了任务。明年……	
11	或	上下移	序号 名称 数量 01 ×××	字符上移到缺口左右水平线处。 字符下移到箭头所指的短线处。

编号	符号形态	符号作用	符号在文中和页边用法示例	说明
12	⊢⊣ 或 ⊔⊓	左右移	⊢要重视校对工作，提高出版物质量。 3 4 ·5 6 5 欢呼 歌 唱	字符左移到箭头所指的短线处。 字符左移到缺口上下垂直线处。 符号画得太小时，要在页边置标。
13	‖	排齐	校对工作≠重要。 必须提高印刷‖质量，缩短印制周‖期。	
14	⌐⌐	排阶梯形	RH₂	
15	↑	正图		符号横线表示水平位置，竖线表示垂直位置。箭头表示上方。

三、字符间空距的改动

编号	符号形态	符号作用	符号在文中和页边用法示例	说明
16	∨ 〉	加大空距	∨∨ 校对程序 ∨ 校对胶印读物，影印 〉 书刊的注意事项：	表示适当加大空距。
17	∧ 〈	减小空距	二、校对程序 ∧ 校对胶印读物，影印 〈 书刊的注意事项： 〈	表示适当减小空距。横式文字画在字头和行头之间。
18	♯ ♯ ♯ ♯	空1字距 空1/2字距 空1/3字距 空1/4字距	第一章校对职责和方法 ♯	
19	Y	分开	GooYmorning Y	用于外文。

(续表)

编号	符号形态	符号作用	符号在文中和页边用法示例	说明
			四、其 他	
20	△	保留	认真搞好校对工作。	除在原删除的字符下画△外，并在原删除符号上画两竖线。
21	○=	代替	机器由许多另件组成，有的另件是铸出来的，有的另件是锻出来的，有的另件是……。○=另	同页内，要改正许多相同的字符，用此代号，要在页边注明：○=另
22	…	说明	第一章 校对的职责 改三黑	说明或指令性文字不要圈起来，在其字下面圈，表示不作为改正的文字。

使用要求：
1. 校样中的校对引线不可交叉。初、二、三校样中的校对引线，要从行间画出。
2. 校样上改正的字符要书写清楚。校改外文，要用印刷体。
3. 校对校样，应根据校次分别采用红、纯蓝、绿三种不同色笔(墨水笔或圆珠笔)书写校对符号。
4. 作译者改动校样所用笔的颜色，要与校样上已使用的颜色有所区别，但不可用铅笔。

2. 汉字应用水平测试等级及测试大纲

2006年8月，教育部、国家语委发布

本规范规定具有中等及以上受教育程度人群使用汉字应当达到的水平。

本规范适用于各级政府部门、新闻出版单位、各级各类学校和教育机构、其他事业单位和企业单位等对应聘人员和在职人员的考核，适用于高等学校对学生汉字应用水平的考核。

3. 国家通用盲文方案

中华人民共和国教育部、国家语言文字工作委员会和中国残疾人联合会2018年3月9日发布

本规范规定了用盲文书写国家通用语言的规则。内容包括声母符号、韵母符号、声调符号、标点符号，以及拼写规则、标调规则、简写规则、分词连写规则等。

本规范适用于全国范围内的公务活动、各级各类教育、图书出版、公共服务、无障碍环境、语言信息处理中的盲文使用，以及盲文水平等级考核。

4. 国家通用手语常用词表

中华人民共和国教育部、国家语言文字工作委员会和中国残疾人联合会 2018 年 3 月 9 日发布

本规范提出听力残疾人语言生活和教育中使用频率较高、比较稳定的手语常用词 5 668 个。

本规范适用于全国范围内的公务活动、各级各类教育、电视和网络媒体、图书出版、公共服务、信息处理中的手语使用，以及手语水平等级考核。

5. 通用规范汉字笔顺规范

中华人民共和国教育部、国家语言文字工作委员会 2020 年 11 月 23 日发布

本规范规定了《通用规范汉字表》所包含的 8105 个汉字的笔顺规范。

本规范主要适用于汉字信息处理、出版印刷、辞书编纂等领域，也可用于汉字教学与研究等方面。

6. 国际中文教育中文水平等级标准

中华人民共和国教育部、国家语言文字工作委员会 2021 年 3 月 24 日发布

本规范规定了中文作为第二语言的学习者在生活、学习、工作等领域运用中文完成交际的语言水平等级。